Mensonges et vérités

James Comey

Mensonges et vérités

Une loyauté à toute épreuve

Traduit de l'anglais (États-Unis)
par Laure Joanin et Laurent Barucq

Flammarion

Titre original : *A Higher Loyalty*
Éditeur original : Flatiron Books

978-2-0814-2914-7

À mes anciens collègues,
tous les professionnels du département de
la Justice et du FBI, dont le dévouement
inébranlable permet de préserver
la grandeur de notre pays.

Introduction

> « Parce que l'homme est doté d'un sens de la justice, la démocratie est possible ; mais parce qu'il est enclin à l'injustice, elle est nécessaire. »
>
> Reinhold Niebuhr

Une dizaine de pâtés de maisons séparent le quartier général du FBI et le Capitole, mais j'ai tellement emprunté Pennsylvania Avenue dans les deux sens pour de courtes missions que chacun d'eux est resté gravé dans ma mémoire. Et c'est presque devenu un rituel de longer en voiture les files de touristes qui se pressent devant l'entrée des Archives nationales pour découvrir les documents originaux de l'histoire américaine, de passer devant le Newseum et son fronton sur lequel s'affichent, ciselés dans la pierre, les mots du Premier Amendement, ou devant les vendeurs de T-shirts et les food-trucks.

Nous étions en février 2017. J'étais assis à l'arrière d'une Chevrolet Suburban noire blindée du FBI. On avait enlevé la deuxième rangée de sièges, du coup j'avais pris place sur l'une des deux banquettes du fond. J'étais habitué à contempler le monde extérieur par une petite vitre pare-balles teintée. Ce jour-là, je me rendais à une nouvelle réunion du Congrès classée top secret à propos de l'ingérence des Russes dans la campagne électorale de 2016.

Il est toujours difficile de comparaître devant les membres du Congrès et c'est, en règle générale, une expérience assez démoralisante. Presque tous les intervenants ont l'air de chercher uniquement à défendre leur camp et de ne s'intéresser qu'aux fragments d'informations qui satisfont leurs opinions. Ils se chamaillent entre eux par votre intermédiaire : « Monsieur le directeur, si quelqu'un dit "blanc", cela ne fait-il pas de lui un parfait imbécile ? » et la réponse transite également par vous : « Monsieur le directeur, si quelqu'un dit que la personne qui a dit "blanc" est un imbécile, n'est-ce pas lui, finalement, le véritable imbécile ? »

Mais quand il fut question de l'une des élections les plus controversées de l'histoire des États-Unis, les discussions sont devenues encore plus acerbes. Peu de gens étaient enclins ou à même d'oublier leurs intérêts politiques pour essayer de rétablir la vérité. Les Républicains voulaient obtenir l'assurance que les Russes n'avaient pas élu Donald Trump. Les Démocrates, encore sous le choc des résultats de la dernière présidentielle, qui s'était achevée quelques semaines auparavant, recherchaient la preuve inverse. Il était difficile de trouver un terrain d'entente. On avait l'impression de se retrouver à un dîner familial de Thanksgiving organisé par la justice.

Le FBI, et moi à sa tête, était l'otage de ces rancœurs partisanes. L'expérience n'était pas réellement nouvelle. Nous avions été happés par cette élection dès juillet 2015, lorsque nos spécialistes avaient ouvert une enquête criminelle sur l'utilisation par Hillary Clinton d'informations classifiées sur son système de messagerie personnelle.

À l'époque, les simples mots « enquête » et « criminelle » provoquaient des polémiques stériles. Un an plus tard, en juillet 2016, nous avons lancé une investigation pour déterminer si les Russes avaient bien tenté d'influencer l'élection présidentielle en nuisant à la candidate Clinton et en aidant Donald Trump à accéder au pouvoir.

Le Bureau se trouvait dans une situation fâcheuse, voire inévitable. Bien qu'il fasse partie du pouvoir exécutif, le FBI a vocation à rester en retrait de la vie politique américaine. Sa mission est d'établir la vérité. À cette fin, le FBI ne doit choisir aucun camp, si ce n'est celui de son pays. Ses membres ont, évidemment, comme tous les citoyens, leurs opinions politiques personnelles, mais quand ils se lèvent dans une salle de tribunal ou devant le Congrès pour faire leur compte rendu, ils ne sauraient être considérés comme des Républicains ou des Démocrates, ou comme appartenant à un clan quelconque. Il y a quarante ans, le Congrès a imposé au directeur du FBI un mandat de dix ans afin de renforcer cette indépendance. Mais dans une capitale et un pays déchirés par les conflits partisans, l'autonomie du FBI, perçue comme anormale et déroutante, est constamment mise à rude épreuve. Les professionnels de l'agence ont subi une pression d'enfer, d'autant que tout le monde ne cessait de douter de leurs intentions.

J'ai jeté un coup d'œil à Greg Brower, le nouveau dirigeant des affaires du Congrès au FBI, qui m'accompagnait au Capitole. Greg était un homme de cinquante-trois ans originaire du Nevada, aux cheveux poivre et sel. Nous l'avions débauché d'un cabinet d'avocats. Auparavant, il avait occupé le poste de procureur fédéral en chef du Nevada, État dont il avait également été sénateur. Outre sa compétence en matière de mise en application des lois, il avait une grande connaissance du monde âpre de la politique et de ses règles si particulières. Son travail consistait à représenter le FBI dans l'univers infesté de requins du Congrès.

Mais Greg Brower n'avait pas signé pour se retrouver au cœur de cette tempête qui s'était littéralement déchaînée après les résultats choquants de l'élection de 2016. Il avait rejoint le Bureau depuis peu, et je craignais que cette folie ambiante et la pression ne finissent par l'atteindre. Je me demandais s'il n'allait pas brusquement ouvrir la portière de la Suburban pour prendre la poudre d'escampette. Plus jeune, il m'aurait suffi de seulement quelques témoignages sous serment devant le Congrès pour avoir la même envie.

Je l'ai regardé dans les yeux et j'ai deviné qu'il pensait la même chose que moi : qu'ai-je donc fait pour me retrouver là ?

Alors, devant son inquiétude, j'ai rompu le silence :

— Super non ? ai-je lancé d'une voix tonitruante qui a sans nul doute attiré l'attention des agents assis à l'avant.

Brower m'a interrogé du regard.

— Nous sommes dans la merde, ai-je renchéri.

À présent, il paraissait décontenancé. Le directeur du FBI venait-il de prononcer le mot « merde » ?

Ouais, je l'avais dit.

— On est dans une merde noire, ai-je repris en affichant un sourire excessif et en levant les bras pour souligner l'amplitude du problème. Où donc aimeriez-vous être en ce moment ? Et j'ai ajouté en massacrant la tirade d'*Henri V* de Shakespeare : « *Et les gens ce soir dans leur lit en Angleterre regretteront de ne pas s'être trouvés ici.* »

Il s'est mis à rire, et il a paru se détendre. Moi aussi. Même si je restais convaincu que l'idée de sauter de la voiture en marche lui avait traversé l'esprit, le malaise s'était dissipé. Nous avions repris notre souffle. L'espace d'un instant, nous n'étions plus que deux hommes qui partaient en voyage. Tout se passerait bien.

Mais ce moment de détente n'a pas duré : nous sommes arrivés au Capitole où il nous faudrait parler de Poutine, de Trump, de soupçons de collusion, de dossiers secrets et de ce que savaient vraiment les gens.

Ce n'était qu'un nouvel épisode de stress dans l'une des périodes les plus folles, les plus cruciales, et même les plus instructives de ma vie – et d'aucuns diraient : de l'histoire des États-Unis.

Plus d'une fois je me suis posé cette même question : Qu'ai-je fait, bon sang, pour me retrouver là ?

1

La vie

« Ne pas penser à mourir, c'est ne pas penser à vivre. »

Jann Arden

La vie est bâtie sur un mensonge.

En 1992, j'étais assistant du procureur fédéral de New York, et ce sont ces mots que j'ai entendus dans la bouche d'un membre influent de l'une des plus célèbres familles du crime organisé des États-Unis.

Salvatore Gravano, « Sammy the Bull », était le mafieux américain le plus haut placé à s'être repenti et à bénéficier du système fédéral de protection des témoins. Pour éviter une condamnation à perpétuité, et aussi parce que le FBI lui avait fait écouter des enregistrements dans lesquels son boss, John Gotti, le critiquait vertement dans son dos, il avait décidé de retourner sa veste. Une fois à notre charge, Gravano m'avait initié aux règles de vie de la Mafia.

On ne faisait partie officiellement de la Cosa Nostra – « Notre Chose » – qu'après avoir prêté serment lors d'une cérémonie secrète qui se tenait devant le *boss*, l'*underboss* et le *consigliere* de la famille.

Après son intronisation, le criminel devenait un « affranchi ». « Sais-tu pourquoi tu es ici ? » lui demandait-on lors du rituel d'initiation. L'élu devait répondre « non », même si, comme l'a expliqué Gravano, seul un imbécile n'aurait pas compris pourquoi tous les chefs du clan s'étaient rassemblés autour de lui dans la cave d'un night-club.

Durant près de deux décennies, les parrains de la Mafia américaine avaient décidé qu'il n'y aurait plus de nouveaux membres. En 1957, suite à de vives préoccupations sur le contrôle de la fiabilité et l'infiltration d'informateurs, ils avaient « fermé les livres d'adhésion » – terme qui signifiait que les clans mafieux devaient désormais se partager concrètement les documents listant les pseudonymes et les identités réelles de leurs affiliés.

Mais, en 1976, ils avaient établi la règle suivante : chaque famille aurait le droit d'introniser dix nouvelles recrues, puis les livres seraient refermés, et seuls les membres défunts seraient remplacés.

Les dix nouveaux initiés de chacun de ces clans étaient tous des gangsters vedettes, des hommes endurcis que l'on avait mis sur la touche pendant des années. Gravano était entré dans la Mafia lors du recrutement de cette « promotion de luxe ». Après une aussi longue interruption, il n'était pas facile pour l'organisation criminelle, on peut le comprendre, d'introniser dix nouvelles personnes. Lors de la cérémonie rituelle, le futur affranchi devait tenir entre ses mains une image pieuse en feu, tachée par les gouttes de son propre sang perlant du doigt qui presse la gâchette (l'index), tout en récitant : « Mon âme brûlera comme ce Saint si je trahis la Cosa Nostra. »

Gravano se rappelait bien qu'au moment le plus théâtral, à la fin de sa cérémonie d'initiation, il avait dû déclamer ces mots, avec un bout d'étoffe en feu entre les mains. La famille Gambino n'avait pas daigné se procurer suffisamment d'images pieuses à brûler.

Le rituel d'intronisation de Gravano s'était conclu comme il avait commencé : sur un mensonge.

Le boss lui avait énuméré les différents points du règlement de la Cosa Nostra américaine : pas d'assassinat à l'explosif, pas d'assassinat des représentants des forces de l'ordre, pas d'assassinat d'affranchis sans permission officielle, pas d'adultère avec les épouses des autres membres, pas de trafic de drogue. De manière générale, la Mafia a plutôt bien respecté les deux premiers commandements. Le gouvernement américain n'aurait fait aucun cadeau à ceux qui auraient blessé des innocents dans une explosion ou qui auraient éliminé des policiers. Mais la promesse de ne pas tuer d'initiés, de ne pas coucher avec leurs femmes ou de ne pas dealer de la drogue n'était qu'un mensonge. Gravano et ses copains de la Mafia n'avaient pas cessé de transgresser ces trois règles. Selon mon collègue procureur Patrick Fitzgerald, c'était comme les bagarres dans les matchs de hockey – elles ne sont pas officiellement autorisées, mais elles font partie du jeu.

La Mafia sicilienne, étroitement liée à la Cosa Nostra américaine, avait établi un principe différent, mais qui soulignait à quel point la structure du crime organisé reposait sur la malhonnêteté des deux côtés de l'Atlantique. On interdisait aux nouveaux initiés de mentir à un autre affranchi – appelé un « homme d'honneur » en Sicile – sauf, et la nuance était d'importance, s'il était nécessaire de le piéger pour le supprimer.

Un jour, j'ai interrogé à ce propos le tueur repenti de la Mafia sicilienne, Francesco Marino Mannoia.

— Franco, lui ai-je dit, cela signifie que vous pouvez me faire confiance à moins que nous n'ayons l'intention de vous éliminer.

— Oui, m'a-t-il répondu, un peu déconcerté par ma question. Les hommes d'honneur n'ont le droit de mentir que sur les choses essentielles.

Une vie de mensonges. Le consentement implicite. Le chef et son contrôle absolu. Les serments de loyauté. La mentalité du « nous contre eux » en guise de vision du monde. Les dissimulations, importantes ou dérisoires, au service d'une idée pervertie de la fidélité. Ces codes et ces règles étaient caractéristiques de la Mafia, mais, à ma grande surprise, je les ai vus appliquer ailleurs, bien loin du monde du crime organisé, tout au long de ma carrière.

Mes premières années en tant que procureur, particulièrement dans la lutte contre la Mafia, m'ont convaincu que je ne m'étais pas trompé de voie. Je n'ai pas choisi le droit comme une évidence. Finalement, je suis devenu juriste parce que j'ai pensé que c'était la meilleure façon d'aider les autres, en particulier ceux qui souffrent de l'oppression des puissants, des parrains du crime et des harceleurs. Sans doute le fait de m'être retrouvé, à l'âge de seize ans, avec un revolver braqué sur la tempe – une expérience marquante et traumatisante –, a rendu ce choix inévitable, même si je l'ignorais encore à l'époque.

*

L'homme armé ignorait que j'étais à la maison ce soir-là. Par la fenêtre du sous-sol, il a vu mes parents dire au revoir à une forme allongée par terre dans le salon qui n'était éclairé que par la lumière émanant de la télévision. Il a probablement cru qu'il s'agissait de ma sœur, Trish. En réalité, c'était mon jeune frère, Pete (Trish avait regagné l'université après les vacances d'été et le plus jeune, Chris, assistait à une réunion scoute). Quelques minutes après le départ de mon père et de ma mère, il a défoncé la porte d'entrée de notre petit pavillon aux allures de ranch, et s'est rué en bas de l'escalier.

Ce 28 octobre 1977, le jour qui a changé ma vie, était un vendredi. Quelques mois auparavant, un tueur en série qui s'en prenait à des jeunes couples flirtant dans des voitures avait terrorisé l'agglomération new-yorkaise au cours de ce qu'on a surnommé « The Summer of Sam [1] ». Mais, au nord du New Jersey, c'était l'été – et l'automne – du « Violeur de Ramsey », ainsi baptisé après une dizaine d'agressions qui avaient démarré dans la ville du même nom ; Allendale, notre bourgade endormie, se trouvait juste au sud de Ramsey.

Lorsque Pete a entendu le bruit des pas lourds sur les marches grinçantes et notre chien pousser un sourd grognement, il a bondi sur ses pieds et s'est tapi dans un coin. Mais l'homme armé savait qu'il était là. En le menaçant de son revolver, il a contraint mon frère à sortir de sa cachette. Puis il lui a demandé s'il y avait quelqu'un d'autre dans la maison. Pete a menti, il a répondu non.

À l'époque, je venais d'entrer en terminale, et j'étais un geek puissance dix mille qui n'avait pas beaucoup d'amis. Comme s'il fallait encore le prouver, j'étais, ce soir-là, occupé à terminer un article pour le magazine littéraire du lycée. C'était censé être une brillante satire sociale des personnages qui peuplent les cours de récréation – les mecs populaires, les petites frappes – et, plus généralement, de la pression du groupe en milieu scolaire.

1. Une référence au film *Summer of Sam* tourné par Spike Lee, en 1999, qui raconte les meurtres commis par un tueur en série surnommé « Le fils de Sam » au cours de l'été 1977 à New York. (*N. d. T.*)

J'avais pris du retard et mon texte manquait de brio, mais, comme je n'avais rien d'autre à faire ce soir-là, je m'étais assis devant mon bureau pour écrire dans ma petite chambre.

Dans le sous-sol, l'homme armé a ordonné à Pete de le conduire jusqu'à la suite parentale. Quelques minutes plus tard, j'ai entendu deux personnes passer devant ma porte. Puis d'autres bruits, le placard et les tiroirs de la commode qu'on ouvrait et refermait. À la fois agacé et intrigué, je me suis levé et j'ai fait coulisser le battant de la salle de bains qui communiquait avec la chambre à coucher de mes parents. Toutes les lumières étaient allumées dans la pièce, et, de là où j'étais, j'ai aperçu Pete. Il était allongé sur le lit, la tête tournée vers moi, mais il avait les yeux fermés.

J'ai fait quelques pas, j'ai jeté un coup d'œil sur ma droite et je suis resté figé. Un type corpulent, d'âge moyen, portant un bonnet et une arme à la main, fouillait dans la penderie de mes parents. Le temps a semblé soudain se ralentir. Je n'avais jamais connu une telle sensation. Ma vue s'est complètement brouillée l'espace de quelques secondes. Puis elle est revenue, sous la forme d'une brume étrange, et tout mon corps s'est mis à vibrer comme si mon cœur était devenu trop gros pour ma poitrine. En me voyant, l'homme a couru jusqu'à Pete et lui a enfoncé son genou dans le dos. De sa main gauche, il a collé son arme contre la tête de mon frère âgé de quinze ans. Il s'est tourné vers moi.

— Si tu bouges, gamin, je lui fais sauter la cervelle.

Je n'ai pas bougé.

L'agresseur s'en est pris à Pete.

— Tu m'avais dit qu'il n'y avait personne d'autre à la maison.

Finalement, il l'a lâché et m'a ordonné de m'allonger sur le lit à côté de lui. Debout devant moi, il exigeait de savoir où il pourrait trouver de l'argent. J'apprendrai plus tard que Pete en avait dans la poche de son jean, mais qu'il ne le lui avait pas donné. Je lui ai laissé tout ce que j'avais et j'ai énuméré les endroits qui me venaient en tête – les tirelires, les portefeuilles, les quelques dollars reçus de nos grands-parents lors d'événements marquants, absolument tout. Muni de mes indications, l'homme nous a abandonnés sur le lit pour partir fouiller la maison.

Peu après, il est revenu, et s'est contenté de nous fixer, son revolver braqué dans notre direction. J'ignore combien de minutes il nous a ainsi tenus en joue sans prononcer un mot, mais cela a duré suffisamment longtemps pour que ma vie en soit à jamais transformée. J'étais convaincu que j'allais mourir. Un sentiment d'impuissance, mêlé à une peur panique, s'était emparé de moi. Sachant que je n'avais plus que quelques minutes à vivre, j'ai commencé à prier en silence.

L'instant d'après, j'ai été submergé par une étrange sensation de froid et ma terreur s'est dissipée. Je me suis enfin mis à réfléchir. S'il tue d'abord Pete, ai-je pensé, je sauterai du lit et j'essaierai de lui agripper les jambes. Puis j'ai commencé à parler – à mentir plus précisément. Les mensonges jaillissaient tout seuls. Je lui ai expliqué à quel point nous étions brouillés avec nos parents – qu'en réalité nous les haïssions –, que nous nous fichions de ce qu'il pourrait leur prendre et que nous ne le dénoncerions jamais. J'ai menti, encore et encore.

L'homme armé m'a dit de la fermer et il nous a ordonné de nous lever. Puis il nous a fait sortir de la chambre et nous a poussés dans le couloir exigu, en s'arrêtant pour fouiller chaque pièce et chaque placard. Comme j'étais à présent persuadé, du moins provisoirement, que j'allais vivre, je me suis efforcé d'examiner attentivement son visage pour pouvoir ensuite le décrire à la police. Il m'a enfoncé le canon de son revolver à plusieurs reprises dans le dos, pour me forcer à détourner la tête.

À nouveau, je me suis mis à parler. Je ne cessais de lui répéter qu'il n'avait qu'à nous enfermer quelque part le temps qu'il puisse s'enfuir. Je me creusais la cervelle pour trouver un lieu précis dans la maison – un endroit où il pourrait nous confiner. Contre toute logique, j'ai fini par proposer la salle de bains du sous-sol, en lui expliquant que la lucarne ne s'ouvrait pas car mon père l'avait condamnée pour l'hiver. Ce n'était qu'en partie vrai : papa avait effectivement tendu un film plastique sur le châssis pour lutter contre les courants d'air, mais il suffisait de soulever le volet du bas pour dégager la fenêtre.

L'homme nous a emmenés dans la salle de bains du sous-sol et nous a poussés à l'intérieur en disant :

— Vous pourrez dire à votre papa et à votre maman que vous avez été très sages.

Il a calé quelque chose contre le battant pour nous empêcher de sortir.

Puis nous avons entendu la porte du garage s'ouvrir et se refermer. Quand le taux d'adrénaline est retombé, je me suis mis à frissonner. En tremblant, j'ai jeté un œil par la lucarne et, brusquement, le visage de l'homme est apparu dans l'encadrement. Il vérifiait la fermeture de la fenêtre depuis l'extérieur. En le voyant, j'ai cru que j'allais manquer d'air. Lorsque j'ai été certain qu'il avait bel et bien disparu, j'ai dit à Pete qu'on ne bougerait pas de là avant le retour des parents. Mais Pete ne partageait pas mon opinion.

— Tu sais qui c'est. Il va agresser d'autres personnes. Il faut qu'on aille chercher de l'aide.

Dans l'état où je me trouvais, je crois que je n'ai pas complètement compris les paroles de Pete. Je ne me rendais pas compte non plus de ce qui aurait pu advenir si Trish, notre sœur, alors âgée de dix-neuf ans, s'était trouvée à la maison.

Je me suis opposé à sa proposition. J'avais peur. Après avoir brièvement tenté de me convaincre, Pete m'a annoncé qu'il partait. Il a retiré le film plastique de la fenêtre, a tourné la poignée en forme de demi-lune et a remonté le châssis. Puis il s'est faufilé dans l'ouverture, les jambes en avant, et a sauté dans le jardin.

Cela n'a sans doute duré qu'une seconde ou deux, mais j'ai le souvenir d'être resté un long moment à contempler la lucarne ouverte, et l'obscurité au-delà. Devais-je rester ou le suivre ? À mon tour, j'ai glissé mes jambes par la fenêtre.

À l'instant où mes pieds nus ont touché le sol glacé du jardin de ma mère, j'ai entendu l'homme crier. Aussitôt, je me suis jeté par terre et j'ai rampé frénétiquement jusqu'aux épais buissons qui se trouvaient derrière la maison. L'homme armé avait déjà attrapé Pete.

— Sors de là, gamin, ou je m'en prends à ton frère, m'a-t-il crié.

J'ai émergé de ma cachette, et le type m'a reproché de lui avoir menti.

— On retourne immédiatement à l'intérieur, ai-je répliqué à court d'imagination en m'avançant vers la fenêtre ouverte.

— Trop tard, a-t-il dit. Contre le mur.

Pour la seconde fois cette nuit-là, j'ai cru que j'allais mourir, du moins jusqu'à ce que j'entende Sundance, le gros husky des voisins, bondir dans le jardin, accompagné de son propriétaire, le professeur d'allemand du lycée et notre entraîneur de football, Steve Murray.

Les secondes qui ont suivi restent floues dans ma mémoire. Je me souviens juste de m'être rué à l'intérieur de la maison, Pete et Coach Murray sur mes talons, et d'avoir claqué la porte d'entrée derrière moi. Puis nous l'avons verrouillée, abandonnant dehors, aux prises avec l'homme armé, la femme et la mère de Murray qui étaient sorties elles aussi, alertées par les bruits qui venaient de chez nous. Un geste qui me culpabilise encore des décennies plus tard.

Puis, nous avons grimpé les marches quatre à quatre, allumé toutes les lumières et nous avons cherché des armes. J'ai saisi un grand couteau de boucher. Le 911 n'existant pas encore à l'époque, j'ai composé le numéro de l'opératrice et je lui ai demandé qu'elle me passe la police. L'interlocuteur qui a pris mon appel me répétait de me calmer. Je lui ai expliqué que cela m'était impossible, qu'il y avait un homme armé dans notre jardin, qu'il allait revenir et que nous avions besoin d'aide immédiatement. Nous avons attendu dans l'obscurité près de l'entrée en nous demandant si nous devions poursuivre l'agresseur. Bientôt, une voiture de police est apparue devant la maison, nous aveuglant de ses phares. Aussitôt, nous avons ouvert la porte et nous nous sommes précipités vers l'officier de police, moi pieds nus, toujours muni de mon grand couteau de boucher. À peine le policier était-il descendu de son véhicule que sa main s'est posée sur son arme de service.

— Non ! Non ! ai-je hurlé en indiquant la demeure des Murray. C'est lui ! Il a un revolver !

L'homme qui venait de surgir de la maison voisine courait déjà vers les bois qui se trouvaient à proximité.

Tandis que les véhicules de police de plusieurs juridictions convergeaient dans notre petite rue, j'ai grimpé sur mon vélo à dix vitesses, toujours pieds nus, pour rejoindre, en pédalant comme un fou, la salle paroissiale située à quatre cents mètres de là, où mes parents prenaient un cours de danse de salon. J'ai sauté de mon vélo que j'ai entendu s'écraser au sol derrière moi, puis j'ai ouvert la porte en hurlant « Papa » à pleins poumons.

Tout le monde s'est arrêté et s'est avancé vers moi, mon père et ma mère en tête. En me voyant, ma mère s'est mise à pleurer.

La police n'a pas appréhendé le « Violeur de Ramsey » ce soir-là. Quelques jours plus tard, elle a arrêté un suspect, mais en l'absence de faits avérés, il a été relâché. Cependant, la longue série de crimes – vols à main armée et agressions sexuelles – du « Violeur de Ramsey » a pris fin en cette nuit du 28 octobre 1977.

Cette rencontre m'a valu des années de souffrance. J'ai pensé à lui chaque soir pendant au moins cinq ans – non pas *certains* soirs mais *tous* les soirs – et j'ai dormi avec un couteau sous l'oreiller plus longtemps encore. Je ne m'en suis pas rendu compte à l'époque, mais cette expérience terrifiante s'est révélée être aussi, à sa manière, un incroyable cadeau. Le fait d'avoir cru – d'avoir intégré l'idée – que j'allais mourir, pour finalement survivre, a transformé la vie en un miracle précieux et délicat.

En cette année de terminale, je me suis mis à regarder les couchers de soleil, les bourgeons sur les arbres, à m'ouvrir à la beauté du monde. Ce sentiment m'habite encore aujourd'hui, même si la façon dont il s'exprime peut parfois sembler niaise à ceux qui, par chance, ignorent ce que cela signifie que de mesurer la valeur de sa vie sur cette terre en quelques secondes.

Le « Violeur de Ramsey » m'a appris, à un âge précoce, que nous accordons du prix à des choses qui en sont dépourvues. Lorsqu'il m'arrive de parler à des jeunes, je leur suggère un exercice qui peut paraître un tantinet étrange : fermez les yeux, leur dis-je. Asseyez-vous là et imaginez un instant que votre vie va s'arrêter.

De ce poste d'observation privilégié, les efforts chimériques que l'on déploie en vue d'obtenir des richesses ou de la reconnaissance partent en fumée. Maisons, voitures, médailles accrochées au mur ? Qui s'en soucie à présent ? Vous êtes sur le point de mourir. Qui auriez-vous aimé être ? Je leur fais part de mon espoir que certains d'entre eux choisiront d'être des hommes capables d'utiliser leurs talents pour aider ceux qui en ont besoin – les faibles, les gens en difficulté, ceux qui sont malmenés ou effrayés. De militer pour une cause. D'apporter leur contribution. C'est là la vraie richesse.

*

Je n'ai pas choisi consciemment d'embrasser la carrière du droit à cause du « Violeur de Ramsey », du moins dans les premiers temps. Depuis toujours, je me destinais à des études de médecine, alors j'ai suivi l'année préparatoire avec une spécialisation en chimie à l'Université William & Mary. Mais un jour, alors que je me dirigeais vers l'un des laboratoires, j'ai vu écrit le mot « mort » sur un tableau d'affichage. Je me suis arrêté. Il s'agissait d'une annonce pour un cours de la faculté de théologie qui partageait nos locaux. Je m'y suis inscrit et tout a changé. J'ai pu explorer des sujets passionnants et comprendre comment les différentes religions considèrent la mort. J'ai opté pour la théologie comme deuxième domaine d'étude.

Ce cours m'a permis de découvrir le philosophe et théologien Reinhold Niebuhr dont les travaux m'ont beaucoup marqué. Niebuhr pensait que le mal véritable existe dans le monde ; s'il comprenait que le caractère inexorablement limité de la nature humaine nous empêche d'aimer notre prochain comme nous-mêmes, il estimait que les hommes ont l'obligation impérieuse de répondre aux exigences de la justice dans ce monde de pécheurs.

Reinhold Niebuhr n'a jamais pu entendre Billy Currington, l'artiste de musique country, fredonner : « *Dieu est grand, la bière est bonne et les gens sont fous* », mais il aurait apprécié ces paroles, et même si cela n'aurait pas suffi à transformer cette chanson en tube planétaire, il aurait probablement ajouté : « Nous devons toujours tenter d'atteindre une certaine idée de justice dans notre monde imparfait. » Et pour Niebuhr, c'était au pouvoir politique d'établir cette justice. Progressivement, j'ai compris que je ne deviendrai pas médecin. À mon sens, les avocats participent beaucoup plus directement à cette quête de justice. Et j'ai finalement estimé que la voie du droit m'offrirait davantage de possibilités d'apporter ma propre contribution à la société.

2

La Cosa Nostra

> « Garde tes amis près de toi et tes ennemis plus près encore. »
>
> Al Pacino (alias Michael Corleone), *Le Parrain 2*

Il existe quatre-vingt-quatorze cours fédérales de district aux États-Unis, et chacune d'elles est présidée par un procureur nommé par le président, après approbation du Sénat. Ces bureaux n'ont ni la même taille ni les mêmes compétences territoriales. Celui de Manhattan, connu sous le nom de « district Sud de New York », est à la fois le plus grand et celui qui jouit de la meilleure réputation. Il est célèbre pour son énergie et sa capacité à intenter des actions dans des domaines de plus en plus larges.

On l'a d'ailleurs longtemps accusé de ne poser qu'une seule question avant de se déclarer compétent : « L'infraction a-t-elle été commise sur terre ? »

J'ai rejoint le bureau du procureur fédéral du district de Manhattan en 1987. C'était le poste dont je rêvais. J'allais travailler pour un homme en passe de devenir une légende : Rudy Giuliani. À ma sortie de la Law School en 1985, je ne savais pas encore exactement quelle spécialité je voulais embrasser.

Au terme de ma deuxième année, j'avais postulé pour un stage en tant qu'auxiliaire juridique auprès d'un juge de la cour fédérale. J'ai finalement été envoyé à Manhattan l'année suivante.

Le juge que j'assistais, John M. Walker Junior, nous incitait à prendre place dans la salle du tribunal lorsqu'on y plaidait une affaire intéressante. Au printemps 1986, le gouvernement tentait, en vertu d'une nouvelle loi fédérale, de refuser une libération sous caution à un accusé au motif qu'il représentait un danger pour la communauté. Ce n'était pas n'importe quel prévenu, puisqu'il s'agissait d'Anthony « Fat Tony » Salerno, le *boss* de la famille Genovese, l'un des cinq gangs de la Mafia italienne de New York.

Fat Tony semblait sorti tout droit d'un film de mafieux. C'était un homme obèse, chauve, qui se déplaçait avec une canne, un cigare toujours éteint à la bouche, même lors des audiences. Il avait une voix rocailleuse dont il se servait en plein tribunal pour renchérir à une parole de son avocat. « C'est *une* outrrrage, », tonnait-il depuis son box. Avec son visage anguleux et son regard noir, son coaccusé Vincent « Fish » Cafaro avait tout du poisson aux yeux du jeune homme de vingt-cinq ans que j'étais encore. Afin de prouver que Salerno représentait une menace pour la communauté et qu'il devait rester en détention, les procureurs fédéraux avaient présenté à la cour des enregistrements que le FBI s'était procurés, en cachant un micro sous une table du *Palma Boys*, le club de Fat Tony, situé dans l'un des quartiers italiens de East Harlem. On l'y entendait ordonner des passages à tabac et des assassinats en assumant parfaitement son rôle : « Qui je suis, hein ? C'est moi le putain de *boss* ! »

Cette affaire démontra que, dans les familles mafieuses, on ne conteste pas le parrain. Ses paroles de vie et de mort décidaient du destin de chacun. Mais le péché le plus grave restait de trahir le clan, de devenir un « rat ». Dans la Mafia, rien n'était plus important que la loyauté, et on ne pouvait la fuir qu'en quittant cette terre, de mort naturelle ou non. Seuls les rats sortaient de la Mafia, vivants.

J'écoutais, hypnotisé, les deux juges, l'un et l'autre assistants de procureurs fédéraux, énumérer les charges retenues contre Fat Tony. L'accusation disposait d'enregistrements et de témoignages prouvant que Fat Tony et Fish avaient organisé les « coups » – jambes cassées, intimidations de syndicats –, et qu'ils dirigeaient bien un clan mafieux. Selon la défense, il ne s'agissait que de « propos musclés », mais les procureurs avaient de quoi contester ces affirmations grotesques. Les deux magistrats étaient à peine plus âgés que moi. Ils se tenaient droit et s'exprimaient clairement, avec franchise, sans exagérer ni minauder. Leur seule motivation était manifestement de lutter contre l'injustice et de faire triompher la vérité.

Ce fut pour moi une révélation. « Voilà ce que je veux faire de ma vie », ai-je pensé. Du coup, j'ai rejoint pour un an un cabinet d'avocats new-yorkais afin d'acquérir l'expérience qui me manquait pour postuler à un poste de procureur fédéral. Et c'est une année que je n'ai jamais oubliée, grâce à une personne en particulier.

*

J'étais un jeune avocat de vingt-cinq ans, et mon cabinet new-yorkais m'avait fait un beau cadeau en m'envoyant à Madison, en Virginie, m'occuper d'un dossier portant sur des contrats d'assurance, particulièrement compliqué et barbant. Mais ma chance fut de rencontrer Richard L. Cates, qui était ce qu'on appelle communément « un avocat-conseil local ». Richard Cates, qui avait alors soixante et un ans, venait d'être recruté par le gros cabinet de la ville en charge de l'affaire pour apporter ses connaissances de terrain. Dick était à la fois un être affable et tenace, sûr de lui et pétri d'humilité. Il me faudrait des décennies pour comprendre que ces deux qualités constituent la base de tout véritable leadership. Cet homme, doté d'un grand discernement, recherchait avant tout la pondération.

Dick est décédé en 2011 au terme d'une vie qui avait débuté dans un orphelinat new-yorkais. Il avait passé son existence à chercher à s'épanouir dans son travail et dans ses relations avec les autres. Il avait épousé l'amour de sa vie dont il avait eu cinq enfants, il avait fait plusieurs allers-retours dans la fonction publique, y compris deux incursions chez les Marines durant la guerre, sans jamais oublier, selon les mots de son fils, que le plus important était « d'éviter que les plus faibles ne soient écrasés par les puissants ». Afin d'apprendre la vie à ses enfants, il avait installé sa famille dans une ferme située non loin de Madison, et il faisait chaque jour des kilomètres à vélo pour rejoindre son lieu de travail.

Il passait des heures à jouer avec ses enfants, puis avec ses nombreux petits-enfants.

En dépit des drames dont il avait été témoin, Dick restait un passionné, la vie et les gens l'intéressaient au plus haut point.

Et il savait en rire. Il n'avait besoin de rien pour prendre une déposition, pas même d'une feuille de papier, et généralement, il commençait chaque séance en gratifiant le témoin d'un large sourire. « Racontez-moi votre histoire », disait-il. Grâce à son intelligence et à sa mémoire infaillible, il arrivait à interroger son interlocuteur pendant des heures, sans jamais perdre le fil du récit.

Dick Cates ne m'a rien enseigné de précis durant l'année où nous avons travaillé ensemble. Du moins, pas que je m'en souvienne. Mais comme jeune avocat et comme futur mari, j'ai beaucoup appris à ses côtés. Je l'ai vu rire face à l'arrogance et à la pression. Je l'ai vu prendre des décisions pleines de bon sens quand les ténors du barreau se perdaient dans des analyses interminables qui n'avaient d'égales que leur prétention. J'ai vu son visage s'illuminer à la simple évocation de sa femme et de sa famille. Je l'ai vu remuer ciel et terre pour tenter de participer à leurs réunions, leurs activités, leurs dîners et leurs projets. Je l'ai vu se moquer du montant de ses honoraires, qui ne représentaient pourtant qu'une infime partie de ce que toucheraient les avocats de New York ou de Los Angeles en charge de l'affaire. C'était un homme heureux.

« Voilà ce que je voudrais devenir », ai-je pensé alors. Les efforts que j'ai déployés pour lui ressembler n'ont pas suffi, mais ce qu'il m'a enseigné n'a pas de prix. J'ai compris ce que signifiait une vie réussie. « Je suis très heureux d'avoir commencé ma carrière dans un important cabinet d'avocats » n'est pas une phrase que l'on entend prononcer souvent, mais personnellement je m'en réjouis.

*

Le poste d'assistant du procureur fédéral n'a rien de politique. Vous défendez votre pays dans des affaires pénales ou civiles au sein de votre propre district. J'étais assigné à la division pénale, et mon travail consistait à assister les agents fédéraux – le FBI, la DEA [1], l'ATF [2], les services secrets ou les inspecteurs des services postaux des États-Unis –, en menant des investigations sur des crimes fédéraux et, si nécessaire, en engageant des poursuites et en instruisant des plaintes devant le tribunal. Durant six ans, j'ai enquêté sur toutes sortes d'affaires qui allaient du vol de courrier au trafic de drogue, ou au braquage de banque, en passant par des escroqueries plus complexes : des trafics d'armes, du racket ou même des meurtres. Ma première investigation a concerné une tentative d'homicide sur des agents fédéraux de l'ATF par un gang de trafiquants de drogue au cours d'une perquisition. Alors qu'ils s'enfuyaient par l'escalier de secours, les dealers avaient tiré sur les policiers qui tentaient de pénétrer dans leur repaire.

Afin de s'assurer de la collaboration d'un témoin, l'officier en charge de l'affaire m'a conduit jusqu'à un appartement situé au nord de Manhattan – un territoire totalement contrôlé par les gangs de trafiquants de drogue. Il estimait que si cette femme parvenait à accorder sa confiance au procureur qui l'interrogerait pendant le procès, peut-être qu'elle accepterait de témoigner.

Nous avons grimpé les six étages menant à son appartement, et l'agent a frappé à la porte. Une femme nous a ouvert et nous a conduits dans le salon où un homme âgé d'une vingtaine d'années était assis sur un tabouret, dos au

---

1. *Drug Enforcement Administration* : la brigade des stupéfiants aux États-Unis. (*N. d. T.*)

2. *Bureau of Alcohol, Tobacco, Firearms and explosives* (« Bureau de l'alcool, du tabac, des armes à feu et explosifs ») est le service fédéral des États-Unis chargé de la mise en application de la loi sur les armes, les explosifs, le tabac et l'alcool et de la lutte contre leur trafic. (*N. d. T.*)

mur. En nous voyant, il n'a pas dit un mot, et s'est contenté de nous fixer, sans esquisser le moindre mouvement. Nous avons entraîné la femme dans la pièce adjacente pour discuter tranquillement avec elle. Mais j'ai eu beau essayer de la convaincre, exposer mes arguments, elle refusait toujours de témoigner.

Quand nous avons regagné le salon, l'homme assis sur le tabouret n'avait pas bougé. Il ne nous quittait pas du regard.

En sortant de l'immeuble, et alors que nous étions sur le point de traverser la rue pour rejoindre notre véhicule garé le long du trottoir, j'ai dit à l'agent que l'homme effrayant, assis sur le tabouret, portait sans doute un revolver à sa ceinture.

— Heureusement que ce type savait que nous étions armés, car du coup, il n'a rien tenté, ai-je dit.

Les assistants des procureurs fédéraux ne portaient pas d'armes à feu. C'était l'une des prérogatives des agents.

L'officier s'est tourné vers moi brusquement.

— Vous aviez un revolver ? Parce que moi j'avais oublié le mien sous le siège.

Il a ouvert la portière de la voiture et en a sorti son arme.

Il m'a fallu très longtemps pour oser raconter à ma femme cette petite intervention sur le terrain.

*

Lorsqu'on travaillait avec Rudy Giuliani, il fallait respecter un code tacite, comme il en existe, j'imagine, dans la plupart des entreprises et des institutions. Dans ce cas précis, il ne fallait jamais oublier que c'était Rudy la vedette et que tous les succès remportés par ses services devaient remonter vers lui. On ne pouvait violer cette règle qu'à ses risques et périls. Rudy Giuliani était doté d'une extraordinaire confiance en lui, qu'en tant que jeune procureur, je trouvais exaltante. C'était d'ailleurs son style et son impétuosité qui m'avaient poussé à rejoindre ses bureaux. J'aimais bien voir mon patron à la une des magazines, debout sur les marches du tribunal, les mains sur les hanches, comme s'il avait le monde à ses pieds. C'est quelque chose qui me stimulait beaucoup.

Comme les procureurs avaient rarement la chance de croiser le grand homme en personne, je me suis senti particulièrement fier le jour où il s'est arrêté devant mon bureau. C'était au tout début de ma carrière, et l'on venait de me confier le soin d'enquêter sur une personnalité éminente de la vie new-yorkaise, un homme toujours vêtu d'un survêtement en polyester et qui arborait autour du cou un bijou aussi gros que la médaille du prix Nobel. L'État de New York s'interrogeait sur de possibles détournements de fonds au sein des ONG d'Al Sharpton, et j'étais chargé de vérifier s'il n'y avait pas lieu d'engager des poursuites fédérales. Je n'avais jamais vu Rudy à mon étage, et voilà qu'il était devant moi. Il tenait à me faire savoir qu'il suivait personnellement le déroulement de cette affaire et qu'il était convaincu que je ferais du bon travail. Pendant qu'il m'encourageait, debout dans l'embrasure de la porte, mon cœur battait à tout rompre. J'étais à la fois excité et un peu angoissé. Il comptait sur moi.

Alors qu'il était sur le point de s'en aller, il s'est brusquement arrêté.

— Oh, et je veux ce putain de médaillon », m'a-t-il lancé avant de tourner les talons.

Mais nous ne sommes jamais parvenus à boucler cette affaire. L'État a bien poursuivi Sharpton, mais ce dernier a été acquitté au tribunal. Et le médaillon n'a pas quitté le cou de son propriétaire.

Il m'a fallu un certain temps pour me rendre compte que l'assurance de Rudy Giuliani ne s'accompagnait pas d'une grande humilité. Le prix à payer, c'est qu'il ne restait pas beaucoup d'oxygène pour les autres. J'ai commencé à en prendre conscience lors de ma première conférence de presse.

J'avais travaillé avec le FBI à démanteler un réseau criminel qui volait des véhicules dans les parkings de Manhattan avant de les transporter dans le Bronx, où on les chargeait sur des navires en partance pour l'Afrique ou les Caraïbes. Au cours des investigations, menées par l'agent spécial Mary Ellen Beekman, une ancienne religieuse catholique, qui avait fini par rejoindre les rangs du FBI, la police avait réussi à infiltrer l'opération et à prendre des photos durant le déplacement des conteneurs. Mary Ellen, qui connaissait bien les réseaux spécialisés dans le trafic de voitures volées, savait comment « retourner » les criminels les plus endurcis. Même si elle n'approuvait pas le langage ordurier si fréquent chez les policiers, elle avait le don pour mener des interrogatoires et, grâce à son premier métier, savait manier l'arme puissante de la culpabilité pour venir à bout de n'importe quel voyou.

Dans cette affaire, les trafiquants étaient tellement efficaces que les voitures volées avaient quitté le sol américain avant même que leur disparition ne soit signalée. Comme le dossier était intéressant, le FBI et Rudy Giuliani avaient décidé de donner une conférence de presse.

Mon superviseur m'avait demandé de me tenir derrière l'estrade pendant que Rudy Giuliani, accompagné du chef du New York Police Department (NYPD) et du directeur du bureau du FBI de New York, s'adresseraient à la presse.

Je ne devais parler ni bouger sous aucun prétexte. Ce jour-là, mon superviseur m'a lancé une phrase que j'avais déjà entendue : « L'endroit le plus dangereux de New York se trouve entre Rudy et le micro. » Immobile, au fond de la salle, j'avais l'air d'un figurant dans un film de basket, qui se serait trompé de plateau.

Bien que stimulante, l'assurance affichée par Rudy Giuliani alimentait un style impérial qui avait tendance à le couper du monde extérieur. Ce n'est que bien plus tard que j'ai pu mesurer la dangerosité d'une telle attitude.

Un chef a besoin d'entendre la vérité, mais l'empereur a du mal à l'accepter quand elle vient de ses subalternes. Le comportement de Rudy Giuliani a laissé des traces chez des dizaines de juges fédéraux de Manhattan, qui, pour beaucoup, avaient travaillé pour les services du procureur fédéral.

Ils avaient l'impression que Rudy Giuliani avait réduit le bureau à sa seule personne, et qu'il avait utilisé certaines affaires non pas pour rendre la justice, mais dans l'unique but de favoriser sa propre carrière politique. Quand je suis devenu procureur fédéral de Manhattan – et que je me suis assis dans le fauteuil de Rudy –, douze ans plus tard, ce ressentiment était encore palpable.

Giuliani avait fait de la lutte contre le crime organisé une priorité absolue, même si l'offensive avait en réalité commencé bien avant sa prise de fonction. Ses procureurs ont intenté des actions contre des chefs de la Mafia, tel Salerno, et ont même inculpé les parrains des cinq familles de la Cosa Nostra qui « siégeaient à la Commission », l'organe supranational chargé à la fois de répartir les revenus tirés des activités criminelles entre les différents clans et d'arbitrer les différends.

Plus important, le bureau de Rudy a lancé des actions au civil pour permettre à l'État de prendre le contrôle des grands syndicats – les camionneurs, les électriciens, les charpentiers et les dockers – afin de priver la Mafia de ses principales sources de liquidités et d'influence : en effet, les organisations criminelles détournaient d'importantes sommes d'argent des caisses de ces syndicats.

Cette lutte efficace contre la Cosa Nostra s'est poursuivie longtemps après que Rudy a démissionné de son poste de procureur fédéral pour se lancer dans une carrière politique.

Les Gambino était la plus puissante des cinq familles de la Cosa Nostra. Comme les autres clans, ils descendaient d'immigrants siciliens qui s'étaient enrichis en terrorisant leurs compagnons d'exil, puis leur quartier, avant de menacer le reste de la ville. En 1946, le gouvernement américain, qui cherchait déjà à combattre le crime organisé, avait expulsé le célèbre Charles « Lucky » Luciano vers la Sicile, ce qui avait permis à celui-ci de resserrer les liens entre les mafias américaine et sicilienne, et de mettre en place des filières de trafic d'héroïne qui allaient prospérer durant des décennies. Dans les années 1970 et 1980, l'homme au cœur de ces opérations lucratives s'appelait John Gambino. Parlant couramment le sicilien, il servait d'« agent de liaison » entre les clans mafieux siciliens et la famille Gambino, dont il était l'un des parrains.

J'ai eu la chance d'être l'un des deux procureurs lors du procès de « l'agent de liaison » et de la famille dans l'affaire dite « *États-Unis versus John Gambino* ». Les deux procureurs qui avaient lancé les poursuites avaient dû se désister pour des raisons personnelles.

À cette époque, j'étais devenu l'un des superviseurs du service et, pour instruire l'affaire, j'avais recruté un autre procureur, mon ami Patrick Fitzgerald, diplômé de la Law School de Harvard, que j'avais connu à l'université.

Pat, fils d'immigrants irlandais, avait grandi dans un petit appartement de Brooklyn. Son père était portier, et Pat le remplaçait parfois à son retour de l'école. Il avait l'esprit vif, et il était sans prétention, ce qui explique pourquoi il dormait volontiers sur notre canapé – en sirotant notre bière –, dans le bungalow que je louais dans le New Jersey avec quelques amis durant l'été, pendant mes études de droit.

Patrick Fitzgerald a rejoint le bureau du procureur fédéral en 1988, une année après moi. J'ai eu pour tâche de superviser son travail lors de son premier procès pénal devant un jury. C'était un flemmard légendaire doté d'une mémoire prodigieuse. Un jour, j'ai aperçu une pile de papiers importants concernant cette affaire, entassés n'importe comment dans son « chariot », – une sorte de caddie de supermarché qu'on utilise pour transporter les documents et les différentes pièces d'un dossier au sein du tribunal.

— Tu dois les classer dans des dossiers, lui ai-je conseillé.

Il a hoché la tête. À mon retour, j'ai constaté qu'il avait rangé chaque document dans une chemise non étiquetée, avant de tout remettre dans la pile. Par miracle, il arrivait à savoir où était rangé chaque papier.

Quand l'affaire Gambino s'est enfin présentée, nous avons évoqué au téléphone plusieurs personnes susceptibles de l'épauler, car le dossier Gambino exigeait deux procureurs. Nous étions tous les deux expérimentés, mais je n'étais pas candidat, car j'avais prévu de quitter l'agglomération new-yorkaise avec ma famille. Ma femme, Patrice, bien que plus habituée aux champs de maïs de son Iowa natal et aux faubourgs verdoyants du nord de la Virginie, avait accepté de résider à New York pendant des années. Au début de notre mariage, lorsque l'occasion de travailler avec Rudy Giuliani s'était présentée, j'avais renié ma promesse d'élever nos enfants en Virginie. Patrice et moi avions donc vécu six ans dans le New Jersey, d'abord dans un appartement de la taille d'une boîte à chaussures, situé au-dessus d'un magasin de vélos, puis dans un modeste duplex de location qui, nos deux filles grandissant, commençait à devenir exigu.

J'étais dans la cuisine au téléphone avec Patrick Fitzgerald, et Patrice écoutait la conversation qui touchait à sa fin. Brusquement, elle m'a interrompu et m'a demandé de raccrocher pour que nous ayons une discussion. J'ai dit à Pat que je le rappellerai plus tard.

— C'est visiblement l'affaire de toute une vie, m'a-t-elle lancé.

— Effectivement, ai-je répliqué.

— Dans ce cas, je vais rester. Je vais rester pour que tu puisses instruire cette affaire avec l'un de tes meilleurs amis. Rappelle-le et annonce-lui que tu lui as trouvé un partenaire.

Nous avons retardé notre déménagement d'une année.

*

Pat et moi avons passé plusieurs mois à étudier le dossier et le fonctionnement de la Mafia, en commençant par rencontrer le plus grand spécialiste de la Cosa Nostra aux États-Unis. Heureusement, son bureau se trouvait juste à l'autre bout du couloir. Kenneth McCabe, ancien policier du NYPD, avait rejoint le bureau du procureur fédéral de

Manhattan comme enquêteur au cours des premières années de lutte contre le crime organisé. Kenny, qui avait l'allure d'un gentil géant, avec son mètre quatre-vingt-treize, ses cent treize kilos, sa voix grave et son accent new-yorkais, connaissait non seulement de vue tous les membres de la Mafia, mais également leurs noms et leurs pseudonymes. En effet, pendant plus de vingt ans, il avait passé des heures à surveiller les mariages, les veillées funèbres et les enterrements, et avait mené des centaines d'interrogatoires d'affranchis et de repentis pour le NYPD, puis pour le bureau du procureur de Manhattan.

Pour une raison que je n'ai jamais vraiment comprise, les brigades du FBI spécialisées dans la lutte contre la Mafia ont longtemps refusé de « couvrir » les enterrements ou les mariages des mafieux. Sans doute les agents ne voyaient-ils pas l'intérêt de quitter leur banlieue paisible pour surveiller ces événements mineurs qui se déroulaient toujours le soir ou le week-end. McCabe était d'un autre avis : il estimait qu'on y apprenait beaucoup de choses. Alors, durant des années, par tous les temps, même les dimanches et même la nuit, il avait observé et pris des photos.

Les membres de la Mafia le connaissaient également. Ils le respectaient et, curieusement, le considéraient comme un noble adversaire. Kenny, qui comprenait leur besoin d'être perçus comme des hommes d'honneur, ne leur délivrait jamais une assignation à comparaître à domicile et ne les arrêtait pas devant leurs épouses ou leurs enfants, ce qu'ils prenaient pour une marque de respect. Du coup, ceux qui envisageaient de trahir la Cosa Nostra contactaient souvent McCabe en priorité.

Kenny McCabe nous a enseigné les notions de base de la Cosa Nostra, puis, avec les agents du FBI, il nous a accompagnés un peu partout aux États-Unis auprès des repentis qui devaient nous aider à bâtir notre dossier. L'un d'eux était Sammy « the Bull » Gravano, l'ancien *underboss* – numéro 2 – de la famille Gambino.

J'ai rencontré Gravano pour la première fois en 1992, dans une prison fédérale pour témoins, située quelque part dans un coin reculé des États-Unis.

Je me souviens que j'étais légèrement anxieux en attendant l'arrivée de l'*underboss* de la famille Gambino. Comment l'entrevue allait-elle bien pouvoir se passer ? Comment réagirait-il face à ces deux procureurs qu'il ne connaissait pas ? Quel effet cela me ferait-il de rencontrer un homme qui avait dix-neuf meurtres à son actif, selon ses propres aveux ?

Le minuscule Gravano est entré dans la pièce, vêtu de son uniforme de prisonnier, et de chaussures à semelles en caoutchouc, sans lacets. Après avoir balayé la pièce de son regard perçant, il a reconnu McCabe. Il était donc inutile de faire les présentations. « C'est un honneur », a-t-il dit en tendant la main à Kenny. Puis il s'est tourné vers moi et vers Fitzgerald. Puisque nous étions avec McCabe, il nous acceptait.

Gravano était un témoin clé. Afin de détruire la Cosa Nostra des deux côtés de l'Atlantique, le gouvernement américain s'apprêtait à forcer un homme qui avait gravi tous les échelons de la Mafia à coups de mensonges, à dire la vérité. Sa vie d'imposteur et d'assassin était devenue essentielle pour la justice. Quand notre collaboration a pris fin, on l'a relâché, puis on l'a placé sous le programme de protection des témoins – naturellement, il a fini par retourner en prison pour des crimes commis sous sa nouvelle identité.

Non content de m'apprendre que « la vie est bâtie sur un mensonge », ainsi que je l'ai évoqué plus haut, Gravano m'a initié aux règles de la Cosa Nostra. Ce fut aussi le cas du tueur sicilien de la Mafia, Francesco Marino Mannoia.

Franco Mannoia était tout aussi déconcerté par le fonctionnement de la justice américaine que Gravano. Il ne comprenait pas, par exemple, pourquoi Patrick Fitzgerald et moi exigions de connaître dans le détail tous les actes de violence dont il s'était rendu coupable avant de le présenter comme témoin au tribunal. En effet, la loi américaine nous obligeait à divulguer tout ce qui pouvait remettre en cause la crédibilité de notre témoin. Et en échange de l'immunité que lui avait accordé le gouvernement italien, il devait coopérer avec les Américains. C'est ainsi qu'il avait passé en revue les vingt-cinq meurtres auxquels il avait personnellement participé.

Dans la Mafia, au cours des années 1980, la principale technique d'élimination consistait à attirer les futures victimes dans un lieu isolé pour les étrangler. Pendant des heures, nous avons écouté Mannoia nous raconter d'un ton désinvolte les différentes ruses qu'il avait imaginées, et la brutalité de son travail. Il estimait qu'il était plus honorable et moins lâche de tuer par strangulation, même s'il fallait pour cela se faire aider par quatre autres gaillards, que de se servir d'une arme à feu.

Ainsi que nous l'a expliqué Mannoia, le règlement de la Cosa Nostra interdisait à ses membres de révéler à quiconque leur appartenance à l'organisation. Comme dans la Mafia américaine, l'identité devait rester secrète et les affranchis ne pouvaient se présenter entre eux que par l'intermédiaire d'un ami commun.

Cette « omerta » avait un jour entraîné un curieux double meurtre auquel Mannoia avait participé.

Il avait été chargé, avec d'autres membres de son clan, d'enquêter sur des crimes interdits par la Mafia qui s'étaient produits sur leur territoire. Mannoia et ses acolytes avaient consciencieusement rassemblé les suspects les plus évidents avant de se focaliser sur deux hommes qu'ils avaient emmenés dans un lieu isolé pour les interroger séparément. Mais en dépit de l'utilisation de techniques classiques d'interrogatoire, comme le dilemme du prisonnier – qui consiste à faire croire à chacun que l'autre s'apprête à le trahir –, ils n'avaient obtenu aucun aveu. Selon Mannoia, après s'être consultées, les deux équipes avaient conclu que les deux criminels n'avaient pas commis les méfaits en question. « Que s'est-il passé ensuite ? », lui avons-nous demandé.

— Nous les avons étranglés, a-t-il répondu d'un ton détaché.

— Mais pourquoi ? ! s'est exclamé Pat Fitzgerald. Puisqu'ils étaient innocents…

— Parce que le simple fait de les cuisiner prouvait que nous faisions partie de la Cosa Nostra. Ils en savaient trop, nous étions obligés de les liquider.

— Alors quel était l'intérêt de les interroger ? ai-je demandé.

Mannoia a froncé le sourcil qui encadrait ses yeux tristes et a répondu :

— Je ne comprends pas votre question. C'était notre devoir.

*

Mannoia fut le premier tueur de la Cosa Nostra que nous avons appelé à la barre des témoins contre John Gambino. Nous avons présenté par la suite Gaspare Mutolo, un autre tueur de la Mafia sicilienne qui avait lui aussi accepté de collaborer avec les autorités. Nos collègues italiens l'avaient caché dans un monastère désaffecté, perdu au milieu de la campagne italienne, et, avant qu'il ne livre son témoignage, je m'étais rendu personnellement à Rome avec Patrick Fitzgerald et des agents du FBI pour l'interroger. Devant un plat de pâtes fait maison qu'il nous avait préparé, Mutolo nous a raconté sa vie d'homme d'honneur de la Cosa Nostra.

J'aimerais pouvoir dire que j'ai éprouvé un sentiment singulier en présence de ce tueur de masse qui me tendait un expresso dans ce couvent désert. Dans un film, on aurait entendu une musique de fond inquiétante aux accents prémonitoires et des ombres auraient envahi l'écran. Mais là, il ne s'est rien passé de tout cela. Le mal offre souvent un visage ordinaire. Il rit, il crie, il élude, il rationalise et il cuisine d'excellents spaghettis. Ces assassins avaient franchi la ligne rouge en ôtant volontairement la vie à autrui. Mais tous s'étaient fabriqué leur propre récit pour justifier leurs crimes. Aucun d'eux ne se considérait comme un être malveillant. Ils affirmaient tous la même chose : la première fois avait été terriblement difficile. Les fois suivantes, beaucoup moins.

Mutolo avait assassiné tellement de personnes qu'il ne se souvenait plus de l'identité de toutes ses victimes. Après en avoir tout d'abord nommé pas loin de trente, il avait ajouté : « Il doit bien y en avoir sept ou huit de plus. »

À un moment, il s'était souvenu d'avoir tué un certain Galatalo. Mais, peu après, il avait affirmé qu'il avait frappé un autre type, appelé lui aussi Galatalo, avec un hachoir à viande, mais que cet homme-là n'était pas mort.

Une fois à la barre des témoins, il affirmera qu'il avait en réalité *tué* deux individus du nom de Galatalo, et qu'il s'était contenté d'en blesser un autre à la poitrine avec un hachoir à viande.

Durant la journée, assis dans la salle du tribunal, j'écoutais Mutolo livrer les secrets inavouables de la Mafia, son règne sanguinaire, et, le soir, je retrouvais Sammy « the Bull » Gravano dans une planque surveillée par les agents de l'United States Marshals Service [1]. Gravano avait déjà témoigné devant le tribunal fédéral de Brooklyn contre le *boss* de la famille John Gotti. Et les avocats de la défense s'étaient particulièrement intéressés aux dix-neuf homicides commis par Gravano.

En réalité, Sammy « the Bull », qui restait notre témoin clef, ignorait qu'une partie de notre stratégie consistait à énumérer en détail tous les crimes des tueurs de la Mafia de façon à lasser les jurés avant qu'il n'arrive lui-même à la barre. Nous espérions qu'ainsi le jury trouverait Gravano plus acceptable.

Mais Gravano y voyait une insulte à son professionnalisme.

Un soir, alors que je pénétrais dans la salle commune de son lieu de résidence secret, Gravano m'a accueilli en jetant d'un geste dégoûté un tabloïd new-yorkais sur la table. Il venait de lire un article qui listait le nombre d'assassinats perpétrés par Mannoia, notre tueur sicilien, un décompte macabre de loin supérieur au sien.

« Nom de Dieu, Jimmy, tu m'fais passer pour une putain d'écolière ! » a aboyé Gravano en me montrant le journal.

Grâce au travail de plusieurs dizaines d'enquêteurs et de procureurs, la Cosa Nostra a fini par perdre de son

1. Agence de police du gouvernement fédéral des États-Unis dépendante du département de la Justice. (*N. d. T.*)

influence sur les syndicats, ses parrains ont été emprisonnés, et son emprise a diminué des deux côtés de l'Atlantique. Le procès de John Gambino s'est achevé sur un jury « bloqué » – les jurés ont voté à onze contre un sur l'ensemble des charges dans des circonstances un peu douteuses – et il a été décidé d'un nouveau procès. Mais Gambino ayant choisi de plaider coupable, il a finalement été condamné à quinze ans de détention dans une prison fédérale. Il est mort depuis. Il existe encore aujourd'hui à New York des gens qui prétendent appartenir à la Mafia italienne, mais ils tiennent plus de la bande de criminels de bas étage que de véritables mafieux. Et Lucky Luciano ne les accepterait même pas. Ils ressemblent plus aux personnages de la série *Les Soprano*, le thérapeute en moins.

3

Le harceleur

> « Le courage est feu, et l'intimidation est fumée. »
>
> Benjamin Disraeli

Les membres de la Mafia ont beau avoir leur propre code vestimentaire et leur propre langage, ils font pourtant partie d'une espèce assez courante : celle des harceleurs.

Tous les harceleurs sont globalement les mêmes. Ils ont besoin de menacer les êtres faibles afin de lutter contre leur propre sentiment d'insécurité. Je le sais. Je les ai connus de près.

Les gens qui me rencontrent pour la première fois ne manquent pas de remarquer ma haute taille. Avec mes deux mètres trois, c'est vrai que c'est difficile de me rater. Cependant, quand j'étais enfant, je n'étais pas très grand. Et lorsque j'ai déménagé avec mes parents de Yonkers, une ville de l'État de New York, à Allendale, dans le New Jersey, je suis passé du statut d'élève le plus populaire du CM2 à celui de bouc émissaire du collège.

Jusque-là, depuis ma naissance, j'avais toujours vécu à Yonkers, dans une petite maison serrée entre des pavillons tout aussi modestes. Presque toute ma famille était originaire de cette bourgade populaire, située à la périphérie nord du Bronx, l'un des cinq quartiers de la ville de New York.

Mes arrière-grands-parents faisaient partie de la vague d'immigration qui s'était installée dans la région à la fin des années 1800. Ma mère et mon père avaient grandi à quelques pâtés de maisons l'un de l'autre sur la « colline », le quartier irlandais du nord-ouest de la ville. Quand son père avait trouvé la mort au cours d'une catastrophe industrielle, mon grand-père, qui n'était alors qu'en fin de primaire, avait quitté l'école pour subvenir aux besoins de sa famille. Par la suite, il est devenu officier de police et a même fini par diriger le commissariat de Yonkers.

Notre maison se trouvait juste derrière l'École publique 16 où j'ai vécu heureux durant mes premières années d'écolier. Ma mère avait fréquenté cet établissement dans sa jeunesse et l'une des meilleures amies de ma grand-mère en était la directrice. Quand nous avons déménagé, j'étais l'un des enfants les plus aimés de ma classe.

La ville de Yonkers et l'École 16 constituaient le centre de mon univers. J'apercevais son bâtiment en brique rouge à travers la haute clôture grillagée qui séparait notre jardin de la cour de récréation. Tous les matins, avec ma sœur aînée et mes deux jeunes frères, je contournais à pied le pâté de maisons, car le grillage était trop haut à franchir. Là-bas, je connaissais tout le monde, et manifestement, les gens m'aimaient bien. J'étais dans mon élément. Et je me sentais à ma place. C'était un sentiment formidable. Mais qui a pris fin lorsque papa nous a annoncé que notre vie allait changer du tout au tout.

Mon père, Brien Comey, était salarié d'une grande compagnie pétrolière. Après avoir commencé sa carrière en vendant des bidons d'huile de moteur à des gérants de stations-service, il avait ensuite été chargé de développer le réseau des stations essence. Je me souviens que lorsque nous traversions l'agglomération new-yorkaise en voiture, il nous indiquait les emplacements qu'il avait repérés, ce qu'il appelait « ses » stations-service. Dans les années 1960, l'industrie automobile et pétrolière était florissante.

Quand, en 1971, mon père a été embauché dans une société basée dans le nord du New Jersey, il est devenu évident qu'il nous fallait déménager – dans un lieu qui, jusque-là, n'existait dans mon esprit que sous la forme d'immenses falaises appelées *Les Palisades*. Yonkers est situé sur la rive est du fleuve Hudson. Entre les maisons de ma rue, j'apercevais *Les Palisades* qui se dressaient comme un grand mur noir sur la berge ouest. Comme nous nous étions déjà rendus en voiture dans l'Indiana, je ne crois pas avoir jamais pensé que le monde s'arrêtait à ces gigantesques murailles, mais cela aurait pu.

Nous allions nous installer de l'autre côté des *Palisades*, là où un tout autre monde attendait l'élève le plus cool du CM2 de l'École 16.

Une fois dans ma nouvelle classe, je me suis rapidement rendu compte que je n'allais pas devenir l'enfant le plus populaire de l'école élémentaire Brookside à Allendale.

Par souci d'économie, ma mère coupait elle-même les cheveux de ses fils et achetait nos vêtements chez *Sears*, la grande chaîne de magasins discount.

*

J'étais toujours affublé de pantalons trop courts, de chaussettes blanches et de chaussures noires à semelles compensées censées soutenir la voûte plantaire de mes grands pieds. Il se trouve que j'avais aussi, sans le savoir, un accent new-yorkais qui ne ressemblait pas à celui des autres gamins d'Allendale. En un mot, je faisais tache dans le décor.

Bientôt, ce fut bien plus qu'une simple métaphore. Dès les premiers jours, une bande de garçons s'en est pris à moi dans la cour de récréation des CM2. Je ne me souviens pas exactement de ce que je leur ai dit, mais j'ai probablement riposté, car j'étais assez sûr de moi et j'avais la langue plutôt bien pendue, même si ce jour-là, je n'ai pas eu le cran de répéter ce que je venais de leur dire. Ils se sont jetés sur moi.

Les harceleurs « invitaient » régulièrement leurs victimes à se battre à coups de poing après l'école dans un parc voisin. Malgré leurs nombreuses convocations, je n'y suis jamais allé. Je préférais faire de grands détours pour les éviter. Un jour, je me souviens d'avoir essayé de faire entendre raison à l'un de ces garçons qui voulaient me frapper. « Puisque tu ne m'aimes pas et que je ne t'aime pas, je ne vois pas pourquoi on se ficherait des gnons », lui ai-je dit. Cette phrase n'a fait que décupler sa colère. Peut-être que si j'avais laissé l'un de ces gamins me rouer de coups, ils auraient cherché un autre souffre-douleur… J'avoue que je n'ai pas eu le courage de tenter l'expérience.

J'ai passé quasiment les trois ans qui ont suivi à fuir mes persécuteurs. Je me faisais régulièrement insulter, mais je tenais à éviter la confrontation physique, car je n'étais pas assez costaud ni assez endurci pour ça. Du coup, je restais dans mon coin, préférant jouer avec mes deux petits frères, et je n'hésitais pas à emprunter des itinéraires farfelus pour ne pas risquer de croiser mes tortionnaires.

Le collège lycée d'Allendale accueillant des élèves d'autres communes, je me suis retrouvé confronté, dès mon entrée en troisième, à des brutes venues des villes voisines.

À nouveau, j'ai vite été repéré. J'ignore ce qui les attirait chez moi. Je n'étais pas grand – je ne le serai qu'après la terminale –, mais j'étais intelligent et très bavard. Je chantais aussi à la chorale du lycée, même si j'étais toujours partant pour une partie de football. Il s'avère que les élèves de la Maîtrise représentaient une cible de choix pour ces petites frappes. Sans doute parce qu'ils étaient perçus comme des artistes un peu prétentieux ou tout simplement comme des enfants différents.

Contrairement aux bagarreurs de mon lycée, je n'avais pas encore totalement perdu mon ventre de bébé, et, dès le premier jour, j'ai été attaqué sur mon physique. Sarcasmes, railleries, tout pleuvait sur moi. On m'a plus d'une fois enfermé dans un casier jusqu'à me faire hurler, mais ça, je pouvais encore le gérer. Le plus dangereux, c'était ce qu'on appelle le « tire-slip », une pratique qui, si j'ai bonne mémoire, consiste à tirer l'élastique du slip d'un autre garçon le plus haut possible. L'offensive impliquait en règle générale deux assaillants, et j'y ai eu droit à plusieurs reprises durant mon année de troisième.

Quand ces brimades ont commencé, je n'ai rien fait. Je n'en ai parlé à personne. Alors, elles ont continué. Mes tortionnaires m'empoignaient, me bousculaient, me pinçaient violemment le torse ou le bras lorsqu'ils me croisaient dans un couloir. S'ils étaient trop loin pour m'atteindre, ils me flanquaient un méchant coup de poing dans l'épaule. J'ai vite appris à les repérer et à prendre la tangente.

Là encore, j'évitais la confrontation. Malheureusement, cela m'était impossible lorsque je me changeais dans les vestiaires avant les cours de sport ou pour les entraînements de football. Ma carrière dans l'équipe du lycée n'a d'ailleurs duré que trois petites semaines.

Voyant que je n'arrêtais pas de prendre des coups, au point d'en avoir le coccyx totalement meurtri – c'était une partie de mon anatomie dont j'ignorais jusque-là totalement l'existence –, ma mère a décidé un jour que cela suffisait. Sans me prévenir, elle a traversé la rue pour aller remettre ma démission au coach Murray. Je me suis senti à la fois humilié et secrètement soulagé. Contrairement à moi, Maman avait pris la mesure de la situation, et elle avait estimé que ma déception était secondaire : je n'étais pas assez endurci pour pouvoir jouer dans l'équipe de football.

Cependant, bien que l'intervention de ma mère m'ait peut-être sauvé la vie, le harcèlement dont j'ai fait l'objet ne s'est pas arrêté pour autant. Et, bientôt, je fus obligé de me changer seul pour le cours de sport, dans un vestiaire vide.

*

Ce fut une période de ma vie très difficile. Heureusement, j'avais deux ou trois bons amis, et j'étais entouré d'adultes que j'admirais, des personnes qui me rappelaient que je comptais pour eux, chose facile à oublier quand on est victime de violences. Il y avait mes parents, d'abord. Sévères, mais aimants, ils étaient du genre à afficher mes bulletins scolaires sur la porte du réfrigérateur de la cuisine, les moins bons toujours en évidence pour que mes frères et ma sœur les voient. Ils nous forçaient à nous surpasser, mais sans cesser de nous encourager pour autant. Presque tous les matins, ma mère relevait le store de ma chambre avec cette phrase rituelle : « Debout, il est temps de montrer au monde de quoi tu es capable. » Beaucoup plus tard, quand je suis devenu adjoint du ministre de la Justice, mes parents m'ont offert une boule à neige qui renfermait les balances de la justice. À sa base, il était écrit « Debout ! ». Elle trône toujours sur un coin de mon bureau.

Lorsque j'étais encore au lycée, en rentrant à la maison, le soir après les cours, je m'asseyais à côté de ma mère pour lui raconter ma journée. Alors qu'elle se mourait d'un cancer en 2012, nous avons longuement évoqué ces heures passées ensemble. Depuis mon plus jeune âge, ma mère m'avait toujours fait comprendre qu'elle attendait beaucoup de moi. Et, avant sa mort, elle m'a montré un mot que je lui avais écrit à l'âge de sept ou huit ans, après qu'elle m'avait envoyé dans ma chambre en punition. « Je suis désolé, disait le billet, un jour, tu verras, je serai un grand homme. » Elle l'avait conservé dans un tiroir pendant près de cinquante ans.

*

J'ai également rencontré quelques enseignants merveilleux avec lesquels j'ai noué des liens d'amitié. Je me souviens en particulier d'Andy Dunn, le professeur d'anglais et responsable du journal de l'école pour lequel j'écrivais des articles. Curieusement, même si j'avais deux ou trois excellents amis, je me liais plus facilement avec les adultes qu'avec les autres élèves.

Et surtout, il y a eu un homme du nom de Harry Howell.

Durant mon année de première puis de terminale, j'ai travaillé dans le petit supermarché de Harry qui se trouvait dans les faubourgs d'Allendale. Je devais gagner à peine quatre dollars de l'heure en remplissant les étagères, en rangeant les chariots ou en tenant la caisse, mais j'adorais ce job. Essentiellement parce que j'avais un bon patron.

Harry était un homme à l'allure toujours impeccable, de taille moyenne, aux cheveux coupés ras, presque toujours vêtu d'une chemise blanche à manches courtes, ornée d'un badge à son nom. Il portait une ceinture noire et des mocassins bien cirés, quelle que soit la couleur de son pantalon. Dans mes souvenirs, il ressemble étonnamment à l'acteur Robert Duvall, quand celui-ci avait quarante-cinq ans.

Rétrospectivement, je continue de considérer Harry Howell comme l'un des meilleurs patrons que j'aie jamais eus, même si, depuis, j'ai travaillé pour des présidents et des responsables politiques de premier plan, que ce soit au gouvernement ou ailleurs.

C'est dû en grande partie au fait que Harry aimait vraiment son métier et qu'il était fier de ce qu'il faisait. Il avait grimpé tous les échelons jusqu'à devenir directeur de magasin, et, par conséquent, il était doté d'un grand sens du commerce.

Il tenait à ce que sa supérette soit la plus propre et la mieux gérée de toutes les enseignes de la chaîne.

Tous ses manutentionnaires – nous étions principalement des adolescents – appartenaient à un groupe théâtre amateur.

Pendant nos heures de travail, qui se déroulaient surtout après la fermeture du magasin, il y avait toujours une bonne ambiance. On riait, on se faisait des blagues tout en bossant comme des fous dans les allées dont nous avions la responsabilité. Cette atmosphère détendue, nous la devions à Harry. Il avait réussi à créer un environnement à la fois exigeant, joyeux et plaisant. Devant nos facéties, il réprimait un sourire – en retroussant légèrement sa lèvre supérieure –, avant de nous reprocher d'un ton plus sevère notre manque de rigueur. Nous l'aimions, tout en craignant ses réactions. Mais nos rapports étaient sains. Nous nous sentions importants, parce que, de toute évidence, il s'intéressait à nous, et que nous cherchions désespérément à lui plaire. Harry Howell m'a appris à apprécier le travail bien fait, et à éprouver du plaisir devant un inventaire réussi, ou en réalisant, selon le terme utilisé dans la grande distribution, une mise en place correcte – c'est-à-dire, en avançant les produits du fond sur le devant de l'étagère afin que le rayon offre au client une visibilité parfaite et lui donne l'impression d'être le premier à le découvrir.

Avant l'époque des codes-barres, nous utilisions des tampons encreurs pour étiqueter chaque produit. C'était une procédure fastidieuse qui exigeait beaucoup d'attention, car la moindre erreur de prix restait gravée à jamais sur l'étiquette.

À l'époque où je travaillais au supermarché, la société avait investi dans les « nouvelles technologies » – des pistolets d'étiquetage en plastique qui servaient à apposer des autocollants sur les produits. Nous ne disposions cependant dans la supérette de Harry que de deux ou trois de ces prototypes, car ils étaient onéreux. Et on nous avait bien recommandé d'en prendre soin.

Un soir, je vaquais à ma tâche principale, qui consistait à remplir le rayon « hygiène » de papier toilette, d'essuie-tout, de kleenex et de serviettes de table. J'avais déjà réapprovisionné un bon tiers de l'allée. Après avoir ouvert les cartons à l'aide d'u. cutter, je collais les prix sur chaque produit avec ce drôle de pistolet, puis je les rangeais sur les étagères. Question réapprovisionnement, j'étais, pour le dire vite, parvenu au sommet de l'excellence.

Soudain, j'ai entendu la voix d'un de mes copains manutentionnaires qui m'appelait du bout de l'allée. « Hé, Comey, passe-moi le pistolet. J'en ai besoin une seconde ! », m'a-t-il crié d'un ton pressant en tendant ses deux mains devant lui. Sans réfléchir, je lui ai lancé l'étiqueteuse.

À peine avais-je levé le bras qu'il avait déjà tourné les talons et disparu. Je vois encore l'engin onéreux s'élever dans les airs, pivoter vers l'arrière comme s'il accomplissait un saut périlleux, tout en franchissant lentement les neuf ou dix mètres qui le séparaient de l'endroit où, quelques secondes plus tôt, se tenait encore mon collègue de travail. Dans mes souvenirs, je crie « Nooooon » au ralenti, mais en réalité, je ne crois pas en avoir eu le temps. Déjà le pistolet atterrissait aux pieds de Harry Howell qui venait, comme par hasard, de déboucher dans l'allée. En touchant le sol, l'étiqueteuse a éclaté en mille morceaux. Mon coéquipier avait calculé son coup à la perfection.

J'ai connu quelques patrons dans ma vie qui, dans une telle situation, auraient perdu leur sang-froid et se seraient mis à hurler. Harry s'est contenté de contempler les fragments de plastique éparpillés autour de ses mocassins. Puis il m'a dit tout simplement : « Nettoie-moi tout ça », avant de s'éloigner.

Je ne me souviens pas qu'il m'ait demandé une explication, ou soit revenu sur l'incident par la suite. Du haut de mes seize ans, je crois que j'ai pensé que Harry avait parfaitement compris qu'on m'avait joué un sale tour. Il ne devait pas être dupe. Avec son air stoïque, et son petit sourire en coin, il avait forcément deviné que j'avais été victime d'une mauvaise blague.

Peut-être que les pistolets avaient moins de valeur que je ne le pensais, peut-être Harry a-t-il exigé que mon collègue rembourse le prototype que j'avais lancé… Je l'ignore, mais la clémence dont il a fait preuve envers moi m'a laissé une impression durable. Je l'ai aimé davantage et j'ai travaillé encore plus dur jusqu'à considérer l'allée « hygiène » comme un véritable paradis terrestre.

Mais, sans le vouloir, quelque temps plus tard, j'ai mis à nouveau la bienveillance de Harry à rude épreuve.

Ce soir-là, j'étais chargé de réapprovisionner le rayon frais, une tâche autrement plus compliquée que d'empiler du papier toilette sur des étagères. C'était comme se retrouver soudain dans la cour des grands. J'ai ouvert la lourde porte de la chambre froide située au fond du magasin pour en extraire les gallons de lait qui étaient stockés les uns sur les autres, quatre par quatre dans des caisses. À l'époque, il n'existait pas encore de bouteilles plastique, et l'emballage était en carton. On aurait dit la version gigantesque des petites briques de lait qu'on emporte avec sa *lunch box* à l'école. J'ai commencé à déposer les caisses sur un chariot de manutention à deux roues. Avec l'outrecuidance de ma jeunesse, je n'ai pas hésité à en empiler six l'une sur l'autre – soit l'équivalent de quatre-vingt-onze litres de lait. Ma mère aurait appelé ça « du travail de paresseux ». J'ai incliné le diable en arrière, qui pesait très lourd, et je suis sorti lentement de la chambre froide, l'épaule droite calée contre les poignées arrière du chariot, la main gauche maintenant le sommet de la pile. Puis j'ai poussé comme j'ai pu les portes battantes de la réserve, et j'ai avancé vers le rayon crémerie. Le poids du chargement m'entraînant vers l'avant, j'ai accéléré pour éviter que la cargaison ne me tombe dessus. Une fois arrivé devant le linéaire des produits frais, je me suis arrêté net, en redressant d'un coup sec le chariot à la verticale, sans songer aux lois élémentaires de la physique. Malheureusement, le lait, lui, y songeait.

Comme il fallait le prévoir, les casiers ont continué leur course vers l'avant avant de chuter de toute leur hauteur. L'échafaudage précaire a heurté violemment le sol. Les cartons se sont tous ouverts en même temps, projetant alentour plus de lait que je n'en avais jamais vu de ma vie. Et les quatre-vingt-onze litres se sont répandus tout le long du rayon frais, sur les céréales, sur les conserves et sur le linéaire de produits du monde. La catastrophe dépassait l'imaginable.

J'ai couru prendre un balai à franges et un seau dans la réserve, et j'ai commencé à éponger frénétiquement cet océan de lait, en essorant régulièrement la serpillière. Tout s'était passé dans le calme. En me dépêchant, j'aurais peut-être le temps de tout nettoyer avant que quelqu'un ne découvre tout ce gâchis.

J'essuyais le sol depuis déjà quelques minutes quand Harry est apparu. Il était planté de l'autre côté de l'océan de lait, les mains sur les hanches, soucieux de protéger ses beaux mocassins. Après avoir admiré la nappe crémeuse pendant ce qui m'a paru une éternité, il m'a demandé :

— As-tu appris quelque chose ?

— Oui, monsieur, ai-je répondu.

— C'est bien. Nettoie tout.

Et il s'est éloigné.

J'étais trop jeune pour en prendre conscience, mais à seize ans, je découvrais ce qu'est le véritable leadership.

Je savais déjà que je préférais ressembler à Harry qu'aux petites brutes qui me harcelaient dans la cour du lycée. Harry était peut-être assez attentif pour s'en apercevoir. Peut-être même avait-il deviné ce que j'endurais à l'école, et avait-il compris que je n'étais qu'un gamin qui cherchait à s'intégrer et à devenir quelqu'un.

J'ai beaucoup souffert d'être rejeté et persécuté, mais, avec le recul, je me rends compte que ces épreuves m'ont aidé à mieux cerner les gens. Au cours de ma vie, j'ai passé beaucoup de temps à évaluer les menaces, à essayer de jauger le ton d'une voix et de comprendre les différentes dynamiques qui sont à l'œuvre dans un couloir ou dans un vestiaire bondé.

Survivre à l'intimidation requiert une capacité d'adaptation et un apprentissage de tous les instants. C'est pour cette raison que les harceleurs sont tout-puissants : il est beaucoup plus facile d'être un suiveur ou un mouton, et de se fondre dans la masse.

Ces années de maltraitance m'ont fait comprendre, de petits affronts en petits affronts, quels étaient les dangers du pouvoir. Harry Powell en avait, mais il le maniait la plupart du temps avec compassion et intelligence. Ce n'était d'ailleurs pas toujours facile pour lui de gérer une bande de gamins immatures. D'autres, comme les petites brutes à l'école, choisissent d'exercer leur pouvoir contre des individus sans défense, de suivre le groupe au lieu de s'y opposer.

C'est aussi ce que j'ai appris lors d'une des plus grandes erreurs que j'ai commises dans ma jeunesse.

*

En 1978, j'étais étudiant à l'Université *William and Mary.* Comme la plupart de mes camarades, je souffrais du mal du pays. Dans le fond, nous n'étions que des gosses peu sûrs d'eux, effrayés à l'idée de vivre loin de leur famille pour la première fois de leur vie, même si jamais nous n'aurions osé le reconnaître ou nous l'avouer à nous-mêmes.

Le campus étant surpeuplé, je logeais avec dix-sept autres étudiants de première année dans une annexe de la principale résidence universitaire, qui n'abritait aucun surveillant ni responsable d'aucune sorte. En y songeant rétrospectivement, j'en frissonne encore. Mon université avait créé une résidence digne de l'univers du roman *Sa Majesté des Mouches*.

Parmi mes colocataires, il y avait un étudiant passablement horripilant, un rien susceptible et arrogant, qui n'arrêtait pas de parler de la petite amie qu'il avait laissée dans sa ville natale. Dans sa chambre, toujours propre et impeccablement rangée, il conservait une collection de plantes vertes. Il vivait à son rythme, de façon très indépendante. Mais le groupe décida bientôt qu'il était impossible de tolérer plus longtemps cet étudiant dérangeant. La bande de garçons que nous formions abîma ses affaires, saccagea sa chambre, et effaça certaines de ses cassettes préférées. Sans compter d'autres idioties dont je ne me sou viens même pas. J'ai commis certains de ces actes, j'ai participé à d'autres. J'ai ri devant nos exploits. J'ai dû faire souffrir quelqu'un.

J'ai encore honte de moi, bien des décennies plus tard. Comment ai-je pu, bon sang, harceler quelqu'un à mon tour ? Et pourtant, je l'ai fait. Après tout, je n'étais pas le seul. Peut-être craignais-je de devenir le nouveau souffre-douleur en m'opposant aux autres… Peut-être était-ce une façon pour moi de prendre ma revanche ? J'avais passé tellement d'années à essayer d'appartenir à une bande. J'y étais parvenu. Enfin, j'étais intégré.

Mes parents n'ont pas cessé de me répéter qu'il est important de savoir résister à la pression du groupe. Je ne compte plus le nombre de fois où ma mère m'a dit, quel que soit le contexte : « Si tu vois quelqu'un qui s'apprête à sauter du pont George-Washington, vas-tu l'imiter ? »

Lors de la cérémonie de remise des diplômes du lycée, mon discours portait sur les dangers de la pression du groupe. Depuis l'âge de seize ans, je me baladais avec cette citation de Ralph Waldo Emerson dans mon portefeuille : « *Il est aisé dans le monde de vivre selon l'opinion du monde ; et il est aisé dans la solitude de vivre selon sa propre opinion ; mais le grand homme est celui qui, au beau milieu de la foule, conserve avec une parfaite douceur l'indépendance de la solitude.* » (Je viens de la citer de mémoire.)

En dépit des leçons apprises et de ma réflexion, de mon sentiment de culpabilité ou de mes hésitations, j'avais cédé aux moqueries et au pouvoir d'attraction du groupe. Sans doute aussi au soulagement de ne plus être le vilain petit canard. J'ai harcelé et maltraité un garçon qui n'était pas très différent de moi. J'étais un hypocrite, un lâche et un imbécile.

J'étais l'exemple vivant de ce que j'avais vécu, et de ce que je vivrai encore plus intensément au cours des décennies qui allaient suivre.

Nous avons tous tendance à céder notre autorité morale au « groupe » et à nous taire, persuadés que le collectif saura gérer nos difficultés. Nous avons toujours l'impression qu'il prendra des décisions sensées à notre place, du coup nous suivons tels des moutons l'avis du plus grand nombre, comme si la masse représentait une entité morale qui nous est supérieure.

Face au troupeau, notre premier réflexe est de capituler, de laisser le cerveau et l'âme du groupe prendre les choses en main. Pourtant, le groupe n'a ni cerveau ni âme. Mais en lui accordant une suprématie qu'il ne possède pas, nous abdiquons nos responsabilités.

Nous laissons celui qui parle le plus fort – l'individu qui sait pertinemment que le groupe n'a pas de pensée propre et qui du coup s'en sert à son avantage – prendre le collectif en otage.

Si ma famille était restée à Yonkers, où j'étais un enfant populaire et intégré, j'ignore quel type d'homme je serais devenu.

J'ai beaucoup souffert d'avoir été rejeté et brutalisé, mais cela m'a rendu meilleur. J'en ai gardé une haine profonde envers les harceleurs, et une immense compassion pour leurs victimes. La plus grande satisfaction que j'ai ressentie en tant que procureur a été de mettre derrière les barreaux des tyrans en tous genres, et de libérer les bons citoyens de leur emprise néfaste.

Après l'expérience que j'avais vécue à l'université, je n'ai plus jamais cédé à la pression du groupe sous prétexte que c'était facile.

Mais j'ai décidé de donner un sens à ma vie, d'autant que j'étais déjà conscient qu'elle pouvait être brève.

4

Le sens de la vie

> « J'ai toujours cru, et je le crois encore, que quelle que soit notre bonne ou notre mauvaise fortune, nous pouvons toujours lui donner un sens et la transformer en un bien de valeur. »
>
> Hermann Hesse

Au fil des années, j'ai travaillé avec des hommes d'exception, mais ce sont des femmes qui m'ont le plus appris sur la vie et sur l'exercice du pouvoir.

En 1993, une fois le procès Gambino terminé, j'ai honoré la promesse que j'avais faite à Patrice, et nous avons déménagé à Richmond, une ville où nous ne connaissions pas grand monde, mais où nous pourrions élever nos enfants plus facilement.

Après avoir rejoint quelque temps un cabinet d'avocats, j'ai retrouvé un poste de procureur fédéral adjoint, cette fois dans la capitale de la Virginie. J'avais apprécié mon bref passage dans ce cabinet – l'ambiance était agréable, le salaire confortable, et mes collègues plutôt brillants –, mais le service public me manquait, et je regrettais même son mobilier dépareillé et ses faibles émoluments.

*

Je ne pouvais pas l'avouer à mes confrères, mais j'aspirais à redevenir utile, à servir la communauté et à défendre des victimes qui avaient réellement besoin de moi.

Ma nouvelle patronne s'appelait Helen Fahey. Elle occupait la charge de procureur fédéral, et, à ce titre, elle supervisait tous les juges de l'est de l'État. Helen Fahey avait connu une ascension professionnelle originale et fulgurante. Après avoir élevé ses enfants, elle avait commencé comme dactylo dans une agence du département de la Défense où elle avait ensuite occupé différents postes tout en poursuivant ses études.

Ainsi qu'elle l'a déclaré une fois dans un journal, elle avait réussi à bâtir sa carrière sur dix-sept ans avec « un job et des cours en même temps, mois après mois ».

Bien qu'elle n'ait jamais eu l'équivalent d'un diplôme universitaire, elle avait pu intégrer la Law School grâce à ses excellentes notes au test d'admission et à son expérience professionnelle.

Lorsque j'ai commencé à travailler sous les ordres d'Helen en 1996, j'avais trente-cinq ans. J'étais le superviseur du bureau de Richmond, l'un des quatre tribunaux du district qu'elle dirigeait, et je rêvais de lui insuffler mon enthousiasme, et d'accroître son efficacité, particulièrement dans les domaines de la corruption publique et des crimes de sang. En tant qu'ancien procureur fédéral adjoint de Manhattan et ex-associé d'un gros cabinet d'avocats de Richmond, je me prenais pour un « phénix » comme le disait ma mère – et, dans sa bouche, ce n'était pas un compliment.

Rudolph Giuliani avait peut-être déteint sur moi à mon insu.

On me voyait partout. J'étais devenu le visage de la justice fédérale de Richmond, et je représentais le bureau auprès des forces de l'ordre locales, de la communauté et des médias.

Un jour, j'ai fait la une d'un hebdomadaire gratuit de la ville, avec ce titre « L'Un de nos Héros ». L'article me présentait à tort comme le procureur adjoint et non comme son assistant. Non seulement j'avais posé pour la photo dans mon bureau de Richmond, mais pire, je n'avais pas prévenu ma patronne de la parution de ce reportage. Dans les services de Rudy Giuliani, un coup pareil et vous étiez un homme mort. Lorsque j'ai découvert la couverture du journal, et ma tête en gros plan, j'ai d'abord pensé que c'en était fini de moi. À moins de parvenir à mettre la main sur tous les exemplaires qui devaient déjà traîner en ville. Puis je me suis rappelé pour qui je travaillais. Helen Fahey avait suffisamment confiance en elle pour vouloir que je réussisse.

Bien sûr, elle s'est un peu moquée de moi – c'était mérité et plutôt de bonne guerre –, mais en règle générale, elle riait *avec* moi.

Helen Fahey était bien dans sa peau comme le sont peu de patrons. Certaines personnes la jugeaient faible et la critiquaient dans son dos – « elle abandonne les clefs de la ville à James Comey » –, mais en réalité elle savait exactement ce qu'elle faisait.

Elle me laissait le temps de mûrir tout en me donnant de temps à autre une petite taloche derrière les oreilles pour s'assurer que je restais dans le droit chemin, et du coup elle obtenait de bons résultats. De plus, elle ne se préoccupait pas beaucoup de ce que les gens mal informés disaient d'elle. Une leçon que je trouverais très utile en vieillissant.

Plutôt que de s'inquiéter de sa réputation et d'écouter ses propres sentiments, elle privilégiait son équipe et les missions que nous avions à remplir.

Notre politique de tolérance zéro envers les agressions à main armée et notre volonté de réduire le taux d'homicides à Richmond se heurtaient à la résistance de certains magistrats de la ville, qui jugeaient ces affaires indignes d'un tribunal « fédéral ». Je m'en moquais, et mon équipe aussi. Notre objectif étant de sauver des vies, nous avons persévéré, ce qui a fini par exaspérer le doyen des juges, qui a délivré à Helen Fahey une ordonnance à comparaître pour outrage à la cour. Il lui reprochait une simple erreur administrative : avoir omis de déposer une requête pour que les US Marshals conduisent un prisonnier à une audience. Pourtant, ce n'était pas à Helen de remplir les formulaires de transfert des détenus. Elle ne venait à Richmond qu'une fois par mois, et il n'y avait aucune raison de la rendre responsable personnellement. Mais le juge cherchait à la déstabiliser, elle et son bureau.

Il ne connaissait pas Helen Fahey.

Le jour du procès, la salle d'audience, les couloirs du tribunal, et toutes les rues adjacentes au bâtiment grouillaient d'officiers de police, d'agents fédéraux, de représentants de brigades équestres et d'escadrons motorisés.

D'un pas serein, Fahey s'est dirigée vers la table de « l'accusé » et a attendu. À son arrivée, le juge paraissait tellement déstabilisé par la démonstration de force de la police fédérale en soutien à Helen Fahey qu'il a commencé à divaguer en me rendant responsable du problème. Ignorant Helen, il a craché son venin sur le public au milieu duquel j'étais assis. Il a fini par classer l'affaire. Helen a trouvé tout cela hilarant.

— Vous faites du bon boulot, nous a-t-elle dit, continuez.

Toute ma carrière à des postes de direction, je la dois à la confiance que Helen Fahey avait en elle, mais aussi en moi. Toujours heureuse de nos succès, elle savait tirer le meilleur de nous, et nous l'aimions en retour. Nous nous épanouissions à son contact. Elle avait suffisamment d'assurance pour se montrer humble.

*

Mais la personne qui m'a le plus appris sur le leadership, c'est ma femme, Patrice.

Tout le monde croise la mort au moins une fois au cours de sa vie. C'est inévitable. Moi-même, j'en ai eu ma part, même après que le « Violeur de Ramsey » a progressivement déserté mes cauchemars. Il y eut, par exemple, cette fois où j'ai failli mourir de la malaria lors d'un voyage en Sierra Leone. J'y étais allé pour retrouver Patrice – elle n'était à l'époque que ma petite amie –, qui œuvrait alors comme bénévole au sein du *Peace Corps* [1]. Si elle ne m'avait pas transporté à l'arrière de sa moto au milieu de la nuit, pour me traîner littéralement dans un hôpital de brousse, je n'aurais pas survécu. Mais parfois ce n'est pas tant en voyant la mort en face qu'on se rend compte que la vie est courte et qu'il est important de lui donner un sens. C'est plutôt quand les êtres que nous aimons nous sont arrachés.

*

1. Le Peace Corps ou Corps de la paix est une agence indépendante du gouvernement des États-Unis, dont la mission est de favoriser la paix et l'amitié, en particulier auprès des pays en développement. (*N. d. T.*)

À l'été 1995, Patrice et moi habitions dans une villa coloniale de cinq pièces, nichée au fond d'une impasse dans un quartier planifié de Richmond. C'était le genre d'endroit où les pompiers de la ville venaient en camion fêter l'anniversaire d'un enfant, où tous les voisins se connaissaient, où les gamins jouaient tranquillement dans la rue, et inventaient des jeux de vélo, en traçant à la craie des parcours au sol. Nos deux filles grandissaient tranquillement. En 1994, elles ont été rejointes par un petit frère. Puis est venu Collin.

Collin Edward Comey est né le 4 août 1995. C'était un nouveau-né en bonne santé, pesant trois kilos trois cent cinquante, déjà très grand, comme tous les bébés Comey.

*

Nos trois enfants sont allés le voir à l'hôpital où Patrice veillait sur lui. Ce fut une journée merveilleuse, une de celles que beaucoup de jeunes parents ont connues. Mais plus les heures passaient, plus Patrice avait le sentiment que Collin souffrait. Il devenait manifestement de plus en plus irritable. Inquiète, Patrice ne cessait de demander au personnel s'il y avait un problème. On lui a répondu que tout était normal et que Collin se portait bien. Elle s'est même attiré les foudres d'une infirmière qui, la prenant de haut, lui a lancé, alors qu'elle était pourtant déjà mère de quatre enfants : « Ça se voit que vous n'avez jamais eu de bébé atteint de colique ! »

En réalité, Collin était malade. Nous ne le savions pas encore, mais son petit corps luttait contre une infection mortelle. Environ un quart des femmes sont colonisées par le streptocoque B. Cette bactérie, qui reste sans danger pour la mère, peut tuer leurs nouveau-nés. À la fin de la grossesse, il est facile de la détecter et on la traite facilement avec des antibiotiques au moment de l'accouchement. Mais, en 1995, ce test et l'administration immédiate d'un traitement n'étaient pas encore systématiques aux États-Unis. Bien que certains hôpitaux et quelques médecins pratiquaient déjà ce dépistage, l'association des obstétriciens ne l'avait pas encore avalisé, et les conseils médicaux des États n'avaient pas classé cette pratique parmi leurs normes de soins.

Le lendemain matin, Collin avait beaucoup de fièvre : il avait contracté une septicémie, une infection généralisée qui s'était propagée dans son organisme par la voie sanguine. Pendant neuf jours, il a lutté contre la mort dans l'unité de soins intensifs néonatals. Très rapidement, on l'a placé sous assistance respiratoire, avec un ventilateur mécanique qui insufflait de l'oxygène à sa petite poitrine.

Patrice ne dormait presque plus. Parfois, elle finissait par s'assoupir dans son fauteuil à côté de la couveuse. Collin, disait-elle, avait entendu le son de sa voix pendant neuf mois, il avait plus que jamais besoin de son contact. Alors elle restait auprès de lui, heure après heure, jour après jour, à serrer ses petits doigts et à lui chanter des comptines.

Les médecins nous ont montré les scanners cérébraux qu'ils avaient réalisés sur Collin. L'infection précoce avait provoqué des dommages irréversibles au cerveau. « Seul le respirateur artificiel le maintient en vie », nous ont-ils expliqué. « Votre fils est parti. » Mais ils refusaient de prendre la décision à notre place ; c'était à nous de choisir s'il fallait débrancher ou pas le respirateur. Comment nous y résoudre ? Collin était là, vivant devant nous et on nous demandait de baisser les bras et de le laisser mourir.

Je suis rentré à la maison prendre des nouvelles de mes autres enfants. Mes parents s'étaient installés provisoirement chez nous. J'étais calme, presque impassible, comme je le suis toujours en période de grande tension. Mais en expliquant la situation à ma mère et à mon père, et le choix terrible auquel nous étions confrontés, j'ai éclaté en sanglots. Ils étaient tous deux démunis.

De retour à l'hôpital, Patrice et moi avons pris notre décision. En dépit de sa peine indescriptible, Patrice est parvenu à trouver une solution. Si notre plus jeune fils, qui n'avait pas encore deux ans, était incapable de comprendre l'épreuve que nous traversions, ce n'était pas le cas de nos filles. Patrice estimait que, pour leur bien, il fallait leur dire la vérité. Une fois qu'elles la connaîtraient et qu'elles l'accepteraient, elles pourraient venir voir Collin une dernière fois. Elles l'avaient tenu dans leurs bras, quelques minutes après sa naissance, a argumenté Patrice, il était juste qu'elles puissent le prendre contre elles lors de ses derniers instants.

Si on leur cachait sa mort, cela finirait par les perturber en grandissant. Je n'aurais jamais pu faire preuve d'autant de sagesse.

Montrer à deux fillettes de cinq et sept ans leur petit frère mourant ? Qui ferait une chose pareille, à part une femme avisée ? Patrice a offert un beau cadeau à nos filles. Elles ont pu dire au revoir à Collin.

Pour les préparer à ce moment douloureux, nous les avons emmenées en pique-nique et, sans cacher nos larmes, nous leur avons tout expliqué. Puis, une fois les machines éteintes, ma mère les a accompagnées dans la chambre où Patrice tenait son fils dans ses bras. À tour de rôle, les filles l'ont bercé et lui ont parlé. Après leur départ, j'ai pris mon petit gars contre moi quelques instants avant de le tendre à Patrice qui lui a chanté des chansons jusqu'à ce qu'il ait cessé de respirer, et plus longtemps encore. Même aujourd'hui, il m'est difficile de raconter cette scène, où une mère au cœur brisé accompagne son bébé au terme de sa courte vie.

Nous étions très en colère. Si Patrice avait accouché dans un autre hôpital ou avec un autre obstétricien, Collin aurait vécu. Elle aurait bénéficié d'un dépistage en fin de grossesse, et on lui aurait donné des antibiotiques lors de l'accouchement. Collin était mort parce que son gynécologue refusait cette pratique et que la maternité ne l'imposait pas à son personnel soignant. Cela n'avait aucun sens.

Patrice s'est plongée dans la littérature scientifique. Elle s'est rapprochée d'un chercheur des « Centres pour le contrôle et la prévention des maladies », et a pris contact avec des membres de l'Association Group B Strep, qui regroupait des familles qui avaient connu la même épreuve. Trop de nouveau-nés mouraient sans raison dans notre pays. Et les médecins tardaient à faire évoluer leurs pratiques.

— Je ne peux pas rendre la vie à notre fils, disait Patrice, mais je ne supporte pas l'idée qu'une mère endure la même souffrance que moi. Je dois faire quelque chose.

Elle formulait cette idée en termes religieux, en se basant sur l'un de ses passages préférés du Nouveau Testament. Dans son Épître aux Romains, Paul dit : « Nous savons, du reste, que toutes choses concourent au bien de ceux qui aiment Dieu, de ceux qui sont appelés selon son éternel dessein. »

Elle ne parvenait pas à comprendre comment un Dieu d'amour avait pu permettre la mort de Collin, et elle ne supportait pas qu'on lui dise que c'était simplement la « volonté de Dieu ». Quand des gens pourtant bien intentionnés essayaient de la réconforter avec ce genre d'explication, elle me glissait :

— Quelle sorte de Dieu aimant voudrait tuer mon bébé ? Je n'y crois pas.

En revanche, elle croyait sincèrement que son deuil et son expérience devaient servir aux autres.

— Mon devoir est d'obliger les médecins à pratiquer ce dépistage afin de sauver les bébés à naître, m'a-t-elle annoncé.

Et c'est ce qu'elle a fait : elle s'est lancée dans une campagne nationale, ce qui lui a permis de canaliser son chagrin. Elle a publié une tribune sur l'histoire de Collin et elle a accompagné aux quatre coins des États-Unis ceux qui militaient pour une modification des normes de soin. Au nom de l'Association Group B Strep, elle s'est adressée à l'Assemblée générale de Virginie qui a finalement adopté une disposition législative préconisant le dépistage systématique de la bactérie et le recours aux antibiotiques en cas d'infection. Bien sûr, elle n'a pas remporté cette victoire toute seule, mais sa voix, ajoutée à celles de centaines d'autres, a fait évoluer notre pays. Les femmes enceintes sont désormais dépistées à la fin de leur grossesse, et son combat a permis de réduire l'incidence des infections néonatales précoces à Streptocoque B.

*

Ce drame a permis d'améliorer la vie de nos concitoyens. Les futures mères ne sauront jamais à quoi elles ont peut-être échappé, et c'est très bien ainsi.

Le combat que Patrice a mené a modifié mon opinion sur la finalité du système judiciaire et législatif auquel j'ai consacré pratiquement toute ma vie. Dans les années qui ont suivi la mort de Collin, j'ai souvent croisé des gens endeuillés. Et j'avais pour mission de les aider à comprendre, à trouver un sens à leurs chagrins.

En 2002, quand je suis devenu procureur fédéral de Manhattan, je me suis rendu sur le site de Ground Zero, où des milliers de personnes avaient trouvé la mort et où des centaines d'autres avaient disparu. J'avais invité les quatre-vingt-douze procureurs fédéraux du pays.

— Ces innocents dont le corps n'a jamais été retrouvé sont là, autour de nous, même si nous ne les voyons pas, ai-je déclaré. La douleur qui émane de ce lieu est intolérable. C'est une terre sacrée.

En pensant à Patrice, je leur ai dit que j'ignorais pourquoi nous subissions de telles épreuves. Je leur ai rappelé que, dans la tradition judéo-chrétienne, nous n'avions pas le droit de nous poser cette question. « Comment oses-tu ? » dit la voix surgie de la tempête dans le Livre de Job. Le fait est que je ne peux pas expliquer le rôle de Dieu dans l'histoire de l'humanité. Cela dépasse largement la mort de mon fils. Cela m'obligerait à explorer la disparition d'innombrables enfants. Au fond, je ne sais rien, et je n'ai aucune patience envers ceux qui prétendent savoir.

J'ai seulement retenu ce que Patrice m'a appris : lutter contre le chagrin a toujours du sens. Il faut œuvrer à recoudre les plaies, à soulager la peine, et à s'assurer que les autres ne connaîtront pas la même épreuve. Nous avons le devoir et l'obligation de veiller à ce que notre deuil soit utile et de faire en sorte que chaque adieu ressemble à un cadeau. Bien sûr, il ne faut jamais penser qu'on l'a mérité. Rien ne justifiera jamais certains chagrins, même si on peut y survivre, et finir par retrouver le goût de vivre. Il suffit pour cela de donner un sens à sa peine, de la canaliser, et de combattre le mal. C'est en cela que résident la beauté et la force de notre système judiciaire.

*

Patrice et moi avions décidé de ne plus jamais quitter Richmond. Les écoles publiques y étaient excellentes, et nous disposions d'une jolie maison, à un prix abordable, dans un quartier tranquille. Après la mort de Collin, nous avions eu une fille en 1996 et une autre en 2000. Notre projet était d'élever nos enfants en Virginie. Nous étions installés. Mais les États-Unis ont été attaqués le 11 septembre, et j'ai reçu un coup de téléphone.

En ce jour d'octobre 2001, j'étais à la maison avec mes deux plus jeunes filles. Patrice était partie assister à l'église à la première réunion du groupe de femmes qu'elle venait de créer. Leurs discussions portaient sur les difficultés de vieillir à deux. De l'endroit où elle était, il lui était difficile d'entendre le téléphone. Moi, je l'ai entendu, et j'ai décroché. L'homme au bout du fil m'a annoncé qu'il appelait de la Maison-Blanche. Manifestement, le Président désirait savoir si j'étais d'accord pour retourner à Manhattan en tant que procureur fédéral des États-Unis. Pensant qu'un de mes amis tentait de me faire une blague, j'ai répondu : « Ouais, fous-toi de ma g… » Mais mon interlocuteur m'a interrompu. Ce n'était pas une plaisanterie. Le Président George W. Bush cherchait un nouveau procureur fédéral – cette nomination était en pleine impasse politique –, et ses conseillers estimaient que j'étais la meilleure personne pour le poste. J'avais travaillé dans ce bureau auparavant, j'avais déjà géré des affaires de terrorisme et j'étais acceptable à la fois pour les Républicains et les Démocrates. Étais-je partant ?

Il est difficile aujourd'hui de se remémorer l'ambiance qui régnait aux États-Unis en cet automne 2001. Le temps était à l'unité nationale, à l'angoisse et à la détermination.

— Bien sûr, je vais y aller, ai-je répondu, mais ma femme est absente pour le moment. Je vous rappellerai si cela lui pose un problème.

J'ai raccroché le téléphone, délaissé mes occupations de père de famille et j'ai couru attendre Patrice dans l'allée, le cœur battant.

Après ce qui m'a semblé durer des heures, je l'ai vu arriver dans notre monospace Ford rouge. En descendant de la voiture, il lui a suffi d'un coup d'œil.

— Qu'est-ce qui ne va pas ? m'a-t-elle crié.

— Rien, ai-je répondu, planté dans l'allée avec mes deux filles. Un type m'a appelé de la Maison-Blanche et m'a demandé de devenir le procureur fédéral de New York.

Ses yeux se sont embués.

— Tu ne peux pas refuser.

— Je n'ai pas refusé. Je lui ai juste dit que je le rappellerai si cela te posait problème.

Elle s'est mise à pleurer et a enfoui son visage entre ses mains.

— Je repars à New York. Oh, mon Dieu ! Je repars à New York.

Nous rentrions à New York où les ruines du World Trade Center fumaient encore. Je m'apprêtais à diriger une équipe de deux cent cinquante procureurs et à gérer des centaines d'affaires qui allaient du terrorisme aux crimes avec violence, en passant par les fraudes financières – en particulier le dossier Stewart qui se révélerait l'un des plus médiatiques de ma carrière.

Patrice a fait coulisser la portière du monospace, et le plat en céramique dans lequel elle avait emporté une fournée de bagels pour sa réunion a dégringolé par terre, avant de se briser en mille morceaux dans l'allée. À l'époque, difficile de ne pas y voir un sombre présage ou un signe prémonitoire.

5

Il est facile de mentir

> « Celui qui s'autorise à mentir une première fois, trouvera bien plus facile de le faire une deuxième puis une troisième fois, jusqu'à ce que cela devienne une habitude ; il mentira sans s'en rendre compte, et dira la vérité sans que personne ne le croie. Cette fausseté en parole mène à celle du cœur, et le temps passant finit par abîmer toute bonne disposition. »
>
> Thomas Jefferson

Quand Martha Stewart est sortie de prison en mars 2005, les médias ont accordé beaucoup d'importance au fait que son patrimoine se soit accru pendant qu'elle était derrière les barreaux. Comme si les procureurs avaient cherché à la ruiner alors qu'en réalité, leur seul objectif était de la punir pour parjure et de faire passer le message selon lequel personne, quel que soit son statut, n'a le droit d'entraver le cours de la justice.

J'étais à Las Vegas pour donner une conférence, et je savais que les journalistes tenteraient de m'arracher une déclaration devant les caméras. D'abord parce que j'étais le procureur fédéral qui l'avait inculpée, et aussi parce que je me trouvais alors au centre des critiques et d'un véritable tourbillon médiatique.

Comme je m'y attendais, j'ai vu une équipe de télévision locale s'approcher de moi.

— Monsieur Comey, Martha Stewart sort de prison aujourd'hui avec deux cents millions de dollars de plus que lorsqu'elle y est entrée. Quelle est votre réaction ? m'a demandé le reporter, le souffle court, en me collant son micro sous le nez. (Il avait une curieuse tendance à étirer chacune de ses voyelles.)

Je me suis arrêté, j'ai regardé droit vers la caméra et, en réprimant un sourire, j'ai prononcé la phrase que j'avais répétée au préalable des dizaines de fois dans ma tête.

— Eh bien, ai-je déclaré en prenant mon temps, le seul souhait du département de la Justice est de permettre à ses anciens détenus de se réintégrer dans la société. Mme Stewart semble y avoir réussi mieux que les autres, mais il n'y a certainement pas de quoi s'inquiéter.

J'ai hoché la tête, et je me suis éloigné, la mine impassible. Le reporter n'a pas compris la plaisanterie, mais son cameraman – en règle générale, les techniciens sont plus réalistes que leurs collègues journalistes – s'est mis à rire si fort que la caméra a tremblé. Du coup, la séquence était tellement mauvaise qu'elle n'a jamais été diffusée.

Martha Stewart n'avait pas commis le crime du siècle. D'ailleurs, au départ, cette affaire m'avait paru inintéressante par rapport à tous les dossiers que nous gérions au quotidien, qui impactaient vraiment la vie de nos concitoyens. Mais j'avais fini par changer d'avis. Finalement, cette affaire dépassait la simple histoire d'une milliardaire qui avait vendu ses actions pour éviter de perdre de l'argent. Et, à bien des égards – inimaginables pour moi à l'époque –, elle a eu une incidence notable sur la suite de ma carrière. Elle m'a appris une leçon qui me servirait bien des années plus tard.

*

Tout le monde ment à un moment donné de sa vie. Mais le plus important, c'est où, à quel sujet et à quelle fréquence ?

Un homme de ma taille échappe rarement à certaines questions, en particulier dans les ascenseurs. Il y a toujours quelqu'un pour me demander si j'ai fait du basket à l'université. La réponse est non. Mais comme il s'agit d'une longue histoire qui nécessiterait d'expliquer ma croissance tardive, mon opération du genou et mes contraintes d'emploi du temps, et que par ailleurs, j'imagine que personne n'a ni l'envie ni le temps de m'entendre raconter mon existence, particulièrement entre deux étages, j'ai commencé, quelques années après avoir fini mes études, à me simplifier la vie.

Je préférais gratifier mon interlocuteur d'un hochement de tête ou d'un « ouais » désinvolte. En entrant à la Faculté de droit, j'ai gardé cette attitude envers mes copains avec lesquels je jouais au basket.

Je serais incapable d'expliquer mon comportement. C'était peut-être un manque d'assurance ou une facilité. Peut-être aimais-je surtout l'idée de passer pour un ancien athlète universitaire.

En apparence, il ne s'agissait que d'un mensonge anodin, une bêtise d'adolescent, mais cela m'a miné. C'est pourquoi, une fois sorti de la Law School, j'ai envoyé une lettre à mes amis dans laquelle je leur avouais la vérité. Ils l'ont tous bien pris. Je me souviens que l'un d'eux m'a répondu – et c'était le signe d'une amitié sincère : « Nous avions deviné que tu n'avais pas fait de basket à l'université, mais cela nous était égal. Tu es un ami fidèle et un grand joueur. Par contre, tu crains pour d'autres raisons. »

Je crois que si j'ai fini par avouer ce mensonge, c'est parce que j'avais peur que cela ne devienne une habitude. J'ai souvent constaté au cours de ma vie que, plus on ment, plus il est facile de mentir. On perd la capacité de distinguer le vrai du faux. On s'entoure d'autres menteurs. Peu à peu, le cercle se restreint, et les gens qui refusent d'abdiquer leur moralité en sont éjectés. Les autres, ceux qui sont prêts à tolérer la dissimulation, finissent par se rapprocher du cœur du pouvoir.

On réserve l'accès et les avantages à ceux qui acceptent de mentir et qui admettent le mensonge. Cela devient une sorte de culture, qui finit par s'apparenter à un mode de vie.

Les mensonges faciles et ordinaires sont les plus dangereux. Ils ouvrent la voie à la duplicité, dans des sphères plus importantes où les conséquences ne sont pas sans risque.

*

Chaque année, quelques personnes sont poursuivies pour délit d'initié. On fait parader des hommes menottés et vêtus de beaux costumes devant les caméras et sur les marches des tribunaux, mais ces scandales retiennent rarement l'attention des médias, à l'exception de la presse financière.

En janvier 2002, les choses étaient sur le point de changer. Une affaire concernant un laboratoire de biotechnologie peu connu du grand public, mais dont l'une des actionnaires était célèbre, venait d'atterrir dans mes services à Manhattan. À la fin 2001, Sam Waksal, le P-DG de la société ImClone, avait vendu ses actions, peu avant que les autorités américaines du médicament ne rejettent les tests cliniques d'un de ses nouveaux traitements miracles. Malheureusement pour M. Waksal, le public n'était pas au courant de l'imminence de cette décision défavorable. Selon la loi, un P-DG qui vend ses actions grâce à un renseignement important que ses actionnaires ordinaires ignorent commet un délit d'initié.

Le comportement de Sam Waksal revenait à s'immoler par le feu devant les autorités de justice. Sa culpabilité et son inculpation ne faisaient aucun doute ; mais les enquêteurs devaient encore découvrir si d'autres personnes avaient aussi vendu leurs actions de ImClone à la fin 2001 après avoir bénéficié d'informations confidentielles.

Les transactions ayant eu lieu dans ma juridiction de Manhattan, j'ai rassemblé ma meilleure équipe de procureurs pour mener les investigations. Mon substitut était David Kelley, un juge professionnel et un ami proche. Karen Seymour, la responsable de la Division criminelle, était aussi une camarade de longue date et une ancienne procureure. Je l'avais convaincue de quitter son poste d'associée dans un cabinet d'avocats de Wall Street pour m'aider à diriger le bureau. Nous prenions tous les trois les décisions difficiles en toute amitié – en riant, en plaisantant, et en discutant. Je les appréciais, car je savais qu'ils me diraient toujours la vérité, même si je me plantais.

Dans toutes les organisations, en particulier dans les structures hiérarchiques, on court toujours le risque d'empêcher l'expression d'opinions divergentes et les commentaires sincères. Cela conduit vite à une culture de l'illusion et de la tromperie. Lorsqu'un patron est trop sûr de lui, et incapable d'afficher une certaine humilité, il peut rapidement tomber dans l'auto-indulgence, aux dépens des autres.

C'était principalement ce travers qui avait provoqué la chute de la Mafia de New York. Et paradoxalement, c'était aussi grâce à ce travers, qui empoisonnait la vie des services du procureur de Manhattan, qu'on avait réussi à démanteler le crime organisé sous l'ère Giuliani. Depuis que j'avais repris le poste de Rudy, je m'efforçais de garder ça en tête.

Il relevait désormais de ma responsabilité de cultiver un nouvel état d'esprit dans les bureaux du procureur, un état d'esprit qui me permettrait de tirer le meilleur de mes équipes, et de mettre en pratique les leçons que j'avais apprises auprès de Rudy Giuliani et de Helen Fahey. Je me suis consacré à cette tâche dès les premiers jours. Durant mon mandat, j'ai embauché une cinquantaine de nouveaux procureurs, et j'ai pris le temps chaque fois de m'asseoir à côté d'eux au moment où ils prêtaient serment. Je les avais invités à venir en famille. « Quelque chose de remarquable est sur le point de se produire. Désormais, tout le monde croira chacune de vos paroles », leur ai-je dit alors qu'ils se levaient pour affirmer solennellement qu'ils représentaient les États-Unis d'Amérique. Même si mon intention n'était pas de briser leurs rêves, je leur ai expliqué que ce n'était pas dû à leurs seuls mérites.

C'était grâce à leurs centaines de prédécesseurs qui avaient honoré leurs promesses, délivré leurs sentences et corrigé immédiatement leurs erreurs. J'ai appelé ça un *vivier.* « La crédibilité et la confiance dont vous bénéficiez à présent vous ont été léguées par des gens que vous n'avez jamais connus et qui ont disparu il y a longtemps, ai-je ajouté. Mais ce sont eux qui ont bâti et alimenté ce vivier. Et c'est grâce à ce vivier que l'institution que vous servez peut se rendre utile à ses concitoyens. C'est un cadeau magnifique. »

J'ai ensuite expliqué à ces jeunes et brillants juristes que, comme tous les cadeaux, celui qu'ils venaient de recevoir s'accompagnait de responsabilités. Ils avaient l'obligation solennelle de veiller sur ce *vivier*, voire de l'enrichir, pour pouvoir ensuite le transmettre à ceux qui leur succéderaient. Le problème, ai-je précisé, c'est que, pour bâtir un *vivier*, il faut du temps, et une simple fissure suffit à le détruire. Une seule personne peut anéantir l'œuvre accomplie par des centaines d'autres avant elle.

*

Les procureurs, les agents et les analystes du FBI chargés de l'affaire Waksal ont d'abord épluché les premiers éléments à leur disposition. Ils se sont procuré la liste des personnes qui avaient vendu leurs actions de ImClone à la suite de Sam Waksal. L'une d'elles était Martha Stewart. Elle s'était débarrassée de ses participations le même jour que Sam Waksal, évitant ainsi une perte d'environ cinquante mille dollars. Cette somme ne représentait qu'une goutte d'eau pour une femme comme Martha Stewart, qui pesait des centaines de millions de dollars, mais les investigateurs se seraient montrés négligents s'ils n'étaient pas allés l'interroger. Il était intéressant de savoir pourquoi elle avait soldé son portefeuille à cette date précise.

Comme Martha Stewart était une amie du P-DG de ImClone, les enquêteurs s'attendaient à ce qu'elle leur dise qu'en apprenant que Sam Waksal vendait ses actions, elle l'avait imité. Que, bien sûr, elle ignorait que c'était interdit et qu'elle en était désolée. Elle aurait écopé d'un rappel à la loi, peut-être d'une modeste amende, et l'affaire la concernant en serait restée là.

Sauf que Martha Stewart n'avait pas eu du tout cette réaction.

Elle avait expliqué aux enquêteurs qu'elle avait conclu une entente avec son courtier. Sur ses conseils, elle devait passer un ordre de vente dès que la valeur de ses actions descendrait en dessous d'un certain « plancher ». Elle ignorait que Sam Waksal venait de céder les siennes, entraînant la chute des cours, et par conséquent son ordre de vente. C'était malheureux, mais il ne s'agissait que d'une coïncidence. Rien d'autre.

Les enquêteurs fédéraux ont généralement du mal à croire aux coïncidences. Du coup, les explications de Martha Stewart les ont poussés à creuser l'affaire. Ils ont découvert entre autres que Sam Waksal et Martha Stewart avaient le même courtier. Celui-ci avait téléphoné à Martha le matin même où Sam Waksal avait vendu ses actions. La milliardaire étant partie en jet privé pour une station touristique du Mexique, il avait laissé un message à sa secrétaire, disant qu'il avait besoin de lui parler de toute urgence de Sam Waksal.

Peu après l'ouverture de l'enquête, les Feds ont mis la main sur des notes manuscrites rédigées par le courtier. Ces papiers confirmaient les propos de Martha Stewart : elle avait bel et bien signé une entente sur une valeur plancher. Le seul problème était que la partie du texte qui étayait ses déclarations n'avait pas été écrite avec la même encre que le reste du document. Les enquêteurs ont mis à jour d'autres détails troublants en interrogeant la secrétaire. Ils ont appris que, peu après le début des investigations, la milliardaire lui avait demandé d'ouvrir le message téléphonique de son courtier sur son ordinateur. Puis elle lui avait ordonné de lui céder la place devant l'écran. Après avoir surligné le passage du texte qui faisait mention de Sam Waksal, elle l'avait supprimé. Mais au bout de quelques secondes, elle avait fait machine arrière. Comprenant sans doute que son geste maladroit s'apparentait à une entrave à la justice, elle s'était levée brusquement, et avait demandé à sa secrétaire de retaper les mots qu'elle venait d'effacer.

J'ai détesté l'affaire Martha Stewart dès le début. C'était un dossier clinquant qui détournait notre attention de scandales beaucoup plus importants. À la fin des années 1990, l'éclatement de la bulle Internet avait déstabilisé les marchés, révélant une succession de fraudes financières. Pour paraphraser la déclaration désormais célèbre de Warren Buffett, « la marée s'était rapidement retirée, laissant à découvert beaucoup de baigneurs nus ». Sur la plage s'échouaient les escrocs de Enron, de la WorldCom, de Adelphia et tant d'autres – tous ceux qui avaient provoqué la faillite de leurs entreprises, détruit d'innombrables emplois et délesté les investisseurs de plusieurs milliards de dollars. Pour instruire ces grosses affaires, le bureau du procureur de New York tournait à plein régime. Ces dossiers n'étaient pas simples à bâtir, car ils demandaient de pénétrer dans l'esprit des suspects.

Lors de poursuites pour trafic de drogue – j'en ai mené de nombreuses –, la mission des enquêteurs consiste à relier les accusés à la transaction. Quand, après avoir fait irruption dans une chambre d'hôtel, des agents fédéraux découvrent un kilo d'héroïne posé sur une table, tous ceux qui sont assis autour de cette table sont sûrs de finir derrière les barreaux. Aucun d'eux n'aura l'idée de dire qu'ils ne pensaient pas enfreindre la loi. Jamais non plus ils n'oseront prétendre que leurs avocats ou leurs comptables ont jugé leur marchandise et leur activité conformes à la loi.

Non : dans un cas comme celui-ci, tout le monde est incarcéré.

Lorsqu'on est face à une fraude financière, le défi est inverse. Généralement, dès la fin de la journée, les enquêteurs ont parfaitement compris la nature de la transaction. Ils connaissent l'identité des gens assis autour de la table et la nature exacte de l'accord. Mais tous les protagonistes affirment qu'ils ne savaient pas que leur montage – garanti par une hypothèque, de prise en pension, et d'échange de devises – était illégal. Ils se disent profondément désolés d'apprendre qu'à cause d'eux des épargnants ont perdu leurs économies, mais, en toute honnêteté, ils ne pensaient pas commettre de délit.

C'est aux enquêteurs et aux procureurs de prouver les intentions cachées et de convaincre à l'unanimité un jury composé de douze personnes, au-delà du doute raisonnable, que l'État a bien satisfait à la charge de la preuve qui lui incombait.

Ce n'est pas une mince affaire. Grâce aux avancées technologiques – et, en particulier, aux nouveaux moyens de communication – que le XXe siècle a apportées à la justice, c'est possible, mais cela reste difficile.

Certains emails nous apportent parfois une preuve aussi irréfutable qu'un « kilo d'héroïne posé sur une table ».

Je me souviens d'avoir récupéré au cours d'une affaire un échange de courriel entre deux cadres financiers. « J'espère simplement que la SEC [1] ne découvrira pas ce que nous fabriquons », écrivait le premier. Son collègue lui répondait : « Oublie la SEC, quand le FBI se pointera, je sauterai par la fenêtre. » Bonne pioche.

1. La Securities and Exchange Commission (SEC) est l'organisme fédéral américain de réglementation et de contrôle des marchés financiers. (*N. d. T.*)

Mais, le plus souvent, l'État peinait à prouver l'intention criminelle et le dossier se retrouvait alors dans une impasse, même lorsqu'il mettait en lumière de gigantesques pertes financières. Il ne suffit pas que des gens viennent vous dire que le président-directeur général « devait savoir » ou « aurait dû savoir ». Comment prouver, au-delà du doute raisonnable, qu'il avait réellement conscience de commettre un délit ? Les dirigeants d'entreprise semblent toujours affreusement choqués d'apprendre que leurs subalternes ont enfreint la loi.

Au milieu de tous ces dossiers tentaculaires, pourquoi ne voulais-je pas entendre parler de Martha Stewart ? En vérité, il s'agissait d'une affaire marginale, du mensonge d'une milliardaire qui avait vendu ses actions pour imiter l'un de ses amis.

En sortant l'artillerie lourde et en se limitant à une lecture stricte de la loi, nous disposions de quelques éléments qui pouvaient constituer un délit d'initié. Il y avait aussi une nette volonté d'entrave à la justice, mais l'affaire était loin d'être évidente, d'autant que ce serait à un jury de décider du sort de cette femme sympathique, qui était l'une des présentatrices de télévision préférées des Américains. Tout le monde avait appris quelque chose grâce à Martha Stewart. En ce qui me concerne, j'avais un jour, sur ses conseils, farci une dinde de Thanksgiving avec des feuilles de basilic. Pourquoi chercher les ennuis ? Qui s'en souciait ?

Mais l'affaire a cessé d'être marginale quand, un après-midi, l'assistant du procureur qui menait l'enquête a débarqué dans mon vaste bureau qui offrait une vue magnifique sur le pont de Brooklyn, côté Manhattan, et sur le quartier général du NYPD. Toute la journée, je voyais les gens circuler entre Brooklyn et Manhattan, sortir et entrer du siège du NYPD. Le visage éclairé par un large sourire et les deux bras levés au-dessus de la tête, comme pour signaler un essai derrière la ligne d'en-but, il m'a expliqué qu'il avait des infos.

Contre toute attente, l'élément décisif du dossier était venu de la meilleure amie de Martha, Mariana Pasternak. Quelques jours après la vente d'actions prétendument fortuite, les deux femmes s'étaient retrouvées pour prendre un verre, pendant les vacances de Noël, sur la terrasse d'un hôtel de Cabo San Lucas au Mexique. Selon Mariana Pasternak, alors qu'elles discutaient tout en admirant le Pacifique qui scintillait comme un bijou, Martha lui avait confié qu'elle s'inquiétait pour Sam Waksal. Puis elle avait expliqué à son amie qu'ayant appris par son courtier que le patron de ImClone avait vendu ses participations, elle s'était empressée de faire de même. « C'est sympa d'avoir un courtier qui vous donne ce genre d'informations, non ? » avait-elle ajouté.

En un mot, Martha Stewart nous avait raconté un bobard, et nous avions désormais le moyen de le prouver, bien au-delà du doute raisonnable. Beurk. Pourtant, Martha Stewart n'avait aucune raison de mentir. Elle aurait pu proposer de rembourser les cinquante mille dollars qu'elle avait économisés dans l'opération – c'était une paille pour elle –, exprimer des remords et jurer qu'elle ne commettrait plus jamais de délit d'initié. Au lieu de cela, elle avait cherché à tromper son monde, n'hésitant pas à impliquer d'autres personnes pour essayer de se couvrir.

Mais en plus du soutien de ses fans, Martha Stewart bénéficiait d'une équipe d'avocats extrêmement combatifs. À les entendre, il était risible d'imaginer qu'une femme riche à millions aurait elle-même pu passer un ordre de vente – tout en s'envolant à Mexico en jet privé –, à la seule fin d'éviter une perte de cinquante mille dollars. Son temps était trop précieux pour de telles bagatelles.

En guise de réponse à leurs arguments, je me suis contenté de leur poser cette question : si, en allant récupérer – une tasse de café fumant à la main – son *New York Times* à l'entrée de sa propriété, Mme Stewart apercevait par terre un billet de cinq dollars posé près de son journal, le ramasserait-elle ou déciderait-elle de ne pas s'embêter pour une telle bagatelle ? Ils ne m'ont pas répondu. Évidemment qu'elle l'aurait ramassé. Évidemment qu'elle avait téléphoné à son courtier dans l'espoir d'éviter une perte de cinquante mille dollars. La plupart d'entre nous auraient agi de même, en particulier tous ceux qui ne connaissaient pas la législation sur le délit d'initié.

J'ai demandé à Karen Seymour, la responsable de la Division criminelle, de proposer à la partie adverse une négociation de peine. Mais Karen n'aimait pas beaucoup cette idée. Elle estimait qu'on avait à présent un dossier solide, et elle craignait de donner une impression de faiblesse en cherchant un arrangement. Cependant, elle s'est penchée sur la question. Dans un premier temps, les avocats de Martha Stewart ont annoncé que leur cliente était prête à plaider coupable, puis ils se sont rétractés. J'imagine qu'ils testaient notre détermination, ou bien qu'ils n'étaient pas parvenus à convaincre Martha Stewart de ne pas plaider une affaire qu'elle allait perdre. Si nous voulions que la justice passe, nous allions devoir l'inculper et juger cette affaire qui nous opposait à une personnalité célèbre et très admirée. Même si le dossier avait tout d'une promenade de santé, j'hésitais encore. Je savais que les médias qui défendaient Martha Stewart reprendraient à leur compte les insinuations de ses avocats, à savoir que j'étais simplement en quête de notoriété. Mon seul objectif, diraient-ils, était de faire tomber une célébrité, et je me servais d'une femme connue de tous, et de la justice, simplement pour l'exemple. J'étais comme Rudy Giuliani, je cherchais à me faire un nom sur le dos des autres.

J'ai passé de longues heures à fixer le pont de Brooklyn, en me demandant s'il était raisonnable de déclencher une pluie de critiques et un cirque médiatique, choses que je savais inévitables.

Puis, tandis que je m'inquiétais pour moi et pour mon image, je me suis souvenu d'un jeune révérend noir. Cet homme était le vicaire et le responsable jeunesse de l'église historique Fourth Baptist de Richmond quand je dirigeais le bureau du procureur de cette ville à la fin des années 1990. Le pasteur principal de la paroisse n'était autre que le charismatique maire de Richmond, Leonidas B. Young. Malheureusement pour lui, Young était un peu trop charismatique. Bien que marié et père de famille, il entretenait plusieurs liaisons et, afin d'être à la hauteur des performances sexuelles qu'exigeaient ses nombreuses aventures, il s'était fait poser un implant pénien. Mais l'opération s'était soldée par un fiasco, ce qui avait nécessité d'autres interventions à répétition, extrêmement coûteuses. Entre ses dépenses de santé, les cadeaux, les voyages et les factures d'hôtel qu'il dépensait pour ses maîtresses, Leonidas Young était étranglé financièrement. Du coup, il avait décidé d'utiliser son mandat municipal pour se procurer de l'argent et avait demandé de l'aide à son vicaire.

À l'époque, la ville de Richmond envisageait de privatiser ses cimetières. Lorsque les responsables de la firme intéressée par l'appel d'offres avaient rencontré le maire Young, ce dernier leur avait expliqué qu'ils auraient davantage de chances d'emporter le marché s'ils embauchaient des « consultants », comme le vicaire de l'église Fourth Baptist.

La société en question avait aussitôt signé des chèques de plusieurs milliers de dollars, entre autres à ce jeune pasteur.

La transaction apparaissait clairement sur les relevés bancaires : le vicaire avait encaissé l'argent avant de le reverser au maire. En compagnie de mon collègue procureur Bob Trono, j'ai rencontré ce jeune révérend. Il me donnait envie de l'aider. Je me souviens de l'avoir regardé droit dans les yeux. « Je suis sûr que vous êtes un homme honnête, et que vous n'avez cherché qu'à rendre service à votre mentor et au révérend de votre église, le maire Leonidas Young », lui ai-je dit. D'après nos informations, il n'avait pas touché un seul centime dans la transaction, il s'était juste contenté d'aider Leonidas Young à le détourner.

« Admettez-le, ai-je ajouté, et tout ira bien. Mais si vous mentez, je serais obligé de vous poursuivre en justice. Un jour, Leonidas Young vous trahira. »

Il s'est mis à transpirer, mais il a continué d'affirmer que la société qui gérait le cimetière l'avait engagé pour son expertise et qu'il n'avait jamais reversé d'argent à Young.

Lorsque nous avons mis fin à l'interrogatoire, j'ai éprouvé une grande tristesse. Je savais quel avenir attendait ce jeune pasteur qui avait pourtant une carrière prometteuse devant lui. Leonidas Young a été inculpé, il a plaidé coupable pour racket et il a été envoyé en détention dans une prison fédérale. Mais dans l'espoir de bénéficier d'une remise de peine, il a accusé son vicaire de complicité de détournement de fonds. Le jeune pasteur a été poursuivi à son tour et été reconnu coupable de parjure. Au cours du procès, mené par Bob Trono, Leonidas Young a témoigné contre lui. Finalement, il a été condamné à quinze ans d'emprisonnement. Si je n'ai pas révélé son identité dans ce livre, c'est parce que j'espère qu'il a pu mener une vie heureuse depuis sa sortie de prison.

En me rappelant ce jeune révérend, debout devant la fenêtre de mon bureau de Manhattan, j'ai éprouvé un immense sentiment de honte. Cet homme n'était pas célèbre. J'étais probablement la seule personne en dehors de la ville de Richmond à connaître son identité. Et moi, en tant que procureur fédéral, j'hésitais à poursuivre Martha Stewart par peur de m'attirer des critiques. J'étais sur le point de la laisser s'en sortir, simplement parce qu'elle était riche et célèbre. Je m'apprêtais à commettre une erreur judiciaire. Quel lâche je faisais.

J'ai demandé à Dave Kelley de me trouver le nombre de personnes inculpées aux États-Unis l'année précédente pour parjure au cours d'une enquête fédérale. Combien de citoyens « ordinaires » avaient payé chèrement leurs mensonges ?

La réponse était deux mille. Dave Kelley m'a conseillé de cesser de me lamenter : nous avions pris la bonne décision et le temps était venu de passer à l'action. Il avait raison. J'ai demandé à mon équipe d'inculper Martha Stewart et j'ai choisi Karen Seymour pour plaider contre elle au tribunal.

Jamais avant l'affaire Stewart je n'avais vécu pareil déferlement de haine ou de passion pour un arbitrage que j'avais pourtant pris en conscience et après mûre réflexion. Les gens ne parvenaient pas à comprendre, malgré tous leurs efforts, pourquoi je faisais une montagne d'une taupinière, à la seule fin de ruiner Martha Stewart. J'étais de toute évidence un homme incontrôlable et aucune personne sensée ne pouvait me donner raison. Les attaques ont été violentes, mais je n'ai jamais regretté notre décision. Et notre méthode était la bonne. Ce fut aussi pour moi l'occasion de me préparer à des expériences futures qu'à l'époque je n'aurais jamais pu imaginer. Martha Stewart a été reconnue coupable et condamnée à cinq mois de détention à la prison fédérale d'Alderson en Virginie.

Grâce à l'affaire Stewart, je me suis rappelé que notre système judiciaire est fondé sur l'honneur. On ne sait pas toujours si les gens ont menti ou dissimulé des documents, alors quand on peut le prouver, il est bon de les poursuivre afin de faire passer le message. Pour que le système fonctionne, les citoyens doivent craindre les conséquences de leurs mensonges face à la justice.

Il fut un temps où les gens hésitaient à violer un serment fait devant Dieu, par peur d'aller en enfer. Cette crainte de Dieu a disparu de nos sociétés modernes. À la place, les gens doivent redouter la prison. Ils doivent redouter de voir leur vie bouleversée, de voir leur nom à la une des journaux et sur tous les réseaux sociaux. Si nous voulons vivre dans un État de droit, ils doivent redouter de se voir associés pour toujours à un acte criminel. Martha Stewart s'était rendue ouvertement coupable de parjure. Pour protéger l'institution judiciaire et renforcer une culture de vérité, elle devait être poursuivie. Je reste convaincu qu'aujourd'hui, dans des circonstances similaires, Martha Stewart ne s'amuserait plus à mentir à des enquêteurs fédéraux. Malheureusement, au cours de ma vie, j'ai croisé beaucoup de personnes qui continuent de commettre cet acte insensé.

*

Lorsque j'étais procureur de Manhattan, mon supérieur hiérarchique direct était l'adjoint du ministre de la Justice.

Communément appelé le DAG (Deputy Attorney General), il est le numéro deux du département de la Justice à Washington, l'équivalent du président-directeur général du Département. Tout le monde, à l'exception des conseillers personnels du ministre, en réfère au DAG qui en réfère lui-même à son ministre de tutelle. Cet organigramme un peu fou est typique du gouvernement. Mais j'avais l'impression que, du coup, le travail devait être intéressant.

À l'été 2003, Larry Thompson, qui occupait ce poste, est venu me rendre visite à Manhattan. Il était épuisé, et il m'a annoncé qu'il quitterait ses fonctions d'adjoint du ministre de la Justice à l'automne. Il avait l'intention de me recommander au Président George W. Bush, à la Maison-Blanche. Avais-je envie de prendre la relève ?

J'ai accepté. J'adorais mon travail de procureur fédéral, mais vivre à New York compliquait ma vie familiale. Pour des raisons économiques, nous habitions à quatre-vingts kilomètres du cœur de Manhattan, ce qui m'obligeait à des navettes incessantes qui m'empêchaient de profiter de Patrice et des enfants autant que je l'aurais souhaité. Je ne compte plus le nombre de fois où j'ai manqué des récitals, des rencontres sportives et des réunions parents-professeurs.

Un jour, dans l'espoir d'assister à un match du championnat de baseball de la Ligue junior qui débutait à dix-huit heures, j'avais quitté mon bureau à seize heures, mais, à cause de la circulation, j'étais arrivé presque à la fin de la rencontre. Je souffrais de cette situation. Ce n'était pas la vie dont je rêvais. Je savais qu'à Washington, j'aurais un travail très prenant, mais que je pourrais m'épargner trois ou quatre heures de trajet par jour.

Évidemment, se rapprocher du centre névralgique de la vie politique américaine n'était pas sans risques. Dans son article intitulé « M. Comey va à Washington [1] », un journaliste new-yorkais s'est fait l'écho de ce que pensaient bon nombre de mes collègues. Il écrivait qu'une fois dans la capitale, je serais obligé de refréner mon sens de l'humour. Mais allais-je y perdre mon âme ? Il était encore difficile de le savoir.

J'avoue m'être posé toutes ces questions, mais pour ma famille, ce déménagement était une chance. Et cela ne pouvait pas être aussi terrible que ça ?

Je suis allé à Washington rencontrer Alberto Gonzales, le conseiller juridique de George W. Bush. Notre première réunion s'est déroulée dans son bureau situé au deuxième étage de l'aile Ouest. Ce n'était pas ma première visite dans les services du conseiller juridique de la Maison-Blanche. En 1995, j'avais brièvement participé au comité spécial du Sénat qui enquêtait sur l'affaire *Whitewater*, le projet d'investissements immobiliers de Bill et Hillary Clinton dans l'Arkansas. Dans le cadre de cette investigation, nous nous étions penchés sur le suicide de Vince Foster, le conseiller du Président Clinton à la Maison-Blanche, et sur la disparition de documents censés se trouver dans son bureau.

Au cours des cinq mois passés au sein de cette commission de juristes, on m'avait chargé d'inspecter les différents services de Vince Foster, au deuxième étage de l'aile Ouest. Le comité d'investigation du Sénat se demandait en effet si la première dame Hillary Clinton, ou une tierce personne agissant en son nom, avait pu s'introduire dans le bureau de Foster après sa mort pour s'emparer des dossiers. J'ai

1. Il s'agit d'un clin d'œil au film de Frank Capra, *Mr. Smith au Sénat*, qui raconte les effets dévastateurs de l'entrée en politique d'un jeune homme naïf. (*N. d. T.*)

quitté l'enquête bien avant qu'elle n'ait rendu ses conclusions, mais je me souviens que j'avais pu mesurer la distance exacte qui séparait les bureaux de Mme Clinton de ceux du conseiller juridique de la Maison-Blanche, au deuxième étage.

Je m'étais à nouveau rendu dans l'aile Ouest au printemps 2001. En tant qu'adjoint au procureur fédéral de Richmond, je m'occupais alors du dossier sur l'attentat des tours de Khobar, et j'espérais pouvoir délivrer un acte d'accusation contre l'Iran. Nous soupçonnions en effet le gouvernement iranien d'avoir commandité et supervisé l'attaque de la base aérienne américaine en Arabie Saoudite, en 1996. Cette action terroriste avait causé la mort de dix-neuf Américains et en avait blessé des centaines d'autres. Cette décision risquant d'entraîner de graves tensions diplomatiques, la nouvelle administration Bush avait réuni ses équipes en charge de la Sécurité nationale pour entendre le rapport du ministre de la Justice [1], John Ashcroft, et pour évaluer les éléments dont nous disposions.

Les conseillers de John Ashcroft m'avaient demandé de l'accompagner à la Maison-Blanche, et il avait été décidé que j'attendrais à l'extérieur de la « Situation Room », pour le cas où il aurait besoin que je lui prête main-forte. J'étais détendu et, comme je n'avais pas à prendre la parole, ni même à assister à la conférence, j'étais plutôt ravi de me trouver là.

J'avais le temps de regarder autour de moi et de me mettre dans le bain. Mais cela n'a pas duré longtemps. Quelques minutes plus tard, j'ai cru que j'allais me noyer.

1. Le ministre de la Justice est le procureur général des États-Unis (*US Attorney General*). Membre du cabinet du Président, il dirige le département de la Justice. (*N. d. T.*)

À peine la porte de la salle ultrasécurisée s'était-elle refermée qu'elle s'est ouverte à nouveau. Et j'ai vu apparaître le secrétaire d'État Colin Powell.

— Qui est le procureur ? C'est vous ? a-t-il aboyé en me fixant.

— Oui, monsieur, ai-je balbutié.

— Entrez.

Manifestement, la réunion avait mal démarré.

Après m'avoir conduit dans la petite salle de conférence, le général Powell m'a fait signe de prendre place en face de lui et du secrétaire à la Défense, Donald Rumsfeld. La conseillère nationale à la Sécurité des États-Unis, Condoleezza Rice, était assise en bout de table. Je me suis installé entre le ministre de la Justice, dont le visage me paraissait légèrement empourpré, et le directeur du FBI, Louis Freeh. Durant vingt minutes, les deux secrétaire et membre du cabinet du président des États-Unis m'ont cuisiné sans relâche sur les détails de l'affaire, et sur les preuves que je détenais. Je transpirais dans mon costume. Une fois qu'ils eurent épuisé toutes leurs questions, ils m'ont demandé de sortir. J'ai quitté la réunion, un peu groggy.

Quelques semaines plus tard, j'ai reçu la permission de délivrer un acte d'accusation contre l'Iran qui avait commandité l'attentat des tours de Khobar.

Et voilà que j'étais là, encore une fois. L'étage principal de l'aile Ouest abrite de vastes bureaux dotés de hauts plafonds, et évidemment le Bureau ovale. J'ai toujours eu l'impression que les architectes de la Maison-Blanche avaient cherché à gagner de l'espace sur les étages supérieurs et inférieurs, en particulier sur le sous-sol, pour aménager cette belle hauteur de plafond.

Sous l'aile Ouest, où j'ai passé de nombreuses heures en réunion de Sécurité nationale, les portes mesuraient seulement deux mètres. Pour entrer dans une pièce, j'étais toujours obligé de baisser la tête comme si je saluais un compagnon invisible. Mais ce n'est que le jour où j'ai étrenné une paire de chaussures dotées de nouvelles semelles et d'un talon que j'ai compris à quel point j'avais jusque-là, sans le savoir, bien calculé mon coup. Apparemment, avec ces nouveaux souliers, j'avais un bon centimètre et demi de plus.

C'était durant mon mandat sous l'administration Bush. Ce jour-là, je courais pour rejoindre au plus vite le président dans la Situation Room. Arrivé devant la porte, j'ai incliné la tête comme d'habitude, et j'ai pris le chambranle de plein fouet. J'ai titubé en arrière, littéralement sonné. « Ça va ? » s'est inquiété l'un des agents des services secrets en faction. « Oui », ai-je répondu en continuant de marcher, même si je voyais trente-six chandelles. Ce n'est qu'une fois assis autour de la table avec le président et ses conseillers en charge de la Sécurité nationale que j'ai senti un liquide poisseux couler sur mon cuir chevelu. J'ai compris que je saignais. Du coup, j'ai fait ce qui m'apparaissait le plus évident : j'ai penché la tête dans tous les sens pour éviter que le sang ne coule sur mon visage. Dieu seul sait ce que le Président Bush a pu penser. J'imagine qu'il a dû se demander quel était mon problème. En tout cas, il ne s'est pas aperçu que j'étais blessé.

*

Les bureaux d'Alberto Gonzales se trouvaient au dernier étage et, avec leur vasistas aménagé dans le plafond, l'ambiance était tout aussi oppressante. Je me suis assis avec soulagement. Alberto Gonzales, le conseiller juridique de la Maison-Blanche, avait travaillé pour George W. Bush quand celui-ci était gouverneur du Texas. C'était un homme chaleureux, amical, doté d'une voix si calme et si posée qu'elle en devenait pénible. Lorsqu'on parlait avec lui, il y avait toujours des silences gênés.

Je ne me souviens pas qu'il m'ait posé beaucoup de questions lors de ce premier « entretien d'embauche ». Il a commencé par m'expliquer que la Maison-Blanche était à la recherche d'un candidat suffisamment « costaud pour résister au ministre de la Justice John Ashcroft ». Il désirait savoir si je m'en sentais capable.

Cette entrée en matière m'a paru étrange. J'aurais pensé que le Président avait choisi avec soin son ministre de la Justice. Mais j'ai vite découvert qu'à Washington, les gens ne cessaient de douter de la loyauté et des motivations des autres, surtout en leur absence.

John Ashcroft était un conservateur qui avait envisagé de se lancer dans la course présidentielle en 2000, l'année qui avait vu l'élection de George W. Bush. Ce n'était pas perceptible de mon poste à Manhattan, mais il y avait une réelle tension entre la Maison-Blanche et le ministre Ashcroft. Beaucoup avaient l'impression que celui-ci se préoccupait surtout de sa future carrière politique, et qu'il ne partageait pas totalement les intérêts du Président Bush.

Ne sachant pas à quel point ces rumeurs étaient exactes, j'ai assuré le conseiller juridique de la Maison-Blanche que je n'étais pas du genre à me laisser intimider par quiconque. Et que je m'efforcerai toujours d'agir au mieux. Cette réponse sembla le satisfaire, du moins sur l'instant.

Alberto Gonzales et les poids lourds de l'administration Bush ont approuvé ma nomination. J'ai rencontré brièvement John Ashcroft qui me connaissait déjà bien ; puis, en décembre 2003, je me suis installé dans un bureau du département de la Justice, et ma famille a emménagé dans la banlieue de Washington.

En tant qu'adjoint du ministre de la Justice, je disposais d'une équipe de vingt juristes pour m'aider à assumer l'énorme masse de travail et les exigences variées d'une bonne centaine de personnes.

Même si cela faisait déjà quinze ans que j'œuvrais à la mise en application des lois fédérales, ce poste m'offrait pour la première fois l'occasion de rencontrer presque tous les jours des membres du cabinet. Mon supérieur hiérarchique était, bien sûr, John Ashcroft, un homme, qu'en dépit des réserves d'Alberto Gonzales, je trouvais chaleureux, honnête et nettement plus dévoué à sa mission qu'à ses ambitions personnelles. Notre relation était cordiale, mais distante, chose que j'attribuais à nos dix-huit années d'écart, et à nos styles très différents. Même s'il aimait rire et appréciait les sports d'équipe – il m'est arrivé de disputer un match de basket-ball assez musclé contre lui, et je ne suis pas parvenu à le terrasser, malgré tous mes efforts –, John Ashcroft était un peu coincé à bien des égards. Profondément croyant, il ne buvait pas, ne dansait pas, ne jurait pas, et il méprisait certaines expressions pittoresques dont je suis friand.

Un jour, après une conférence qui s'était déroulée dans son bureau, il m'a retenu quelques minutes pour me réprimander gentiment à propos du vocabulaire que j'avais utilisé au cours de la réunion. Il a commencé par m'expliquer qu'il considérait la pièce dans laquelle nous nous trouvions comme un bien national dont nous étions les dépositaires pour les citoyens américains.

— Je suis pleinement d'accord avec vous, lui ai-je répondu.

— Alors, je vous demanderai à l'avenir de surveiller votre langage, a-t-il répliqué.

Je l'ai regardé d'un air ébahi, car je ne me souvenais pas avoir employé de gros mots. Je ne jurais pas souvent, sauf lorsque je voulais mettre l'accent sur un point précis ou produire un effet.

— Qu'ai-je dit de mal ? ai-je demandé, perplexe.

Ma question a semblé le mettre mal à l'aise. Manifestement, il répugnait à répéter mes propos. Sans m'en apercevoir, j'avais dû lâcher le mot « putain » Comment était-ce possible que je ne m'en souvienne pas ?

— Ça rime avec « perde », a finalement précisé John Ashcroft.

Je me suis creusé la tête pour chercher le mot de cinq lettres qui collait à sa description. Puis je me suis souvenu, à un moment au cours de la discussion, avoir utilisé le mot « merde », comme dans la phrase « un vrai fouteur de merde ». Je me suis excusé en réprimant un sourire, et je lui ai promis de me montrer plus vigilant à l'avenir.

Ma nouvelle situation m'a évidemment offert le privilège de pénétrer dans le Bureau ovale. Je m'y suis rendu la première fois à la fin de l'année 2003 lorsque j'ai remplacé John Ashcroft à la réunion quotidienne sur l'état de la menace terroriste qui se tenait à la Maison-Blanche. Pendant des années, après le 11 Septembre, le Président Bush réunissait tous les matins les responsables des agences antiterroristes – c'est-à-dire, entre autres, le FBI et le département de la Justice. Ces conférences m'inquiétaient pour deux raisons. D'abord, je ne voulais pas me ridiculiser ou embarrasser mon équipe en disant une bêtise. Il s'agissait en plus d'une réunion avec le Président des États-Unis dans le bureau qui représentait tout un symbole pour mon pays. Et, en 2003, deux ans après les attaques du 11 Septembre, le sujet de nos discussions constituait la priorité de l'agenda présidentiel.

C'était la première fois que je rencontrais le leader du monde libre. Je n'aurais jamais pensé qu'il y avait une telle lumière dans le Bureau ovale. Les spots encastrés au plafond illuminaient la pièce comme un soleil de midi. N'étant pas censé prendre la parole, à moins qu'on ne me le demande, j'ai examiné un à un discrètement les visages qui m'étaient familiers pour les avoir vus à la télévision – le président, le vice-président Dick Cheney, le directeur du FBI, Robert Mueller, la conseillère nationale à la Sécurité, Condoleezza Rice, et le secrétaire à la Sécurité intérieure Tom Ridge.

À cet instant, un détail m'a frappé : j'avais toujours pensé que ce Bureau abritait un être supérieur. Mais il n'y avait que nous. Juste notre groupe de personnes qui tentait de résoudre les problèmes courants. Mon intention n'est pas d'insulter l'un ou l'autre des participants qui étaient tous des gens brillants. Ce que je veux dire, c'est que nous n'étions que des gens ordinaires qui devions tenir un rôle extraordinaire dans des temps particulièrement difficiles. Je ne sais pas vraiment ce à quoi je m'attendais, mais j'étais arrivé au sommet, et il n'y avait que nous, ce qui était à la fois réconfortant et un peu effrayant. Soudain, j'ai entendu la voix de Bob Dylan résonner dans ma tête : « Ce qui paraît important vu de loin n'est jamais aussi grand quand on se rapproche. »

*

L'une des premières affaires dont j'ai eu à m'occuper dans mon nouveau poste concernait encore une affaire de parjure. En juin 2003, quelques mois après l'invasion de l'Irak, le journaliste Robert Novak avait révélé dans un article le nom d'une agente de la Central Intelligence Agency (CIA). Ce papier était sorti dans la presse, juste quelques jours après que le mari de cette employée avait publié une tribune démontant l'un des principaux arguments de l'administration Bush pour déclarer la guerre à Saddam Hussein, à savoir qu'il tentait de se procurer de l'uranium pour construire une arme nucléaire. Les spéculations allaient bon train. Il se murmurait que des membres de l'administration Bush avaient en toute illégalité transmis le nom de cette agente à Robert Novak, en guise de rétorsion.

Robert Novak affirmait avoir reçu cette information de deux personnes gravitant dans l'entourage de George Bush. Le scandale prit de l'ampleur, et il devint vite évident qu'au moins trois, voire six hauts responsables de la Maison-Blanche avaient divulgué l'identité de l'agente de la CIA au journaliste. Richard Armitage, l'adjoint de Colin Powell au secrétariat d'État, fut l'un des premiers à admettre qu'il faisait partie des sources. En fait, il avait téléphoné au département de la Justice, peu après l'ouverture de l'enquête, pour préciser qu'il n'avait jamais eu l'intention de révéler une information classée secret défense. Il avait simplement échangé des ragots avec Robert Novak sans réaliser la portée de son acte. La deuxième « source » était Karl Rove, le conseiller spécial du Président Bush. Au cours d'une des conversations qu'il avait eues avec le journaliste, celui-ci avait indiqué que l'auteur de la tribune contre la guerre en Irak était marié à une agente de la CIA. Karl Rove avait répondu : « Oh, vous êtes au courant de ça ! » Comme cela confirmait les propos de Richard Armitage, Robert Novak n'avait pas cherché plus loin – ce qui n'était pas très professionnel.

On avait aussi eu la preuve que Lewis « Scooter » Libby, le chef du cabinet du vice-président, avait mentionné l'identité de cette agente à la presse. Quand je suis devenu procureur général adjoint, Libby avait déjà reconnu les faits devant le FBI. Cependant, il avait affirmé que c'était un journaliste qui lui en avait parlé. Comme Richard Armitage, il maintenait qu'il n'avait pas intentionnellement donné le nom de cette employée de la CIA, mais qu'il s'était juste livré à deux ou trois commérages. Malheureusement, le journaliste en question, Tim Russert, le chef du bureau de NBC à Washington, avait nié les faits lors d'un interrogatoire au FBI. Il n'avait pas transmis le nom de l'agente à Libby. Trois ans plus tard, un jury en arriverait aux mêmes conclusions : Lewis « Scooter » Libby avait menti au FBI.

C'est à cette époque que j'ai vu, pour la première fois à Washington, les gens analyser une affaire en fonction de leur allégeance partisane. Pour les Démocrates, il était évident que les responsables de l'administration Bush entravaient la justice pour discréditer ceux qui professaient des opinions différentes. Pour les Républicains, il était tout aussi évident qu'on assistait à une chasse aux sorcières contre des personnes qui n'étaient coupables que d'une faute vénielle. Mon travail mécontenterait fatalement l'un de ces deux camps, ou clans.

Révéler l'identité d'un agent secret est considéré comme un crime fédéral aux États-Unis. Mais la loi affirme qu'il faut une intention criminelle, réfléchie et préméditée. Du coup, il ne suffisait pas de démontrer que les responsables de ces fuites s'étaient montrés naïfs ou étourdis. Nous devions prouver qu'ils savaient que cette employée de la CIA était un agent secret et qu'ils avaient conscience de commettre un crime en révélant son identité. Les éléments dont nous disposions paraissaient trop minces pour que nous puissions prouver, au-delà du doute raisonnable, que Richard Armitage et Karl Rove avaient donné ce renseignement à Robert Novak, et aux autres journalistes en toute connaissance de cause.

Robert Novak soutenait leur version, il parlait lui aussi de « faute » et de « commérages », et nous aurions du mal à prouver le contraire.

Le département de la Justice se trouvait dans une position inconfortable. Même si les enquêteurs chargés du dossier étaient des professionnels, je savais que le Département dirigé par le Républicain John Ashcroft aurait du mal à se contenter de classer l'affaire, même dans le cas où les preuves se révéleraient insuffisantes. D'un autre côté, nous ne voulions pas non plus engager des poursuites dans le seul but de ne pas être accusés de conflit d'intérêts.

Plusieurs points compliquaient les choses : Karl Rove avait dirigé l'une des campagnes électorales de John Ashcroft dans son État du Missouri, avant qu'il ne devienne ministre. Pour couronner le tout, de par sa fonction de directeur de cabinet du vice-président, Scooter Libby – dont le comportement attendait toujours d'être clarifié – entretenait des rapports étroits avec le ministre Ashcroft et les responsables de son Département.

La crédibilité constitue l'un des fondements du département de la Justice. Aux yeux des citoyens américains, l'administration judiciaire doit être indépendante du pouvoir politique, elle ne doit prendre en compte ni la race, ni la couleur de peau, ni la religion.

Nous devions faire tout notre possible pour protéger la réputation d'impartialité et d'équité du Département, son réservoir de crédibilité et de confiance.

John Ashcroft l'a bien compris, et lorsque je lui ai conseillé de se dessaisir du dossier, il a accepté. J'ai aussitôt nommé Patrick Fitzgerald, qui était alors procureur fédéral de Chicago, procureur spécial en charge de l'enquête.

Même si Patrick Fitzgerald devait ses fonctions à une nomination politique et qu'il était l'un de mes amis, il était connu pour être un homme indépendant. Et puisqu'il travaillait à des centaines de kilomètres de Washington, il ne donnait pas l'impression d'appartenir au pouvoir exécutif.

Et comme je devais moi-même mon poste à une décision politique, j'ai franchi une étape supplémentaire en lui déléguant tous mes pouvoirs de procureur général en exercice. Je restais son supérieur, mais il pouvait instruire cette affaire à sa guise sans me demander la permission, ce qui lui permettait de mener une enquête totalement indépendante.

En décembre 2003, j'ai annoncé sa nomination lors d'une conférence de presse. Le département de la Justice communiquait régulièrement sur ses activités, sur ses décisions d'engager des actions publiques, sur ses poursuites ou sur la résolution de ses affaires.

Quand ces dernières intéressaient particulièrement l'opinion publique, le Département avait toujours rendu compte de ses constatations, de l'avancée de ses travaux, et des classements sans suite. Chaque fois qu'on nomme un procureur spécial pour enquêter au sein de l'administration, vous pouvez être sûr que ça fera la une des journaux.

Comme il fallait s'y attendre, ma décision a déplu à la Maison-Blanche. Une semaine après avoir fait cette annonce, je devais remplacer le ministre de la Justice lors d'une réunion de cabinet autour du Président. Traditionnellement, chaque participant a une place attitrée autour de la table de la Cabinet Room, située dans l'aile Ouest. Les secrétaires d'État et de la Défense s'assoient de part et d'autre du Président tandis que le secrétaire du Trésor et le ministre de la Justice prennent place, en face, de chaque côté du vice-président. Ce jour-là, j'étais donc à la gauche de Dick Cheney. Moi, l'homme qui venait de nommer un procureur spécial pour enquêter sur son ami et son principal conseiller, Lewis Scooter Libby.

Alors que nous attendions l'arrivée de George W. Bush, j'ai pensé qu'il serait bien venu de faire preuve de courtoisie. Je me suis donc tourné vers Dick Cheney :

— Monsieur le vice-président, je suis Jim Comey, du département de la Justice.

— Je sais, m'a-t-il répondu sans même me jeter un coup d'œil, je vous ai vu à la télévision.

Puis il a regardé droit devant lui, comme si je n'étais pas là. Nous avons attendu l'arrivée du Président dans un silence pesant. Ma vue sur le pont de Brooklyn me paraissait bien loin.

J'avais assuré à Patrick Fitzgerald que sa mission ne durerait probablement que cinq à six mois. Certes, il ne manquerait pas de travail, mais ce serait du gâteau. Il n'a pas cessé de me le rappeler au cours des quatre années qui ont suivi, face aux attaques violentes des Républicains et de la presse de droite qui le comparait à un affreux Capitaine Achab, lancé dans une cause perdue d'avance.

Patrick Fitzgerald avait fait exactement ce que j'attendais de lui. Il avait mené les investigations nécessaires pour comprendre qui, au sein du gouvernement, avait dévoilé aux journalistes l'identité de l'agente de la CIA. Et surtout les raisons qui les avaient poussés à commettre ce crime fédéral. Au terme d'une enquête consciencieuse, il était parvenu à certaines conclusions sur Richard Armitage et

Karl Rove, conclusions qui ne me surprenaient pas. Mais la situation de Lewis Libby – son rôle dans cette affaire restait encore à éclaircir lorsque j'avais donné le dossier à Patrick – se compliquait chaque jour davantage.

Non seulement il avait menti en déclarant que c'était Tim Russert qui lui avait donné l'identité de l'agente, mais huit hauts responsables de l'administration Bush témoignèrent sous serment qu'ils avaient mentionné à Lewis Libby le nom de cette employée de la CIA.

On apprit aussi que « Scooter » Libby avait intentionnellement parlé de cette femme aux journalistes, à la demande du vice-président, afin de « discréditer » les articles qui accusaient l'administration Bush d'avoir déclenché une guerre en Irak sans raison valable.

Pourquoi Lewis Libby, procureur diplômé de la Law School de l'Université de Columbia, avait-il eu besoin de raconter tous ces mensonges ? Ce n'est toujours pas très clair. Peut-être refusait-il d'admettre que les fuites étaient parties du bureau du vice-président, par peur de provoquer un embarras politique ? Peut-être craignait-il d'affronter la colère de George Bush, en avouant qu'il faisait partie des « sources » ?

Patrick Fitzgerald a mis trois ans pour parvenir à inculper, faire juger et condamner Lewis « Scooter » Libby pour faux témoignage, parjure et entrave à la justice. Les Républicains purs et durs hurlaient à la persécution. À les entendre, si les procureurs s'acharnaient ainsi contre « Scooter » Libby, c'est parce qu'ils étaient incapables de prouver l'intention criminelle – une fuite orchestrée en pleine connaissance de cause.

C'était, bien sûr, ces mêmes Républicains qui, sous prétexte que l'entrave et le parjure minaient notre système judiciaire, voulaient absolument qu'on poursuive le Président Clinton parce qu'il avait menti sous serment lors de l'affaire de la stagiaire de la Maison-Blanche. Pendant ce temps, les Démocrates qui, six ans plus tôt, considéraient les mensonges de Bill Clinton comme « une bêtise liée à une histoire de sexe » semblaient avoir découvert grâce à l'affaire Libby à quel point ces notions d'entrave à la justice étaient capitales – surtout quand ceux qui s'en étaient rendus coupables étaient Républicains.

J'allais découvrir au fil des mois combien il était tentant d'exercer des pressions pour contourner ou enfreindre la loi, lorsqu'elle s'opposait à l'agenda présidentiel. L'urgence de la situation et la personnalité des gens qui gravitaient dans l'entourage du président ne faisaient qu'alimenter cette tentation. Ces hauts responsables de l'administration ne parvenaient pas à se projeter sur le long terme, ni à comprendre pourquoi il était de l'intérêt du gouvernement américain de respecter l'État de droit, quels qu'en soient les inconvénients.

Je me préparais à apprendre dans la douleur à quel point la loyauté institutionnelle doit l'emporter sur les avantages acquis et les considérations politiques. Et ces leçons me serviraient encore davantage dans un lointain futur.

6

Sur des rails

> « Si tu peux voir détruit l'ouvrage de ta vie
> Et sans dire un seul mot te mettre à rebâtir... »
>
> Rudyard Kipling, « Si »

Il était plus de dix-neuf heures en ce 10 mars 2004. Je sortais d'une longue journée harassante, une parmi tant d'autres, car j'assumais temporairement les fonctions de ministre de la Justice, en lieu et place de John Ashcroft qui était souffrant. Je me trouvais au cœur d'un affreux conflit avec l'administration Bush. Et la situation n'allait faire qu'empirer.

Ma Chevrolet blindée noire, conduite par un membre de mon service de sécurité, roulait en direction de Constitution Avenue, longeant les musées, le Washington Monument et la pelouse sud de la Maison-Blanche. En fonction du niveau de menace, les hauts responsables gouvernementaux sont dotés d'une protection rapprochée. Je n'y avais pas eu droit durant mon mandat de procureur de Manhattan, mais depuis le 11 Septembre, le procureur général adjoint disposait d'une Chevrolet blindée et d'une escorte d'agents de l'US Marshals.

Après cette longue journée de travail, j'étais fatigué et j'avais envie de rentrer chez moi. C'est alors que mon téléphone portable a sonné. David Ayres, le directeur de cabinet de John Ashcroft, était au bout du fil. David Ayres faisait partie de ces rares personnes qui paraissent se calmer quand sévit la tempête. Et donc, vu que nous étions en plein ouragan, sa voix manifestait un sang-froid à toute épreuve. Il venait de parler avec Janet Ashcroft, qui veillait son mari, le ministre de la Justice, dans l'unité de soins intensifs de l'hôpital universitaire George-Washington, où il avait été transporté en urgence pour une pancréatite aiguë.

Quelques minutes plus tôt, m'a raconté David Ayres, Janet Ashcroft avait reçu un appel du standard de la Maison-Blanche pour lui dire que George Bush voulait parler au ministre de la Justice. J'en connaissais la raison. Janet Ashcroft, qui était une femme avisée et une procureure intelligente et talentueuse comme son mari, avait, elle aussi, parfaitement compris de quoi il retournait. Elle avait refusé la communication. Mon époux est trop malade pour parler au Président, avait-elle répondu. Nullement découragé, le Président Bush lui avait alors annoncé qu'il envoyait de ce pas son conseiller juridique Alberto Gonzales et son chef de cabinet Andrew Card à l'hôpital pour discuter d'une question importante de Sécurité nationale avec son mari.

Janet Ashcroft avait immédiatement alerté David Ayres qui m'avait appelé à son tour.

J'ai raccroché le téléphone.

— Ed, je dois me rendre au plus vite à l'hôpital George-Washington, ai-je lancé d'un ton inhabituellement tranchant au chauffeur qui appartenait lui aussi à l'US Marshals.

En entendant l'urgence dans ma voix, il a actionné les gyrophares et a appuyé sur l'accélérateur comme s'il participait à une course de la Nascar [1]. À partir de maintenant,

1. La Nascar Cup Series est la plus grande compétition automobile organisée depuis 1949 aux États-Unis. (*N. d. T.*)

j'étais effectivement lancé dans une course – une véritable course qui m'opposait à deux des principaux hauts responsables de la Maison-Blanche, et qui marquerait l'une des périodes les plus féroces et les plus improbables de toute ma carrière.

*

La tâche du procureur général adjoint, particulièrement dans ces années post-11 Septembre, était incroyablement éprouvante.

Plus le stress était important, plus je m'efforçais d'aider mes équipes à trouver du plaisir à leur mission. Le rire étant la manifestation extérieure de la joie, j'ai toujours pensé qu'en m'y prenant bien, et en insufflant à mes collaborateurs le sens et l'amour du travail bien fait, il y aurait une bonne ambiance dans mes services. Rire est aussi le signe qu'on ne se prend pas trop au sérieux.

À l'époque où j'étais procureur général adjoint, afin de stimuler l'enthousiasme de mes collaborateurs, je les incitais à faire un peu de tourisme. Si je devais assister, par exemple, à une réunion importante à la Maison-Blanche, je veillais à emmener une personne qui ne s'y était jamais rendue. Généralement, cela les amusait beaucoup. Sauf une fois où l'expérience a failli mal tourner.

Dès les premiers jours de sa présidence, George Bush avait décidé de confier aux différents Départements et aux agences de son administration le soin de réfléchir à la façon dont nous pourrions accorder des subventions à des groupes religieux, en conformité avec la loi bien sûr. La plupart des Départements, et bien évidemment celui de la Justice, avaient créé un bureau spécialement dédié à cette intention. En 2004, le Président Bush a convoqué les responsables de tous les Départements afin qu'ils lui fassent un rapport sur ce projet d'aide. Je devais assister à cette réunion au nom du département de la Justice. Peu avant la date prévue, j'ai appris que chaque participant « principal » – dont je faisais partie – pouvait se faire épauler par un membre de son équipe.

A priori, je n'avais besoin d'aucun soutien, car notre service d'aide aux associations obtenait de bons résultats, mais j'ai compris que Bob Trono, l'un de mes meilleurs éléments, n'avait jamais assisté à une réunion à la Maison-Blanche.

Bob avait travaillé avec moi au Bureau du procureur de Richmond – c'était lui qui avait mené l'affaire Leonidas Young, et en particulier qui avait engagé des poursuites contre le jeune vicaire complice de détournement de fonds. Je lui avais demandé de me rejoindre à Washington pour superviser les services de l'US Marshals et du Bureau fédéral des prisons. Ces agences, bien que vitales pour le département de la Justice, attiraient rarement l'attention de la Maison-Blanche. Je pensais que cela amuserait Bob de m'y accompagner.

Néanmoins, celui-ci ne paraissait pas emballé par ma proposition. Il ne connaissait rien à ces projets d'aide aux organisations charitables, et l'idée de participer à une réunion sur le sujet avec le président des États-Unis le mettait mal à l'aise. « C'est moi qui parlerai, lui ai-je dit. Tu n'auras pas besoin de t'exprimer. »

Après quelques protestations, et après que je l'ai assuré que tout se passerait bien, il a fini par accepter à contrecœur. « Ne t'inquiète pas, ai-je ajouté. Je gère. Je ne vais pas te planter. »

Finalement, Bob s'est bel et bien fait planter, mais pour deux raisons indépendantes de ma volonté. En effet, peu avant l'heure de la réunion, j'avais été convoqué, à l'improviste, dans la Situation Room, pour une conférence qui, malheureusement, allait durer plus longtemps que prévu. Par ailleurs, le Président Bush, qui ne se trouvait pas avec moi dans la Situation Room, avait la fâcheuse manie de commencer ses réunions en avance sur l'horaire prévu.

Ce n'était pas aussi perturbant que les retards légendaires du Président Clinton, mais, du coup, cela nous obligeait toujours à arriver un peu plus tôt. Un jour, à l'époque où je venais juste de prendre mes fonctions d'adjoint du ministre de la Justice, j'avais d'ailleurs manqué l'une des réunions quotidiennes sur la Sécurité nationale et les menaces terroristes, car j'avais profité de mes quinze minutes d'avance pour faire un saut aux toilettes, situées à quelques mètres du Bureau ovale (dans ma famille, on les a baptisées « les meilleurs petits coins des États-Unis »). À mon retour, la porte était fermée, la réunion avait déjà commencé. Comme j'ignorais si le protocole m'autorisait à interrompre une réunion en cours, et que j'étais nouveau, je n'avais pas osé m'y risquer. Bref, j'étais parti.

En proie à une certaine nervosité, Bob Treno avait déniché une chaise contre le mur de la Roosevelt Room, le plus loin possible du cœur de l'action. Devant le carton plié en chevalet sur lequel était marqué mon nom recto verso, mon fauteuil demeurait vide.

Comme on pouvait s'y attendre, George W. Bush est entré dans la pièce, visiblement pressé, et en avance sur l'horaire annoncé. Pauvre Bob.

*

Cette année-là, en 2004, George Bush était plongé au cœur de la bataille pour sa réélection contre le Démocrate John Kerry, qui ne cessait de le pilonner en l'accusant de « mener une reprise économique du chômage ».

Il pouvait se montrer impatient, et sa manie d'avancer l'heure de ses rendez-vous me rendait dingue, mais j'étais frappé par son grand sens de l'humour, parfois machiavélique.

Un jour, au cours d'un de nos briefings quotidiens sur les menaces terroristes, le directeur du FBI, Bob Mueller, a signalé à George Bush qu'un membre opérationnel de Al-Qaida nommé Babar, un homme soumis à une étroite surveillance, venait de trouver un deuxième emploi à New York.

Bob Mueller, qui n'était pourtant pas connu pour ses talents de comédien, s'est tu un instant, avant de se tourner vers moi en ajoutant :

— Et c'est à ce moment-là que Jim a dit…

George Bush et le vice-président Dick Cheney m'ont regardé. J'étais paralysé. Peu avant le début de la réunion, j'avais discuté avec Bob Mueller de Babar et de son deuxième travail, sans résister au plaisir de faire une plaisanterie. Mais je ne m'attendais pas à ce qu'il la répète au Président qui, à certaines occasions, pouvait avoir des sautes d'humeur.

Le temps a semblé se ralentir, voire s'arrêter carrément. Je n'ai pas répondu.

Le Président m'a encouragé :

— Qu'avez-vous dit Jim ?

J'ai fait une pause, puis je me suis jeté à l'eau, totalement horrifié.

— J'ai dit qu'on ne pouvait pas vous reprocher de ne pas avoir créé d'emplois : ce type en a trouvé deux !

À mon grand soulagement, George Bush s'est mis à rire de bon cœur. Dick Cheney, lui, n'a pas eu l'air de trouver ça drôle. En sortant du Bureau ovale, j'ai saisi Bob Mueller par le bras.

— Tu veux ma mort ? lui ai-je dit en souriant. Ne me refais plus jamais ça.

— Mais c'était amusant, m'a-t-il répondu avec son petit rictus qui pouvait passer pour un sourire.

Bob Mueller n'était pas du genre blagueur, et son attitude toujours sévère intimidait la plupart des gens. On disait au FBI que, lorsqu'il avait été opéré du genou, peu après le 11 Septembre, il avait refusé l'anesthésie, préférant mordre dans une ceinture en cuir. Mais je le connaissais assez pour savoir qu'il était pince-sans-rire, et qu'il appréciait l'humour noir. Je venais d'en faire les frais.

— C'était privé, Bob. C'était une blague entre nous.

Il a compris mon point de vue, même s'il persistait à trouver l'histoire hilarante. Avec le recul, je me dis qu'il avait raison.

J'ai découvert le côté un peu machiavélique du Président Bush un froid matin d'hiver où la ville de Washington était recouverte d'une épaisse couche de neige fraîche. En cette matinée glaciale, George Bush était assis dans son fauteuil habituel, dos à la cheminée, près de la grande horloge. Il s'apprêtait manifestement à monter à bord de *Marine One*, l'hélicoptère présidentiel et, comme le voulait la coutume, les journalistes, emmitouflés dans leurs manteaux, s'entassaient dehors, près de la Roseraie, pour assister à son départ.

Au moment où je m'apprêtais à communiquer au Président certains détails concernant une affaire de terrorisme, j'ai entendu l'hélicoptère qui s'approchait. Le bruit était de plus en plus fort. Le Président, visage de marbre, a levé une main.

— Attendez une minute, Jim, m'a-t-il dit.

La main toujours en l'air pour m'intimer le silence, il s'est légèrement retourné dans son fauteuil en direction de la porte-fenêtre qui donnait sur la pelouse sud où les journalistes s'étaient regroupés. J'ai suivi son regard. Sous l'effet du souffle des pales de l'hélicoptère, la neige qui s'était accumulée au sol s'est mise à tourbillonner, recouvrant peu à peu tous les journalistes. Certains d'entre eux ressemblaient à présent des bonshommes de neige. Des bonshommes de neige tout déconfits. Sans exprimer la moindre émotion, George Bush a abaissé sa main et s'est retourné vers moi.

— OK, allez-y, m'a-t-il dit.

Il y avait peut-être un fond de méchanceté chez George Bush – cette scène l'avait clairement beaucoup amusé –, mais il avait conscience que l'humour était essentiel face aux situations de grande tension et aux responsabilités écrasantes auxquelles nous faisions face. Nous pouvions parler avec le plus grand sérieux du terrorisme et, la minute d'après, éclater de rire dans le Bureau ovale. C'était la seule façon de mener à bien notre mission – y injecter un peu de plaisir et de joie.

*

Mais, à la Maison-Blanche, ce jour-là, Bob Trono ne s'amusait pas vraiment au cours de sa réunion avec le président.

— Qui on attend ? a demandé George Bush peu de temps après avoir pénétré dans la Roosevelt Room, cinq minutes avant le début prévu de la conférence.

Quelqu'un lui a répondu que James Comey était toujours en bas dans la Situation Room.

— Jim se mettra à jour quand il arrivera, a dit George Bush. Allons-y.

Bob sentait la sueur ruisseler dans son cou. Les responsables de chaque Département ont commencé à défiler un à un, présentant chacun leur rapport au président. *Travail, Logement et Développement urbain, Éducation, Agriculture.* Mon siège restait vide. Quand Bob s'est rendu compte qu'il n'avait même pas assez d'informations pour raconter n'importe quoi au Président, ses oreilles se sont mises à siffler. *Anciens Combattants. Santé et Services sociaux.* Il avait la tête vide, et il entendait son cœur battre à travers son costume. *Commerce et Small Business Administration* [1]. La sueur qui coulait dans son cou imprégnait déjà son col de chemise. Puis la porte s'est ouverte, et j'ai débarqué comme la Cavalerie.

— Hé, Jim, timing parfait ! a lancé George Bush. J'allais à l'instant me tourner vers le département de la Justice.

Je me suis assis, j'ai fait mon petit laïus, puis le président a remercié chacun pour sa présence et la réunion s'est achevée. Bob n'avait franchement pas l'air ravi.

— Je vais te tuer, m'a-t-il murmuré.

*

Si, comparé à d'autres, j'avais une conception un peu spéciale du mot « amusement », certains services du département de la Justice ressemblaient à des trous noirs d'où

1. LE SBA est l'agence fédérale chargée d'aider les petites entreprises américaines, l'équivalent de nos PME. (*N. d. T.*)

toute joie avait disparu. Dans ces bureaux, le moral était si bas et les employés si démoralisés par les batailles sanglantes qu'ils avaient dû livrer contre les autres agences et contre la Maison-Blanche, que nous étions sur le point de perdre quelques-uns de nos meilleurs juristes.

Le service le plus déprimé de l'institution était le Bureau du Conseil juridique du Département, une sorte de Cour suprême au cœur du pouvoir exécutif, que j'ai souvent comparé à un ordre monastique parce qu'il vivait comme retranché du monde.

Ses juristes talentueux émettaient, pour leurs collègues des autres Départements de la branche exécutive, des appréciations sur des sujets juridiques complexes, et ils les renseignaient sur des cas légaux particulièrement épineux. Leur travail consistait à débattre entre eux, à rédiger des mémos et à s'assurer de la légalité d'une décision, en prenant en compte la jurisprudence des tribunaux, du Congrès et des recommandations juridiques émis par leurs prédécesseurs. C'était une tâche colossale, parce que souvent ils ne disposaient pas de grand-chose pour se forger une opinion. Et leur travail devenait encore plus difficile quand le sujet était classé top secret, car alors ils n'avaient pas vraiment la possibilité d'en discuter entre eux.

Le directeur de ce service était Jack Goldsmith. Cet ancien professeur de droit, à la face de chérubin, était de nature plutôt enjouée. Mais les difficultés qu'il rencontrait depuis quatre mois à la tête de son bureau commençaient à avoir raison de sa jovialité.

À la suite des attaques du 11 Septembre, il avait hérité de ces prédécesseurs une série de mémos juridiques, rapidement rédigés sous la pression des événements. Ces juristes avaient validé la légalité de la stratégie antiterroriste de la

Central Intelligence Agency (CIA) et de la National Security Agency (NSA), et leurs méthodes agressives. Cela faisait deux ans que le Président et que les services secrets s'appuyaient sur ces avis, des avis que Jack Goldsmith estimait à bien des égards contraires au droit.

Et le débat à leur sujet commençait à s'envenimer au sein de l'administration Bush. Jack Goldsmith était surtout préoccupé par l'opération top secrète de la NSA baptisée *Stellar Wind* (« Vent Stellaire »). Avec Patrick Philbin, un brillant juriste de son service, il avait conclu que, bien qu'il ait été déclaré légal par ses prédécesseurs, ce vaste programme de cyber surveillance mené aux États-Unis contre les citoyens et les gens suspectés d'activités terroristes, sans autorisation préalable d'un juge, reposait sur une base juridique plus que douteuse.

Cela faisait plus de deux ans que l'administration Bush s'appuyait sur ce programme d'espionnage pour lutter contre le terrorisme.

Ce que George Bush semblait ignorer c'est qu'en outre, la NSA était en train d'outrepasser le cadre autorisé. De douteuse, cette opération devenait clairement illégale, selon Jack Goldsmith et Patrick Philbin.

Personnellement, j'avais compris l'urgence qui motivait ces activités de la NSA. Deux ans à peine s'étaient écoulés depuis les attaques terroristes du 11 Septembre qui avaient causé, par une belle matinée ensoleillée, la mort de trois mille innocents dans notre pays. Cette funeste journée avait changé les États-Unis en profondeur et bouleversé la vie de chacun d'entre nous, au sein de l'administration. Nous avions juré de tout mettre en œuvre pour empêcher une nouvelle tragédie de ce genre. Nous avions remanié le gouvernement, réorganisé le FBI, abattu des barrières, acquis de nouveaux outils et tiré les conclusions qui s'imposaient. Tout devait être fait pour éviter de revivre ce chagrin indescriptible. Quand je suis devenu procureur fédéral de Manhattan, le cratère de Ground Zero, où avaient disparu des milliers de gens, fumait encore. La nuit, adossé contre les barrières qui protégeaient l'accès au site, je regardais les pompiers tamiser les cendres dans l'espoir de retrouver les gens disparus. Nul n'avait besoin de me dire qu'il fallait lutter contre le terrorisme, mais je savais aussi que nous devions agir correctement. Dans la stricte légalité.

Jack Goldsmith et Patrick Philbin ont fait part de leurs inquiétudes à la Maison-Blanche – où le conseiller juridique du Président, Alberto Gonzales, et celui du vice-président, David Addington, constituaient leurs premiers contacts. Dans ce duo, l'homme fort, c'était David Addington.

Ce juriste de formation était grand, barbu, doté d'une voix tonitruante, légèrement teintée d'un accent du Sud. Il avait la même philosophie et le même tempérament que le vice-président Dick Cheney. Il ne supportait pas les imbéciles dont il avait une définition chaque jour plus étendue. Après l'avoir exaspéré en l'avertissant que le programme de cybersurveillance était en train de perdre toute base légale, Jack Goldsmith et Patrick Philbin ont entrepris de le convaincre qu'il fallait m'informer (ou « m'accréditer ») du contenu de l'opération *Stellar Wind* afin que je puisse comprendre ce qui se passait.

David Addington s'est opposé de toutes ses forces à cette suggestion. Depuis la mise en route et l'approbation de ce programme, il avait obtenu que peu de gens en connaissent les détails – ils devaient être une vingtaine au sein du gouvernement. Et, au département de la Justice, seules quatre personnes avaient reçu une accréditation, chiffre qui n'incluait même pas mon prédécesseur au poste d'adjoint du ministre de la Justice. Pour un programme d'une telle ampleur, flirtant avec la légalité, c'était inhabituel et sans précédent.

David Addington s'était même arrangé pour que les documents relatifs à cette opération ultrasecrète échappent au circuit classique des rapports présidentiels. Bien qu'il ne fût que le conseiller juridique du vice-président, il conservait dans son bureau, au fond d'un coffre, les décrets qui portaient la signature de George Bush. Finalement, et seulement après de grosses pressions, David Addington a fini par céder et par accepter qu'on me mette au courant.

À la mi-février 2004, j'ai rencontré le directeur de la NSA, le général de l'Air Force, Michael Hayden, dans une salle de conférence sécurisée du département de la Justice, afin qu'il m'explique enfin dans le détail ce programme hautement sensible de cybersurveillance. Michael Hayden était un homme affable, chauve, toujours habillé élégamment, avec des lunettes à montures en métal, et un penchant pour les vieux dictons et les références à l'équipe de football des Pittsburgh Steelers.

Alors que nous prenions place autour de la table, le général m'a gratifié d'un préambule que je n'ai jamais oublié : « Je suis très heureux qu'on vous ait enfin accrédité à ce programme, m'a-t-il confié, ainsi, quand John Kerry sera élu Président, je ne me retrouverai pas seul derrière la table verte. »

Cette allusion aux auditions sous serment devant le Congrès, qui se déroulent souvent derrière une table verte, avait de quoi m'ébranler. Qu'allait donc me dire cet homme pour qu'il se sente obligé de manifester sa joie à l'idée que je l'accompagne se faire cuisiner par le Congrès, après l'élection d'un nouveau Président ? Et pourquoi, bon sang, avouer ce genre de choses au numéro deux du département de la Justice ? Je n'ai pas eu le temps de me poser d'autres questions, car le général Hayden est entré aussitôt dans le vif du sujet.

Sa manière de mélanger dans la même phrase adages désuets et jargon de la NSA était à la fois drôle et rassurante. Malheureusement, je m'apercevrais plus tard que ses explications et ses flots de paroles, à première vue séduisantes, n'avaient pas grand sens une fois qu'on sortait de la réunion et qu'on essayait de reconstituer ce qu'il avait dit. Après le départ de Michael Hayden, mes collègues du département de la Justice, James Goldsmith et Patrick Philbin, ont visiblement poussé un soupir de soulagement. Puis ils m'ont expliqué le fonctionnement réel du programme et pourquoi, à leurs yeux, la majeure partie était totalement foireuse en termes de droit et de jurisprudence.

Ils maintenaient que la NSA se permettait des trucs qui n'avaient aucune base juridique. Le dispositif contrevenait à une loi votée par le Congrès vingt ans plus tôt, loi qui régissait le système d'espionnage sur le territoire américain dans les affaires de Sécurité nationale. En ordonnant cette collecte de données généralisée, le président violait la législation. Mais la NSA était allée plus loin : elle s'était lancée dans des activités qui n'étaient même pas validées par un décret présidentiel, et par conséquent, elle agissait en dehors de toute autorisation. Ce n'était pas la faute du général Hayden. Il n'était ni juriste ni technicien et, comme le ministre de la Justice John Ashcroft – à qui l'on avait interdit de discuter de ce programme, même avec ses équipes –, Michael Hayden n'avait le droit de consulter qu'un nombre strictement limité de personnes.

Cette opération de cybersurveillance était une réponse de court terme à une urgence nationale. Même David

Addington était conscient qu'elle représentait une extraordinaire affirmation du pouvoir présidentiel, du coup les décrets de George Bush avaient une durée limitée dans le temps – environ six semaines. Celui qui autorisait le projet *Stellar Wind* expirait le 11 mars. Jack Goldsmith avait prévenu la Maison-Blanche qu'il ne soutiendrait pas une reconduction de ce programme. Étant donné ce que je savais désormais, je devais m'assurer que mon supérieur possédait tous les éléments. John Ashcroft avait plus d'une fois soutenu *Stellar Wind* au cours des deux dernières années, il fallait qu'il soit informé que cette collecte de données était une erreur et qu'il fallait y mettre un terme.

Le jeudi 4 mars 2004, je l'ai rencontré en privé afin de lui expliquer dans le détail les parties du programme qui posaient problème, ainsi que les raisons pour lesquelles nous ne pouvions pas approuver sa reconduction.

Nous avons déjeuné ensemble sur une petite table dans son bureau. J'avais apporté mon sandwich, enveloppé dans un papier – j'étais tellement occupé à cette époque-là que je donnais de l'argent à mon assistant pour qu'il coure m'acheter invariablement, selon mes instructions, un sandwich au thon ou à la dinde.

Le repas de John Ashcroft, préparé par son cuisinier, était nettement plus chic, ce qui m'arrangeait, car j'avais besoin de la salière, du poivrier et des couverts en argent pour illustrer certaines parties de l'opération *Stellar Wind.* Je lui ai indiqué les éléments que nous pourrions raisonnablement soutenir, et ceux qu'il faudrait stopper ou modifier. Ashcroft m'écoutait attentivement. À la fin du déjeuner, il m'a déclaré que notre analyse tenait debout, et que nous allions devoir réformer ce programme afin de le rendre conforme à la loi. Je lui ai signalé que nous avions tenu au courant la Maison-Blanche, ajoutant que j'allais m'empresser de faire respecter son autorité.

Après notre rendez-vous, John Ashcroft était attendu au bureau du procureur fédéral d'Alexandria, de l'autre côté du fleuve Potomac, pour une conférence de presse. Il n'y est jamais parvenu. Il a perdu connaissance et a été transporté de toute urgence à l'hôpital universitaire George-Washington où les médecins ont diagnostiqué une pancréatite aiguë, une maladie incroyablement douloureuse qui peut même être fatale. Pendant ce temps, je m'étais envolé, à bord d'un avion de ligne pour Phoenix, où je devais assister à une réunion gouvernementale. J'ai été mis au courant de l'état de santé de John Ashcroft en descendant de l'avion, grâce à un coup de téléphone de Chuck Rosenberg, mon directeur de cabinet, qui m'annonçait qu'avec l'incapacité temporaire de John Ashcroft, je devenais le nouveau ministre en exercice et que je devais donc regagner Washington. On m'envoyait un avion du gouvernement pour me rapatrier dans la capitale.

Le vendredi, de retour à mes bureaux, j'ai rencontré Jack Goldsmith et Patrick Philbin qui venaient de communiquer la position du département de la Justice à la Maison-Blanche. La date butoir pour la reconduction du programme était fixée au 11 mars. Il restait donc huit jours, et il nous était impossible de le soutenir dans la forme actuelle. Au cours du week-end, Alberto Gonzales et David Addington ont convoqué Jack Goldsmith, mais les discussions n'ont pas avancé. Alberto Gonzales s'était montré affable comme à son habitude. Et David Addington, toujours aussi furieux. Aucun d'entre eux n'avait pu expliquer à Jack Goldsmith pourquoi nous avions tort.

Celui-ci avait profité de ce rendez-vous pour les informer que j'assumais désormais les fonctions de ministre de la Justice.

Le mardi 9 mars, j'ai été convoqué à un briefing à la Maison-Blanche dans le bureau du chef de cabinet du président, Andrew Card. C'était un homme charmant dont j'avais toujours apprécié la discrétion lors des réunions auxquelles j'assistais. Il considérait que son rôle se limitait à faciliter le travail du Président Bush. Il n'était pas un conseiller, du moins d'après mes informations. Jack Goldsmith et Patrick Philbin m'avaient accompagné. Le vice-président Dick Cheney menait les discussions. Il était assis en bout de table. On m'avait proposé un siège à sa gauche. Autour de lui se trouvaient également le général Hayden, Andrew Card, Alberto Gonzales, Bob Mueller, le directeur du FBI, et plusieurs responsables de la CIA. Jack Goldsmith et Patrick Philbin s'étaient installés à l'autre extrémité de la table, sur ma gauche. David Addington avait préféré rester debout, adossé à la fenêtre.

La première partie de la réunion a été consacrée à une présentation de l'opération *Stellar Wind*. À l'aide de graphiques, les agents de la NSA ont tenté de m'expliquer à quel point le programme de cybersurveillance s'était révélé efficace pour déjouer un complot terroriste au Royaume-Uni. Grâce aux renseignements collectés, ils étaient parvenus à établir des liens entre les différents membres d'une cellule terroriste. C'était effectivement efficace. Même si ma connaissance du sujet m'incitait à penser que nous n'avions pas forcément besoin du nouveau projet de la NSA pour cela. Nous disposions déjà de tous les outils nécessaires. J'ai gardé le silence. De toute façon, ce n'était pas l'utilité du programme que nous remettions en cause. Cette question-là n'était pas de notre ressort. Notre rôle consistait à certifier qu'il s'appuyait sur une base légale.

Lorsque les analystes de la NSA ont replié leurs graphiques et quitté la pièce, le vice-président a repris la main.

Nous étions assis tellement près l'un de l'autre que nos genoux auraient pu se toucher. David Addington n'était pas dans notre champ de vision, il se tenait juste derrière Dick Cheney. Le vice-président m'a regardé d'un air grave. « Comme vous avez pu le voir, m'a-t-il dit, ce programme a une énorme importance. » En réalité, il m'a déclaré : « Des milliers de gens vont mourir à cause de vos agissements. »

Dans la pièce, l'air a semblé se raréfier. Il était évident que le but de cette réunion était de faire pression sur moi, même si personne n'aurait osé l'avouer. Se voir accuser par le vice-président des États-Unis d'être responsable d'un futur 11 Septembre – il semblait même suggérer que je le souhaitais – était sidérant.

Il refusait d'entendre notre version. Il paraissait même incapable d'accepter l'idée d'être contredit. Il estimait détenir la vérité, et, à ses yeux, tous les autres avaient tort. Et ce n'était pas une bande de juristes velléitaires, et probablement de gauche, qui lui démontrerait le contraire. J'avais la tête qui tournait. J'ai rougi sous l'effet de la colère, mais j'ai vite repris ma contenance.

— Cela ne m'aide pas, ai-je dit. Cela m'attriste, mais cela ne change pas notre analyse juridique. Je suis d'accord avec vos propos sur l'importance de ce programme. Mais notre travail consiste à nous assurer qu'il est légal, or il ne remplit pas ces conditions.

Dick Cheney a exprimé sa frustration qui m'apparut normale. Le Bureau du Conseil juridique du département de la Justice avait donné un avis favorable à ce programme en 2001, et depuis deux ans et demi, le ministre de la Justice n'avait pas cessé de les assurer de sa légalité. « Comment pouvez-vous changer d'avis maintenant sur un sujet d'une telle importance ? » s'est-il indigné.

Je lui ai d'abord dit que je compatissais, puis j'ai ajouté que l'avis juridique rendu en 2001 était tellement mauvais qu'il en devenait « contraire à la loi dans sa lettre ». « Aucun juriste ne peut l'invoquer à présent », ai-je renchéri.

Du rebord de la fenêtre, on a entendu s'élever la voix de David Addington.

— Je suis juriste, et pourtant, je l'ai fait, a-t-il déclaré d'une voix glaciale.

Je continuais de fixer le vice-président.

— Oui, mais je parlais d'un bon juriste, ai-je riposté.

Habituellement, je n'étais pas aussi désagréable. Mais David Addington me faisait penser à quelqu'un. Il ressemblait aux harceleurs de mon enfance : il n'était pas très différent des gamins qui m'avaient maltraité à l'école. Et il me rappelait ce que j'avais fait subir à ce pauvre étudiant de première année à l'université.

Je n'aimais pas cela. Durant les quelques mois où j'avais rempli les fonctions de procureur général adjoint, j'avais vécu dans une tranchée avec Jack Goldsmith et Patrick Philbin. J'avais été témoin des menaces de David Addington, et j'avais vu comment, à force de harcèlement, il avait réussi à fragiliser ces deux hommes éreintés, et parfaitement honnêtes. C'était à cause de son arrogance que nous étions dans le pétrin, et Jack Goldsmith et Patrick Philbin étaient des gens de grande valeur. J'en avais marre, du coup je me montrais désagréable. Sans surprise, la réunion s'est achevée peu après, sans qu'on parvienne à prendre une décision.

David Ayres, le chef de cabinet du ministre de la Justice, m'avait tenu informé de l'état de santé de notre patron. Les nouvelles n'étaient pas très réjouissantes. John Ashcroft souffrait beaucoup, et il se trouvait toujours dans l'unité de soins intensifs. Il risquait une défaillance organique, qui, dans des cas aussi sévères que le sien, pouvait se révéler fatale. Il avait été opéré le jour de ma réunion avec le vice-président.

La journée du mercredi s'est déroulée calmement sur le front du dossier *Stellar Wind*, ce qui était étrange, car le décret expirait le lendemain. Mais, en fin d'après-midi, alors que j'étais dans ma voiture, j'ai reçu un coup de téléphone de David Ayres qui me transmettait le message urgent de Janet Ashcroft : Andy Card et Al Gonzales avaient prévu de me gagner de vitesse. Ils étaient en route pour l'hôpital et il me fallait trouver une solution.

Aussitôt, j'ai appelé mon chef de cabinet, Chuck Rosenberg. J'avais pleinement confiance en lui, et j'appréciais sa capacité de discernement. Après l'avoir rapidement mis au courant de ce qui se passait, je lui ai demandé de venir me rejoindre. Puis j'ai ajouté : « Réunis autant de personnes que tu peux trouver. » Je ne sais pas exactement pourquoi j'ai dit cela, mais je pense que c'était un réflexe qui datait de l'époque où j'étais procureur de Manhattan. Dans ces années-là, lorsqu'un magistrat se retrouvait en difficulté au cours d'une audience, un appel retentissait : « Tout le monde en salle X. » Aussitôt, nous quittions nos bureaux pour aller lui prêter main-forte, sans même savoir ce qui se passait. L'un de nos collègues avait besoin d'aide, ça suffisait pour nous. On y allait.

Chuck Rosenberg s'est exécuté. Il s'est précipité vers les membres de mon équipe, et aussitôt une dizaine d'avocats se sont mis en route pour l'hôpital, sans se poser de questions. Ils avaient simplement compris que j'avais besoin d'eux.

Puis, j'ai téléphoné à Bob Mueller, le directeur du FBI, qui dînait au restaurant avec son épouse et ses enfants. Je voulais qu'il me serve de témoin. Bob et moi n'étions pas particulièrement proches et nous ne nous fréquentions pas en dehors du travail, mais je savais qu'il comprenait et respectait notre point de vue, et qu'il était un fervent défenseur de l'État de droit. Il y avait consacré son existence. Lorsque je lui ai expliqué la situation, il m'a répondu qu'il arrivait au plus vite.

Quand la Chevrolet s'est arrêtée dans un crissement de pneus devant l'hôpital, j'ai couru jusqu'à l'entrée et j'ai grimpé quatre à quatre l'escalier qui menait à l'unité des soins intensifs. J'étais soulagé d'apprendre que j'avais devancé Andrew Card et Alberto Gonzales.

La chambre de John Ashcroft se trouvait au bout d'un couloir mal éclairé dont on avait évacué les autres patients. À l'exception d'une demi-douzaine d'agents en uniforme du FBI qui veillaient sur sa sécurité, l'étage était désert. Je les ai salués d'un signe de tête et, sans perdre une minute, je suis entré dans la chambre de John.

Il était couché, et manifestement assommé par les médicaments. Il avait un teint grisâtre, il n'a pas paru me reconnaître. J'ai tenté de lui expliquer de mon mieux la situation, et de lui rappeler qu'elle avait un lien avec le sujet dont nous avions discuté lors de notre dernier déjeuner, avant son hospitalisation. Je ne saurais dire s'il a compris ce que je lui disais.

Je suis retourné dans le couloir échanger quelques mots avec le responsable de l'équipe du FBI chargée de sa sécurité. Je savais que Andrew Card et Alberto Gonzales arriveraient avec des agents des services secrets et, aussi incroyable que cela puisse paraître aujourd'hui, je craignais vraiment qu'ils ne tentent de m'expulser de force afin de s'entretenir seul à seul avec John Ashcroft. Alors, j'ai rappelé Bob Mueller sur son téléphone portable. Il était en route.

— Bob, j'ai besoin que tu donnes l'ordre à tes hommes de s'opposer à ce qu'on me fasse sortir de la chambre de Ashcroft, quelles que soient les circonstances.

Bob m'a demandé de lui passer le responsable du FBI qui était toujours à mes côtés. L'agent a écouté en silence, et s'est contenté de répondre « Oui Monsieur » avant de me rendre l'appareil.

Puis il m'a regardé, la mine imperturbable.

— Vous ne quitterez pas cette chambre, monsieur. C'est notre théâtre d'opérations.

J'ai regagné le chevet du ministre. Entre-temps, Jack Goldsmith et Patrick Philbin m'avaient rejoint. Je me suis assis dans le fauteuil placé à la droite du lit de John Ashcroft, sans quitter du regard sa tempe droite. Il avait les yeux fermés. Jack Goldsmith et Patrick Philbin sont restés debout derrière moi. Je l'ignorais à l'époque, mais Jack Goldsmith, qui s'était muni d'un stylo, notait dans le détail tout ce qu'il voyait et ce qu'il entendait.

En face de moi, de l'autre côté du lit, Janet Ashcroft soutenait le bras de son mari qui paraissait inconscient. Nous attendions en silence.

Quelques minutes plus tard, la porte s'est ouverte, et nous avons vu apparaître Andrew Card et Alberto Gonzales. Le conseiller juridique de la Maison-Blanche tenait à la main une enveloppe en papier kraft. Les deux hommes, qui comptaient parmi les plus proches collaborateurs du Président Bush, se sont avancés vers moi avant de s'arrêter près du lit, à quelques centimètres de la jambe gauche de John Ashcroft. J'aurais presque pu les toucher. Je me souviens d'avoir pensé que j'y serais peut-être obligé s'ils tentaient de lui faire signer un document. Le simple fait que cette idée m'ait traversé l'esprit me paraissait dément.

« Vais-je vraiment me battre avec ces hommes à quelques centimètres du lit du ministre de la Justice ? »

Alberto Gonzales a pris la parole en premier.

— Comment allez-vous, monsieur le ministre ?

— Pas bien du tout, a marmonné John Ashcroft.

Alberto Gonzales a commencé alors à lui expliquer qu'il était venu avec Andrew Card à la demande du Président Bush. Le motif de leur visite concernait la reconduction d'un programme de Sécurité nationale d'un intérêt vital pour le pays. Ils avaient informé les responsables du Congrès qui mesuraient l'importance du projet. Il a conclu en disant qu'ils souhaitaient régler avec nous tous les problèmes juridiques existants. Puis il s'est tu.

C'est alors que John Ashcroft m'a stupéfié. Il s'est redressé sur ses coudes, a fixé de son regard éteint les émissaires du Président, puis il les a littéralement mitraillés sur place. On l'avait trompé sur le périmètre de ce projet d'espionnage. En limitant le nombre d'accréditations, on l'avait empêché de recueillir de précieux conseils juridiques. Puis il a ajouté qu'il avait désormais de sérieux doutes sur la légalité de certains aspects de l'opération *Stellar Wind*. « De toute façon, cela n'a plus d'importance, a-t-il conclu, parce que je ne suis pas le ministre de la Justice. » Et il a pointé sur moi un index tremblant : « C'est lui à présent le ministre de la Justice. »

Durant quelques secondes, tout le monde est resté silencieux.

Puis Alberto Gonzales a articulé simplement deux mots : « Portez-vous bien. »

Sans même me regarder, les deux hommes se sont dirigés vers la porte. Une fois qu'ils ont eu le dos tourné, Janet Ashcroft s'est fendue d'une grimace et leur a tiré la langue.

Cinq minutes après qu'Albert Gonzales et Andrew Card ont quitté le bâtiment, Bob Mueller est entré dans la chambre. Il s'est penché sur le lit et il s'est adressé à John Ashcroft en des termes extrêmement personnels qui auraient surpris tous ceux qui connaissaient bien l'inébranlable Mueller.

— Dans la vie de chaque homme vient un moment où le Seigneur le met à l'épreuve, lui a-t-il dit. Vous avez réussi votre examen ce soir.

John Ashcroft n'a pas répondu. Comme Bob Mueller l'écrira dans ses notes cette nuit-là, il avait trouvé le ministre « affaibli, à peine capable de s'exprimer, et clairement angoissé »

La scène qui venait d'avoir lieu m'avait traumatisé. Mon cœur battait à tout rompre et j'avais la tête qui tournait légèrement. En entendant les paroles affectueuses de Bob Mueller, j'ai eu envie de pleurer. Le Droit l'avait emporté.

Mais Andrew Card et Alberto Gonzales n'en avaient pas fini avec moi. Un agent m'a demandé de rejoindre le centre de commandement provisoire que le FBI avait dressé dans une chambre voisine. Quand j'y suis entré, on m'a passé Andrew Card au téléphone. Il paraissait furieux, et manifestement encore ébranlé par sa rencontre avec John Ashcroft. Il m a ordonné de le rejoindre immédiatement à la Maison-Blanche.

J'étais tellement indigné par la façon dont ils avaient tenté de profiter de la faiblesse d'un homme malade, peut-être à l'article de la mort, à la seule fin de contourner la loi, que je n'ai pas pu me retenir plus longtemps.

— Après le comportement que vous avez eu, ai-je répondu, je ne viendrai pas sans témoin.

Il s'est énervé.

— Quel comportement ? Nous sommes juste venus lui apporter nos vœux de prompt rétablissement.

Ce mensonge était du pur venin, mais je n'avais pas l'intention de le relever. J'ai répété, plus lentement, tout en gardant mon calme :

— Après le comportement que vous avez eu, je ne viendrai pas sans témoin.

Puis, comme l'idée venait de me traverser l'esprit, j'ai ajouté :

— Et je veux que ce témoin soit l'avocat général des États-Unis.

— Êtes-vous en train de me dire que vous refusez de vous rendre à la Maison-Blanche ? m'a demandé Andrew Card, visiblement abasourdi.

— Non, monsieur. Je viendrai dès que je pourrai me faire accompagner de l'avocat général.

La conversation téléphonique a pris fin. J'avais pensé à l'avocat général, Ted Olson, pour les mêmes raisons que j'avais appelé Bob Mueller, quelques heures plus tôt. Je n'étais pas ami non plus avec Ted, mais c'était un homme que j'appréciais et que je respectais. Plus important, le président et le vice-président le tenaient en haute estime. Sa stature et son influence me seraient très utiles face à eux. Si Dick Cheney acceptait de le mettre au courant, j'étais sûr qu'il partagerait notre analyse juridique. J'ai contacté Ted Olson qui dînait également à l'extérieur. Il a accepté de me rejoindre immédiatement au département de la Justice, puis de m'accompagner à la Maison-Blanche.

Peu après vingt-trois heures, alors qu'une petite pluie fine se mettait à tomber, je suis monté à bord d'une voiture blindée de l'US Marshals en compagnie de Ted Olson. Une fois arrivés à la Maison-Blanche, nous avons gravi l'escalier recouvert d'un tapis qui menait au bureau d'Andrew Card, situé dans l'aile Ouest, à quelques pas du Bureau ovale. Andrew Card nous attendait devant sa porte. Il a demandé à Ted Olson d'attendre dehors le temps que nous échangions quelques mots en privé. Comme le chef du cabinet du Président Bush paraissait apaisé, j'ai senti qu'il valait mieux ne pas insister pour que l'avocat général entre avec moi dans la pièce.

Lorsque nous nous sommes retrouvés seuls, Andrew Card a commencé par exprimer le souhait que chacun retrouve son calme. Il avait entendu « des rumeurs de démission ».

J'apprendrai effectivement plus tard que Jack Goldsmith avait demandé à son adjoint – qui, comme la plupart de ses collaborateurs, n'avait reçu aucune accréditation au programme – de lui préparer une lettre de démission. Celui-ci avait alerté un ami à la Maison-Blanche qui, apparemment, en avait informé Andrew Card. Le chef du cabinet du Président imaginait déjà les gros titres des journaux et un scandale politique en pleine année électorale.

— Je pense que ce n'est jamais une bonne solution de faire du chantage à la démission pour imposer son point de vue, lui ai-je répondu. Il vaut mieux se battre pour essayer de convaincre les autres, et d'avoir gain de cause. Quand on n'y parvient pas, et que l'objet du litige nous paraît important, alors il faut partir.

La porte du bureau d'Andrew Card s'est ouverte, et Alberto Gonzales est entré, accompagné de Ted Olson qu'il avait aperçu dans le couloir.

Nous nous sommes assis tous les quatre, et nous avons analysé tranquillement la situation. Nous ne sommes parvenus à aucun arrangement, et ni Andrew Card ni Alberto Gonzales n'ont expliqué pourquoi ils s'étaient rendus au chevet de John Ashford, mais le climat s'était apaisé. Nous avons levé la réunion.

*

J'ai eu la chance d'apprendre des années plus tard comment mon équipe avait vécu cette nuit-là lorsqu'une dizaine d'entre eux, alertés par Chuck Rosenberg, avaient accouru à l'hôpital, sans connaître exactement la nature du problème.

Chuck, mon directeur de cabinet, avait cherché en vain sa voiture qu'il avait garée dans une rue près de l'hôpital. Quelques heures plus tôt, dans sa hâte de venir me rejoindre, il avait littéralement bondi de son véhicule, sans songer à noter l'emplacement de sa place de parking. Il avait fini par rentrer chez lui, en Virginie, à deux heures et demie du matin, en taxi. Chuck n'étant pas un homme habitué à boire, sa femme n'avait pas compris comment il avait pu oublier l'endroit où il s'était garé. Et le mystère n'avait fait que s'épaissir lorsque, en guise d'explication, il lui avait déclaré : « Peut-être qu'un jour je pourrais tout te raconter. » Il allait falloir attendre des années avant qu'elle n'apprenne la vérité. Heureusement pour lui, Chuck a retrouvé sa voiture le lendemain à l'aube.

L'histoire de son adjointe, Dawn Burton, est ma préférée. Vers dix-neuf heures, son patron ayant quitté le bureau, elle papotait avec les autres membres de l'équipe dans le couloir du quatrième étage, tout en essayant de convaincre quelques-uns d'entre eux d'aller boire un verre.

Tout le monde se déclarant trop occupé, elle avait fini par retourner dans son service pour poursuivre son travail. Peu de temps après, l'un de ses confrères était arrivé en courant. « Prends ton manteau et retrouve-nous dans le parking ! » Elle avait hurlé « Oui ! », et s'était dépêchée de descendre au sous-sol. Une fois en bas, on l'avait fait monter avec ses collègues à l'arrière d'une voiture qui avait filé aussitôt vers l'hôpital universitaire George-Washington. Après un trajet pénible qui s'était déroulé en silence, elle s'était retrouvée avec les autres à faire les cent pas dans le couloir qui menait à la chambre de John Ashcroft, sans comprendre le moins du monde ce qu'ils faisaient là. Quand enfin le groupe avait quitté l'hôpital, elle avait tenté une dernière fois de les convaincre d'aller boire un verre, mais là, plus personne n'avait envie de s'amuser.

Quand je suis finalement rentré chez moi au petit matin, ce jeudi 11 mars, la maison était silencieuse et plongée dans l'obscurité.

Patrice et nos cinq enfants dormaient depuis longtemps. Patrice savait depuis plusieurs jours que je me débattais avec une série de problèmes qui entraînaient une guerre ouverte avec la Maison-Blanche. Mais que je ne pouvais pas lui en parler. En effet, deux personnes ne peuvent communiquer sur un dossier ultrasecret que si les deux parties ont obtenu le niveau d'accréditation nécessaire, et si leur job respectif est en lien avec ce dossier. Patrice ne se trouvait dans aucun de ces deux cas. Cette barrière dressée entre ma vie professionnelle et ma vie personnelle aggravait mon stress. C'est une situation fréquente quand, dans un couple, l'un travaille sur des informations top secrètes et l'autre pas. Je dormais peu, d'un sommeil troublé, mais Patrice n'en connaissait pas les raisons.

Je suis allé dans la cuisine manger un morceau. Patrice avait imprimé un extrait de mon audition de confirmation au poste d'adjoint du procureur général devant la Commission du Sénat – qui s'était déroulée à peine six mois plus tôt. Elle et les enfants se tenaient derrière moi lorsque les sénateurs m'avaient questionné sur la façon dont je gérerais un conflit avec la Maison-Blanche, en tant que ministre adjoint de la Justice, si les circonstances m'y obligeaient.

Même si, en fait, ils voulaient simplement savoir comment j'arriverais à gérer politiquement une enquête sensible et litigieuse, Patrice avait affiché une partie de ma réponse sur la porte du réfrigérateur :

> *« La politique n'a pas d'importance. Les avantages reçus n'ont pas d'importance. L'amitié n'a pas d'importance. Ce qui importe, c'est d'agir correctement. Je ne participerai jamais à une action qui me paraîtrait fondamentalement mauvaise. Bien évidemment, nous prenons tous des décisions de principe que les gens désapprouvent, mais j'agirai toujours dans le sens du droit. »*

Je me suis réveillé quelques heures plus tard pour apprendre qu'il y avait eu plusieurs attentats terroristes dans des trains de banlieue à Madrid. La journée a été totalement consacrée à ce dossier et, en synergie avec la CIA et les autres agences, nous avons cherché à déterminer si les États-Unis risquaient ou non de subir des attaques similaires. Après une rencontre matinale au quartier général du FBI, je me suis rendu avec le directeur Bob Mueller à la réunion quotidienne sur la Sécurité nationale dans le Bureau ovale. Il y avait là le président, le vice-président et ses conseillers. Personne n'a évoqué l'opération *Stellar Wind*.

À la fin de la réunion, j'ai arrêté Fran Townsend dans le couloir. Je la connaissais depuis l'époque où nous étions ensemble au bureau du procureur de New York. Elle était à présent l'adjointe de Condoleezza Rice à la Sécurité nationale. Condi Rice n'avait pas participé à la conférence du mardi avec le vice-président. Était-il possible que la conseillère à la Sécurité nationale n'ait pas été accréditée au programme *Stellar Wind* ? Si je l'informais, pourrait-elle incarner la voix de la raison ?

— Je vais te citer un nom, ai-je dit à Fran Townsend, et j'aimerais savoir si ta patronne l'a déjà entendu.

Fran a paru déconcertée, mais j'ai insisté :

— *Stellar Wind.* J'ai besoin de savoir si elle sait de quoi il s'agit.

Fran m'a promis qu'elle tenterait de le découvrir. Un peu plus tard dans la journée, elle m'a appelé pour me dire que la conseillère Condi Rice connaissait ce nom, qu'elle était au courant dans les moindres détails, et qu'elle n'avait rien à ajouter. Je n'obtiendrai donc aucune aide de la part de Condoleezza Rice.

De retour au département de la Justice, Jack Goldsmith et Patrick Philbin m'ont confirmé qu'ils n'avaient pas de nouvelle de la Maison-Blanche à propos du programme *Stellar Wind.* Nous avons attendu. Un peu plus tard dans l'après-midi, les deux hommes sont revenus me trouver. Le président avait de nouveau autorisé le programme en dépit de nos avertissements. Mais son dernier décret offrait des différences de taille. La ligne de signature du ministre de la Justice avait été supprimée et remplacée par celle du conseiller juridique de la Maison-Blanche, Alberto Gonzales. David Addington avait également ajouté du texte autorisant les activités de la NSA qui, jusqu'à présent, n'étaient pas couvertes par les précédentes moutures du décret.

C'en était fini de nous. J'ai compris que je vivais ma dernière soirée dans l'équipe gouvernementale. C'était pareil pour Bob Mueller. Lui non plus ne continuerait pas à servir une administration qui s'apprêtait à entraîner le FBI dans une opération dénuée de toute base légale.

J'ai rédigé une lettre de démission et je suis rentré à la maison annoncer à Patrice que je quittais mon poste le lendemain. Une fois de plus, je n'ai pas pu lui en expliquer les raisons.

La matinée du vendredi 12 mars a été lugubre. M'étant levé de bonne heure, j'étais parti avant le petit-déjeuner, et du coup, je n'ai pas entendu Patrice dire aux enfants : « Il se peut que papa change de travail, mais tout ira bien. »

Au cours de notre briefing matinal sur la menace terroriste au quartier général du FBI, Bob Mueller et moi avons géré les affaires courantes, puis nous nous sommes rendus en voiture à la Maison-Blanche pour notre réunion quotidienne dans le Bureau ovale.

En silence, debout près de la grande horloge, nous avons contemplé tous les deux la Roseraie en attendant que la porte s'ouvre, annonçant le début de la réunion. J'essayais de mémoriser cette vue que je ne reverrai plus. La porte s'est ouverte.

La réunion m'a paru surréaliste. Nous avons discuté des attentats de Madrid, d'Al-Qaida, de pratiquement tout, sauf du conflit qui menaçait de renverser l'administration. Puis, nous nous sommes levés et nous nous sommes dirigés vers la porte. Bob Mueller marchait devant moi. J'allais contourner le canapé, je n'étais plus qu'à quelques mètres de la porte, quand j'ai entendu la voix du Président.

— Jim, puis-je vous parler une minute ?

J'ai fait demi-tour, j'ai retraversé le Bureau ovale à la suite du Président Bush, et nous avons longé le couloir qui débouchait dans la salle à manger privée. Une fois dans la pièce, nous avons pris place autour de la table qui était encadrée d'une chaise de chaque côté. Le Président s'est assis, dos à la fenêtre, et j'ai pris celle qui était la plus proche de la porte.

— Vous n'avez pas l'air bien, m'a dit d'emblée George Bush avant d'ajouter avec son franc-parler habituel : Nous n'avons pas besoin que quelqu'un d'autre tourne de l'œil.

L'un de mes collègues d'une autre agence s'était évanoui deux jours plus tôt en quittant l'aile Ouest.

— Je n'ai pas beaucoup dormi, ai-je confessé. J'ai l'impression de porter un lourd fardeau.

— Laissez-moi vous enlever ce fardeau, a riposté George Bush.

— J'aimerais bien, monsieur le Président. Mais c'est impossible. J'ai l'impression d'être coincé au beau milieu des rails. Je vois le train arriver, je sais qu'il va me rouler dessus et briser ma carrière, mais je n'arrive pas à me dégager.

— Pourquoi ?

— Tout simplement parce qu'il est impossible de parvenir à un accord raisonnable qui nous permettrait de soutenir certaines parties de l'opération *Stellar Wind*.

Nous avons alors discuté des détails du programme et des différents points qui posaient problème. Puis j'ai conclu :

— Nous ne pouvons pas garantir sa légalité.

— Mais c'est moi qui détermine ce qui est légal au nom du pouvoir exécutif, a répliqué George Bush.

— Bien sûr, monsieur le Président. Moi, je peux simplement donner le point de vue juridique du département de la Justice. Et dans ce cas précis, nous ne pouvons pas affirmer la légalité de ce programme. Nous avons fait de notre mieux, mais comme le disait Martin Luther King : « *Je suis là, et je ne peux rien faire d'autre.* »

— J'aurais aimé que vous ne brandissiez pas ces objections à la dernière minute.

Cette phrase m'a choqué.

— Si c'est ce qu'on vous a raconté, monsieur le Président, alors permettez-moi de vous dire qu'on vous a trompé. Nous avons averti votre équipe il y a des semaines.

Il s'est tu, comme s'il digérait cette information.

— Pouvez-vous me donner jusqu'au 6 mai afin que j'essaie de trouver un expédient législatif. Ce programme est vraiment important. Si je ne le trouve pas, je l'arrêterai.

— Impossible, monsieur le Président. Et nous le répétons depuis des semaines.

Je me suis arrêté, j'ai respiré un grand coup, et j'ai outrepassé mon rôle de juriste pour lui donner un conseil politique.

— Monsieur le Président, je crois qu'il faut que je vous dise autre chose. Les Américains vont flipper quand ils découvriront ce que nous avons fait.

Pour la première fois, il m'a semblé irrité.

— Ça, c'est mon problème, a-t-il rétorqué sèchement.

— Oui, monsieur, mais j'ai pensé qu'il fallait vous le dire.

Il n'a pas répondu, et j'ai compris que notre conversation touchait à sa fin. Ainsi que je l'avais confié à son chef de cabinet, le mercredi soir, je ne croyais pas au chantage à la démission pour imposer mon point de vue. J'estimais qu'un conflit devait se gagner avec des arguments de fond. Une fois la décision prise, les gens avaient ensuite tout loisir de rester ou de partir. Ramasser ses billes et se retirer du jeu si on n'obtenait pas gain de cause s'apparentait à une tricherie.

Cependant, je voulais trouver un moyen d'aider George Bush. Cet homme, que j'appréciais et que je voulais voir réussir, ne semblait pas se rendre compte de la tempête qui le menaçait. Tous les responsables du département de la Justice s'apprêtaient à démissionner au moment même où il se portait candidat à sa réélection. On n'avait jamais connu une telle mutinerie, même durant les pires moments du Watergate. Je devais le lui dire, le prévenir, mais je ne voulais pas enfreindre mes propres règles. Alors, maladroitement, j'ai tenté une autre approche :

— Il faut que vous sachiez que Bob Mueller va démissionner ce matin.

Il s'est arrêté à nouveau.

— Merci de me l'annoncer.

Il m'a tendu la main et m'a fait signe que je pouvais m'en aller. J'ai retraversé le couloir et le Bureau ovale, je suis repassé devant l'horloge et j'ai descendu l'escalier pour rejoindre Bob Mueller qui m'attendait au rez-de-chaussée. J'avais à peine commencé à lui raconter ma conversation avec le Président qu'un agent des services secrets s'est approché pour nous avertir que George Bush voulait s'entretenir immédiatement avec Robert Mueller au premier étage.

Bob a réapparu environ dix minutes plus tard. Nous avons rejoint sa Chevrolet blindée et nous nous sommes assis à l'arrière. Bob a demandé à son chauffeur de descendre du véhicule (le policier m'expliquera plus tard que jamais, en dix ans de service, son patron ne lui avait donné un tel ordre. C'est là qu'il avait compris qu'il se passait quelque chose). Puis il m'a expliqué qu'il avait lui aussi abordé l'affaire *Stellar Wind* avec le Président.

Il lui avait confirmé que, dans ces conditions, il ne resterait pas à la tête du FBI, et il avait imploré le Président de nous écouter. Le Président lui avait répondu par une directive : « Dites à Jim de faire le nécessaire pour satisfaire aux demandes du département de la Justice. »

Voilà tout ce dont nous avions besoin. D'un ordre du Président. Cela nous permettrait de contourner le vice-président Dick Cheney, Andrew Card et Alberto Gonzales, et même David Addington et son coffre-fort rempli de décrets mis au secret. Nous sommes aussitôt partis avertir les responsables du département de la Justice. En premier lieu, il fallait que d'autres juristes reçoivent enfin une accréditation au programme.

Comme Ted Olson se préparait pour une plaidoirie à la Cour suprême, nous avons réquisitionné son adjoint, Paul Clement, ainsi que quelques brillants « moines » du Bureau du Conseil juridique. Des avocats de la CIA et de la NSA nous ont également rejoints. David Addington ne pouvait plus nous empêcher d'agrandir le cercle.

L'équipe a passé tout le week-end à bâtir un nouveau projet de décret présidentiel qui restreindrait l'autorité de la NSA. J'ai décidé d'envoyer un mémo classifié à la Maison-Blanche, afin de récapituler l'ensemble des points litigieux et les solutions que nous préconisions. Non seulement ce document constituerait une archive, mais il répondait aux vœux du Président Bush : il satisfaisait aux demandes du département de la Justice.

C'était un peu un sale coup de notre part, car nous gravions dans le marbre la façon dont certains conseillers de la Maison-Blanche avaient plus d'une fois dépassé les bornes, mais le temps des sales coups était venu. Ce dimanche-là, tard dans la soirée, Jack Goldsmith et Patrick Philbin se sont rendus au domicile d'Alberto Gonzales pour lui remettre le mémo en main propre. C'est un document qui en a vraiment hérissé certains à la Maison-Blanche.

Le mardi, Alberto Gonzales m'a passé un coup de fil pour m'avertir que la Maison-Blanche s'apprêtait à nous envoyer un mémo à son tour.

« Ne dramatisez pas, m'a-t-il conseillé. La Maison-Blanche s'engage à travailler avec vous. » J'ignore si j'ai dramatisé, mais en tout cas, j'ai réagi énergiquement.

Ce mémo, dont David Addington était visiblement l'auteur, nous a fait l'effet d'un énorme doigt d'honneur. Il nous contredisait sur tous les points et nous accusait d'usurper l'autorité présidentielle. Il refusait toutes les solutions que nous proposions, les jugeant inutiles, à la fois dans les faits et juridiquement parlant. Il n'allait pas jusqu'à traiter nos mères de putes, mais c'était tout comme.

J'ai ressorti ma lettre de démission en la datant du 16 mars. Que ces gens aillent se faire voir ! Ils n'avaient tenu aucun compte de la directive que le Président Bush avait donnée à Bob Mueller, et ils le remplaçaient par un décret illégal.

J'ai prévenu le chef de cabinet de John Ashcroft que j'allais à nouveau présenter ma démission. Il m'a demandé de patienter. « John Ashcroft voudra sans doute partir en même temps que vous tous, m'a-t-il expliqué, mais il est encore trop souffrant. Pouvez-vous lui accorder encore quelques jours le temps qu'il se remette ? » Évidemment que nous allions attendre. J'ai rangé la lettre dans mon tiroir.

Deux jours plus tard, sans prévenir, le Président Bush a signé un nouveau décret. Le texte reprenait toutes les modifications que nous avions exigées. Toutes les modifications que le mémo « insultant » avait jugées inutiles. Le décret précisait que le Président avait décidé de ces changements pour des raisons opérationnelles. Non pas parce que nous lui avions indiqué qu'il le fallait, ou parce que la loi l'exigeait. C'était une réaction puérile, mais, en réalité, cela n'avait pas d'importance. Grâce à ce nouveau décret, le Bureau du Conseil juridique pourrait élaborer des arguments légaux raisonnables et se prononcer en faveur du programme de surveillance. Finalement, c'est ce que firent

Jack Goldsmith, Patrick Philbin et les membres de la nouvelle équipe, début mai.

La crise du programme *Stellar Wind* était terminée.

À partir de maintenant les choses allaient se corser.

7

La pensée sélective

« Le danger, ce n'est pas ce qu'on ignore, c'est ce que l'on tient pour certain et qui ne l'est pas. »

Mark Twain

En avril 2004, pendant que Jack Goldsmith et son équipe du département de la Justice s'efforçaient toujours de renforcer les bases légales du programme de cybersurveillance de la NSA, des photos répugnantes de prisonniers maltraités dans le complexe pénitentiaire d'Abou Ghraib, en Irak, furent publiées dans la presse. Elles montraient des agents des services de renseignements américains infligeant les pires sévices à des détenus irakiens. On les découvrait dans des positions humiliantes, nus, le visage dissimulé sous une capuche. La plus horrible d'entre elles montrait une pyramide d'hommes nus, empilés les uns sur les autres. Il y avait aussi des clichés de prisonniers menottés, menacés par des chiens, devant des soldats américains hilares.

Immédiatement, la presse s'est mise à parler de torture. À six ou sept mois d'une élection présidentielle à haut risque, ce reportage a eu des conséquences dramatiques au sein de l'administration Bush.

Au cours d'une allocution retransmise sur les chaînes nationales, le secrétaire d'État à la Défense a présenté ses excuses aux prisonniers et à leurs familles en promettant d'ouvrir une enquête approfondie sur ces actes inacceptables. Il comparait les sévices infligés aux prisonniers d'Abou Ghraib au massacre de Mỹ Lai dont l'armée américaine s'était rendue coupable au Vietnam. Cet événement qui avait bouleversé les États-Unis avait beaucoup contribué à retourner l'opinion publique contre la guerre.

Mais d'autres révélations étaient encore à venir.

Devant les condamnations unanimes de la communauté internationale face aux images de « torture » commises par le gouvernement américain, la CIA a commencé à s'inquiéter, à juste titre, à propos d'un de ses programmes de techniques d'interrogatoires « renforcées ». En effet, en 2002 et 2003, ses agents avaient battu, affamé, humilié et soumis à des simulations de noyade, des prisonniers qu'elle soupçonnait de détenir des informations sur des projets terroristes aux États-Unis. Ces détenus étaient regroupés dans des prisons secrètes, communément appelées « sites noirs », situées en dehors du territoire américain.

À l'été 2002, la CIA s'était tournée vers le département de la Justice pour déterminer jusqu'où elle pouvait légalement aller pour pratiquer des interrogatoires sur des personnes suspectées de terrorisme.

En juin 2004, deux mois après la parution dans la presse des photos de la prison d'Abou Ghraib, Jack Goldsmith est venu me trouver. Il avait fait certaines découvertes à propos de ce programme d'interrogatoires. Déjà, six mois plus tôt, ayant noté de sérieux dysfonctionnements, il avait averti les agences de renseignement que l'avis émis en 2002 par le Bureau du Conseil juridique lui paraissait douteux.

Le dossier *Stellar Wind* étant à présent réglé, il avait complété son analyse et il s'était rendu compte que les orientations prescrites par le département de la Justice étaient invalides. Le problème était de même nature que dans l'affaire *Stellar Wind*. Jack Goldsmith s'était aperçu que les précédents mémos juridiques comportaient de graves erreurs. Et comme dans le dossier *Stellar Wind*, il venait de s'apercevoir que l'agence outrepassait le cadre légal, pourtant déjà douteux, en pratiquant certaines techniques d'interrogatoires qui n'avaient jamais été autorisées.

Ce nouveau scandale a éclaté, peu de temps après la parution des photos de la prison d'Abou Ghraib, lorsque un document classé secret défense – une sorte de manuel de la torture – qui avait « fuité » du département de la Justice, est paru dans la presse. De nouveau, deux camps allaient se former au sein de l'administration Bush : d'un côté les tenants d'un agenda politique secret, de l'autre, les défenseurs de l'État de droit.

*

En 1994, le Congrès avait choisi de donner, en droit, une définition de la « torture » totalement différente de l'image qu'on s'en fait tous habituellement. En ratifiant la Convention contre la Torture de l'ONU, le Congrès la définissait de façon restrictive dans le Code pénal américain, comme « la volonté intentionnelle d'infliger à une personne une souffrance ou des douleurs aiguës, physiques ou mentales ». Pour la plupart d'entre nous, la torture va bien au-delà de cette simple qualification de « souffrance » ou de « douleurs aiguës ». Et nous sommes nombreux à penser que confiner quelqu'un dans le noir, dans une caisse aussi exiguë qu'un cercueil, ou que l'enchaîner, nu, à un plafond, tout en le privant de sommeil, sont des actes de torture. Mais, en vertu de la définition du Congrès (« souffrance ou douleurs aiguës »), un juge ou un avocat avait tout loisir de considérer que ces sévices ne correspondaient pas à la définition légale de la torture en droit américain.

En 2002, après les attaques du 11 Septembre, la CIA avait mis sur pied un programme coercitif de techniques d'interrogatoires « renforcées » afin de contraindre les responsables d'Al-Qaida qu'elle venait d'arrêter à dénoncer des complots terroristes et d'éventuels complices, espérant ainsi sauver des vies innocentes. Les responsables de l'agence avaient demandé au Bureau du Conseil juridique si les méthodes qu'ils préconisaient – le confinement, la privation de sommeil, et les simulations de noyade ou « *waterboarding* » – violaient la loi contre la torture. En clair, ils n'avaient pas demandé aux juristes du département de la Justice si les pratiques qu'ils envisageaient étaient une bonne idée. Ils voulaient juste connaître les contours de la loi.

Comme dans le dossier *Stellar Wind*, le département de la Justice avait dû répondre à l'urgence. Nous étions dans une période où le gouvernement américain redoutait d'autres attaques terroristes type 11 Septembre.

La direction de la CIA avait assuré les juristes du département de la Justice et l'administration Bush que les techniques d'interrogatoires renforcées sur les responsables d'Al-Qaida, déjà capturés, étaient non seulement efficaces, mais qu'elles permettraient de sauver des vies innocentes. Face à cette pression, un juriste du département de la Justice – celui-là même qui avait déjà rédigé l'avis erroné validant le *Stellar Wind* – avait, pratiquement seul, émis un mémo juridique qui interprétait la loi sur la torture de manière très large.

Dans un deuxième mémo, il avait également validé la légalité des méthodes d'interrogatoires que la CIA envisageait de pratiquer sur Abou Zoubaydah, l'un des premiers terroristes qu'elle avait capturés. L'agence avait ainsi reçu la permission de le gifler, de le priver de sommeil, et même de lui infliger des simulations de noyade. À la fin de l'année 2003, lorsque Jack Goldsmith avait pris la tête du Bureau du Conseil juridique, et que j'étais devenu adjoint du ministre de la Justice, la CIA se reposait déjà sur cet avis juridique pour interroger de façon musclée les suspects répartis sur ses différents « sites noirs ».

Je n'étais pas pressé de revivre une guerre de tranchée contre le clan puissant qui sévissait à la Maison-Blanche.

La bataille autour du programme de cybersurveillance avait été une période difficile à vivre, pour moi et ma famille. J'avais pensé perdre mon travail. Entre le crédit hypothécaire à taux variable avec différé d'amortissement que nous avions pris sur notre maison, et nos cinq enfants qui n'allaient pas tarder à entrer à l'université, nous n'étions pas très à l'aise financièrement. En tant que procureur général adjoint et numéro deux du département de la Justice – et plus tard patron du FBI – je ne gagnais pas plus qu'un avocat débutant dans un cabinet new-yorkais. Bien sûr, beaucoup de couples parviennent à élever des enfants avec un tel revenu. Nous n'avions simplement pas suffisamment anticipé l'avenir.

Mais j'ai donné raison à Jack Goldsmith : l'avis sur la torture rédigé par le Bureau du Conseil juridique n'était pas valable.

Je me suis alors entretenu en privé avec le ministre John Ashcroft, à qui j'ai expliqué pourquoi, selon moi, il fallait que le département de la Justice prenne le risque de retirer la précédente recommandation qui entérinait ces interrogatoires. John Ashcroft a partagé mon point de vue.

Nous étions conscients tous les deux que notre décision revenait à montrer du doigt les employés de la CIA qui avaient commis des actes répréhensibles en se conformant à un avis juridique qu'on décidait à présent de retirer. Mais les agents qui interrogeaient les suspects n'étaient pas des juristes ; ils étaient fondés à s'appuyer sur un mémo du Bureau du Conseil juridique du gouvernement. Cependant, le département de la Justice les avait mal conseillés, et la situation ne pouvait plus durer. Il fallait rédiger un nouveau mémo officiel, juridiquement solide et illustré par des faits.

Même s'il n'était pas de notre ressort d'évaluer si ce programme pouvait servir les intérêts des États-Unis, Jack Goldsmith et moi-même connaissions un peu la question. En effet, nous savions comment le FBI menait ses interrogatoires. Contrairement à la CIA, cela faisait longtemps que le Bureau avait conclu que les méthodes musclées étaient inefficaces, les informations obtenues se révélant largement inutiles ou alors peu fiables. Depuis des décennies, le FBI préférait jouer le rapport de confiance, en essayant de nouer un lien avec les suspects qu'il détenait. À maintes reprises, il avait réussi à sauver des vies et à recueillir d'excellents renseignements qui lui avaient permis d'arrêter des terroristes, des gangsters et des tueurs en série. Du coup, nous doutions de la prétendue efficacité des interrogatoires brutaux de la CIA. Pour moi, il était clair que cette idée venait des Faucons – les conseillers purs et durs de la présidence qui avaient vu trop de films, mais qui n'avaient jamais mis les mains dans le cambouis.

La direction de la CIA, et les hauts responsables de l'administration qui les soutenaient, à l'image du vice-président

Dick Cheney, voyaient les choses de manière diamétralement opposée. En réalité, ils tombaient dans le piège de ce qu'on appelle le biais de confirmation, ou pensée sélective. Cette tendance naturelle et déconcertante pousse notre cerveau à rechercher en priorité les informations qui confirment nos opinions. Nous traquons et privilégions les faits et les hypothèses qui confortent nos convictions. Le problème, c'est que ce genre de raisonnement nous enferme dans les préjugés et les idées reçues. Dans le monde compliqué, en mutation et globalisé, dans lequel nous évoluons, la pensée sélective nous rend difficiles à gérer. Car nous sommes incapables de changer d'avis.

Mais dans le cas qui nous occupe, le problème n'était pas que cognitif. Le président, le vice-président, et leur entourage, étaient les victimes de la culture politique actuelle qui déteste l'incertitude, et qui considère le doute comme une faiblesse. Nos dirigeants se croient toujours obligés d'avoir des convictions, et cette contrainte renforce leur tendance naturelle à la pensée sélective.

Dans le monde de tous les jours, douter n'est pas une faiblesse, c'est plutôt une sagesse, car il n'y a rien de plus dangereux que ceux qui pensent que leur cause est juste et qu'ils ont forcément raison. Je ne parle pas des gens qui prennent des décisions au pif ou qui tremblent à l'idée de trancher. Il faut savoir faire des choix, souvent dans l'urgence, même s'ils sont difficiles. Et c'est toujours les décisions les plus compliquées à prendre qui semblent les plus pressées.

Mais il faut néanmoins finir par décider tout en sachant qu'on peut se tromper. C'est cette humilité qui permet à nos gouvernants de rester ouverts jusqu'à la dernière minute.

En toute justice – et là, en l'occurrence, je pense au président et au vice-président –, il faut reconnaître que la société actuelle complique sérieusement la tâche de nos responsables politiques, particulièrement ceux du gouvernement, même quand ils ont assez de confiance en eux pour rester humbles. Admettre ses doutes ou ses erreurs équivaut à un suicide professionnel. Après tout, c'est notre faute à tous, n'est-ce pas ? Nous voulons des dirigeants sûrs d'eux, solides. Imaginez soutenir un homme politique qui, à la fin de son mandat, viendrait nous avouer que, malgré lui, il a commis beaucoup d'erreurs, qu'il prie pour n'avoir blessé personne, et qu'il espère qu'on lui pardonnera et qu'on oubliera son incompétence. Ce gringalet serait obligé de quitter la ville avec du goudron et des plumes. Pourtant, ce sont exactement les mots qu'a prononcés le premier Président américain, George Washington, lors de son discours d'adieu en 1796 :

> « *Bien qu'en repassant les actes de mon administration, je n'ai connaissance d'aucune faute d'intention, j'ai un sentiment trop profond de mes défauts pour ne pas penser que probablement j'ai commis beaucoup de fautes. Quelles qu'elles soient, je supplie avec ferveur le Tout-Puissant d'écarter ou de dissiper les maux qu'elles pourraient entraîner. J'emporterai aussi avec moi l'espoir que mon pays ne cessera jamais de les considérer avec indulgence et qu'après quarante-cinq années de ma vie dévouées à son service avec zèle et droiture, les torts d'un mérite insuffisant tomberont dans l'oubli comme je tomberai bientôt moi-même dans la demeure du repos*[1]. »

Dick Cheney, David Addington et d'autres membres de l'administration Bush avaient décidé que les techniques

1. Message d'adieu de George Washington. « De la littérature et des hommes de lettres des États-Unis d'Amérique », Eugène A. Vail, Paris, Librairie de Charles Gosselin, 1841. (*N. d. T.*)

d'interrogatoires « renforcées » – des actes correspondant à de la torture pour toute personne normalement constituée – étaient efficaces. Ils n'étaient tout simplement pas capables d'admettre que les preuves qui contredisaient leur opinion étaient valables. C'était sans doute de l'orgueil. Du coup, tous ceux qui s'opposaient à ces méthodes – des juristes comme moi – menaçaient sans raison la vie d'innocents.

Bien sûr, j'ai parfaitement compris pourquoi des hommes comme Dick Cheney ont été exaspérés lorsque le département de la Justice a modifié son avis juridique. Mais ceux qui portaient la responsabilité du premier mémo de 2002 étaient les décideurs politiques eux-mêmes – Dick Cheney entre autres. Tous ces dirigeants puissants qui étaient convaincus de leur action, et qui avaient exigé des réponses rapides d'un minuscule groupe de juristes. C'était à eux qu'on devait les difficultés que nous étions désormais condamnés à gérer au jour le jour.

De mon point de vue, l'affaire était simple. Le département de la Justice des États-Unis avait commis de graves erreurs juridiques en conseillant le Président et son administration en matière de surveillance et d'interrogatoires. Si l'institution voulait continuer à être utile au peuple américain et à ses présidents – y compris au Président Bush –, elle devait tout bonnement les corriger. Si nous renoncions, par peur d'affronter la colère de certains, nous montrerions à tous que le département de la Justice était devenu l'outil d'un clan partisan, tout juste bon à défendre les intérêts de son camp.

Il va de soi que les responsables du département de la Justice sont nommés par le Président, sur conseil et approbation du Sénat. Le Département dispose d'importants pouvoirs discrétionnaires en matière politique – c'est lui qui veille à l'exécution des lois d'intérêt public, au respect du système concurrentiel de la libre entreprise – et il doit assumer ses choix au nom du peuple, qui s'est exprimé lui-même en élisant le Président. Mais les tensions sont inévitables lorsque des hommes politiques occupent des postes de responsabilité au sein du département de la Justice, car l'institution doit se montrer impartiale.

La Constitution et l'État de droit ne sont pas au service de la politique partisane. Dame Justice porte un bandeau sur les yeux. Elle n'est pas censée le soulever pour voir comment le gouvernement souhaite la voir juger une affaire.

J'ai visité, sur la côte de Caroline du Nord, l'endroit où deux îles-barrières des Outer Banks s'approchent particulièrement l'une de l'autre. Dans l'étroit passage qui les sépare, les eaux de l'Atlantique rencontrent l'immense bras de mer du détroit qui s'étend au large de ces îles. Bien que la terre ne soit pas visible, il y a d'énormes vagues et beaucoup de remous. C'est là qu'à mon sens doivent se tenir les responsables du département de la Justice : entre les eaux turbulentes du monde politique, et les eaux placides du détroit apolitique. Leur travail est de répondre aux exigences politiques du président et des citoyens qui l'ont élu, tout en permettant aux milliers d'agents, de procureurs et d'employés qui composent l'institution d'accomplir sereinement leur mission.

S'ils trébuchent, l'océan submergera le détroit, et le Département ne deviendra qu'un organe politique de plus. Il aura perdu son indépendance, et ses sentinelles se noieront.

Un soir du printemps 2004, alors que j'étais à la maison, Patrice s'est tournée vers moi. Elle avait, de toute évidence, compris que je traversais un nouveau conflit exténuant.

Elle avait vu tous les reportages sur les traitements infligés aux prisonniers.

Elle m'a déclaré très naturellement :

— La torture, c'est affreux. Ne deviens pas un tortionnaire.

— Quoi ? ai-je protesté. Tu sais bien que je ne peux pas en parler.

— Je n'ai pas l'intention d'en parler, m'a-t-elle rétorqué. Je te demande juste de ne pas devenir un tortionnaire.

Durant l'année qui a suivi, elle n'a pas cessé cette mise en garde.

La perspective d'être « un tortionnaire » m'a valu quelques nuits sans sommeil. Je n'arrivais pas à chasser de mon esprit les images d'hommes nus, enchaînés au plafond durant des heures dans une cellule glaciale et illuminée, déféquant dans leurs couches, des hommes qu'on ne libérait de leurs liens que le temps de leur infliger d'autres sévices, de les menacer de noyade avant de les attacher à nouveau.

En juin 2004, avec mon soutien, Jack Goldsmith a retiré officiellement les avis juridiques du département de la Justice, qui avaient validé les techniques d'interrogatoires « renforcées » de 2002 et 2003. Comme on pouvait s'y attendre, David Addington n'a pas caché sa fureur. Lors d'une réunion à laquelle je participais, il a sorti une fiche cartonnée qui listait, selon lui, tous les mémos confidentiels que le département de la Justice avait rédigés depuis le 11 Septembre. « Lesquels avez-vous l'intention de conserver ? » a-t-il demandé d'un ton sarcastique à Jack Goldsmith. J'ai rappelé à Jack que la colère de David Addington était toujours un bon indicateur pour savoir si l'on était sur la bonne voie. Je ne crois pas que ma phrase l'ait consolé. Ni que cette pensée ait rassuré mon collaborateur Patrick Philbin.

David Addington s'est entretenu en privé avec Patrick Philbin. Suite à l'interruption du programme *Stellar Wind* et aux recommandations juridiques concernant la torture, il était convaincu que Patrick avait violé son serment d'allégeance de soutenir et de faire respecter la Constitution des États-Unis. « Je vous suggère de démissionner, lui a-t-il déclaré, et je veillerai personnellement à ce que vous ne retrouviez plus jamais de poste au gouvernement. »

Jack Goldsmith, lui, avait déjà pris une décision. Au bout de neuf mois passés à la tête du Bureau du Conseil juridique, il avait perdu son enthousiasme et sa mine enjouée. Les violentes batailles qu'il avait livrées sur le programme de cybersurveillance et sur les méthodes d'interrogatoires l'avaient écœuré. À peine avait-il retiré l'avis sur la torture qu'il annonçait sa démission. Il retournait enseigner à l'université. Ce serait donc à Daniel Levin, le nouveau directeur du Bureau du Conseil juridique, qu'allait revenir la tâche de remanier la recommandation juridique. Dan Levin, qui, en dépit d'une apparence sévère, était doté d'un grand sens de l'humour, était lui aussi un juriste talentueux et consciencieux. Il n'y avait rien d'angélique chez lui. Dans les couloirs du FBI où il avait occupé le poste de chef de cabinet de Robert Mueller, on le surnommait « l'entrepreneur des pompes funèbres ». Daniel Levin s'est aussitôt attelé à la tâche. Retravailler l'orientation juridique concernant les « interrogatoires renforcés » représentait un travail de titan. J'ai appris plus tard que Daniel Levin s'y était plongé quasiment littéralement puisqu'il avait testé lui-même une séance de « *waterboarding* ». L'expérience la plus terrible de sa vie, selon ses propres termes.

À la fin décembre 2004, Daniel Levin et le Bureau du Conseil juridique avaient enfin achevé la rédaction du mémo. C'était un travail d'une formidable érudition

– soigné, sérieux, qui s'appuyait étroitement sur le fonctionnement actuel du programme tel que décrit par la CIA. Il apportait un nouvel élément important, qui a été pourtant sous-estimé par une grande partie des gens qui ont pris le soin de lire cette recommandation dans son intégralité. Daniel Levin concluait qu'il fallait différencier le fait d'infliger intentionnellement une souffrance *mentale* aiguë des actes interdits par la loi contre la torture.

Ce point était crucial. Les premiers mémos du département de la Justice en 2002 s'étaient surtout portés sur la définition de la douleur *physique* aiguë. Brusquement, il nous apparaissait évident (à Daniel Levin et à moi tout du moins) que les diverses techniques pratiquées au cours des interrogatoires pourraient vite, en se cumulant, s'apparenter à des actes illégaux, parce que la souffrance mentale offrait un champ non restrictif. Repousser violemment contre un mur un homme nu, gelé, privé de sommeil et sous-alimenté, le gifler, lui infliger des positions pénibles, ou une simulation de noyade avant de le confiner dans un espace exigu étaient de nature à provoquer une souffrance mentale aiguë, surtout si les agents de la CIA multipliaient ces gestes.

Afin de suivre la recommandation générale émise par Daniel Levin, il fallait rédiger deux mémos supplémentaires. Étudier d'abord individuellement chacune des méthodes de la CIA en fonction des critères qu'avait définis Dan Levin. Ce point ne poserait pas de gros problèmes, car une seule méthode, isolée, avait peu de risques de provoquer une douleur physique aiguë ou une souffrance mentale aiguë.

Le deuxième mémo allait mettre le feu aux poudres, car la CIA et la Maison-Blanche demandaient à ce que les critères définis par Daniel Levin ne s'appliquent qu'aux

« effets conjugués » de toutes les techniques d'interrogatoires. Cela leur paraissait nécessaire, puisque aucun suspect n'était interrogé qu'au moyen d'une seule technique. Sur les « sites noirs », on pratiquait toutes sortes de violences contre les détenus. En s'additionnant, ces méthodes pourraient très vite causer une souffrance mentale aiguë, et du coup elles en deviendraient illégales. Si on demandait à la Justice d'évaluer ces « effets combinés », il deviendrait très difficile de maintenir ce programme.

Daniel Levin a passé de longues heures à enquêter sur les méthodes « renforcées » qui avaient cours sur les « sites noirs ». En 2002, afin d'obtenir un avis favorable du département de la Justice, la CIA avait expliqué que ces interrogatoires étaient très réglementés, et conduits dans un environnement clinique, presque chirurgical. En 2004, Daniel Levin a remué ciel et terre afin de répertorier un à un tous les sévices pratiqués par les agents de la CIA. Malheureusement, sa tâche revenait à punaiser de la gelée sur un mur. Malgré quelques avancées, le résultat restait précaire.

Je n'ai jamais posé la question à Daniel Levin, mais je le soupçonne d'avoir espéré, comme moi, que la totalité du programme de techniques d'interrogatoires « renforcées » de la CIA finisse par s'écrouler sous le nombre des prérequis.

Mais ce n'était pas ce qu'on nous demandait, bien sûr. On attendait simplement des juristes du département de la Justice qu'ils fournissent des recommandations juridiques basées sur les déclarations factuelles de la CIA. Et même si nos consciences nous criaient qu'on était face à une infamie, justifiée par une prétendue efficacité du programme, nous devions nous taire.

Mais j'ai entendu cette petite voix à plusieurs reprises dans ma tête :

— Ne deviens pas un tortionnaire, me disait-elle.

*

Après la réélection de George Bush en 2004, John Ashcroft a présenté sa lettre de démission au Président Bush, comme tous les autres directeurs de cabinet.

En effet, la tradition autorise le Président à renouveler son administration lors d'un nouveau mandat. Mais beaucoup espéraient que les ministres qui avaient obtenu de bons résultats seraient reconduits. À la grande surprise de John Ashcroft, le Président a accepté sa démission. Pour ajouter à l'humiliation, il n'en a été informé que quelques heures avant que George Bush n'annonce officiellement le nom de son successeur.

La personne pressentie pour le remplacer a fait l'effet d'une gifle au département de la Justice. Le 10 novembre 2004, le Président Bush a effectivement annoncé qu'il avait choisi Alberto Gonzales comme nouveau ministre de la Justice. J'allais travailler sous les ordres d'un homme qui avait activement combattu ce que je considérais comme la première responsabilité du Département : appliquer les textes de loi tels qu'ils étaient écrits, et non les déformer pour plaire à l'administration. Un homme qui préférait satisfaire son supérieur plutôt qu'établir la vérité. J'ignore pourquoi George Bush a choisi Alberto Gonzales, mais je pense qu'il commettait la même faute politique que quelques-uns de ses prédécesseurs. Une faute contre laquelle je tenterai de mettre en garde Donald Trump, des années plus tard. Les « problèmes » venant souvent du département de la Justice, certains Présidents pensent tirer avantage d'une proximité avec le ministre. Mais la plupart du temps, cela ne fait qu'empirer les choses.

Ce même jour, dans la soirée, je fêtais l'anniversaire de Patrice à la maison, quand mon téléphone a sonné. À ma grande surprise, c'était Alberto Gonzales qui m'appelait pour me dire qu'il était vraiment impatient de travailler avec moi et qu'il espérait que je resterais au Département pour le soutenir. Je l'ai félicité pour sa nomination et je lui ai répondu que moi aussi j'étais impatient de travailler avec lui. L'assurer de mon entière collaboration me semblait judicieux, et finalement je n'avais rien contre lui personnellement, en dépit des difficultés que nous avions traversées ensemble. Puisqu'il allait devenir le nouveau ministre de la Justice, je voulais l'aider à réussir. Ce n'était pas sa méchanceté qui m'inquiétait, mais sa faiblesse. Je savais qu'il risquait d'être un jouet entre les mains de David Addington et de Dick Cheney, car ils partageaient tous les trois l'idée que la guerre contre le terrorisme justifiait de contourner, voire d'enfreindre la loi.

J'ai appris plus tard que c'était le Président Bush qui lui avait suggéré ce coup de fil lorsqu'il l'avait joint au téléphone, peu après l'annonce officielle de sa nomination. Je ne m'en rendais pas vraiment compte à l'époque, mais après la scène dont j'avais été témoin – et dont je n'avais rien divulgué – dans la chambre d'hôpital de John Ashcroft, j'étais considéré comme une bombe à retardement par l'administration Bush. Pour éviter l'explosion, ils me maniaient avec précaution, mais il était évident que devenir l'adjoint d'Alberto Gonzales n'était pas une situation idéale pour moi. Au printemps 2005, j'ai donc annoncé que je quitterai mon poste au mois d'août. « Notre nouveau ministre a besoin de son propre adjoint », ai-je expliqué. J'étais fatigué, et déçu par la nomination d'Alberto Gonzales. Sans le soutien de John Ashcroft, je n'avais ni le courage, ni l'envie d'affronter les batailles perdues d'avance qui nous attendaient au sein de cette administration. Plus important encore, ma situation financière ne s'était pas améliorée, et notre aîné s'apprêtait à entrer à l'université. Il était temps pour moi de partir. J'ai envoyé ma lettre de démission au président, en la datant d'août 2005 afin de permettre une bonne transition.

J'étais encore au département de la Justice quand le vice-président Dick Cheney a commencé à faire pression sur Alberto Gonzales pour qu'il produise les deux mémos dont il avait besoin concernant les méthodes d'interrogatoires. Le Département venait également d'engager Stephen Bradbury, un avocat affable et brillant, comme directeur intérimaire du Bureau du Conseil juridique. Bien que n'ayant aucune expérience dans le domaine de la Sécurité nationale, Steve espérait être confirmé officiellement à ce poste par le Sénat. Évidemment, le clan Cheney en a profité pour le forcer à rédiger les deux recommandations dans le sens qui l'arrangeait.

À ma grande déception – et à celle de Patrick Philbin –, ses mémos offraient une portée trop générale, ils n'étaient reliés à aucun exemple concret, et ils nous paraissaient totalement irresponsables.

Nous avions pourtant suggéré à Stephen Bradbury de partir d'un cas précis et récent. Nous avions connaissance d'un terroriste en particulier qui avait été longuement interrogé par la CIA, et nous avions conseillé à Steve Bradbury de décrire précisément ce qu'il avait enduré, puis de rédiger son mémo en regardant si le cumul des différentes méthodes d'interrogatoires qu'il avait subies dépassait le seuil légal. C'était la seule manière d'émettre une recommandation juridique sérieuse.

Il se trouvait que l'homme en question, au vu des techniques d'interrogatoires mises en place, n'avait pas été soumis, selon nous, à une douleur ou à une souffrance aiguë, telles que la loi les avait définies. Évidemment, toute personne sensée aurait affirmé qu'il avait bel et bien été torturé.

Même si la recommandation rédigée par Stephen Bradbury avait toutes les chances d'approuver les méthodes infligées à ce prisonnier, le vice-président Dick Cheney n'était pas satisfait. Il voulait que Stephen statue sur la légalité d'un scénario hypothétique – un « interrogatoire "typique" » – et non sur ce que la CIA infligeait réellement à des êtres humains.

J'ai demandé un entretien au ministre de la Justice afin de lui expliquer pourquoi cette recommandation « théorique » me paraissait inconséquente. Dès le premier coup d'œil, je me suis rendu compte à quel point Alberto Gonzales ne ressemblait pas à son prédécesseur John Ashcroft, un homme que je connaissais et que je respectais.

D'un air las, Alberto Gonzales a commencé à se plaindre de la pression qu'il subissait de la part du vice-président. Dick Cheney avait même, prétendait-il, poussé le Président Bush à demander à quelle date il pourrait obtenir ces mémos.

Je lui ai répondu que je comprenais la pression, mais qu'il n'existait pas d'interrogatoire type ou théorique.

Tous mettaient face à face de vrais agents qui brutalisaient de vrais détenus, en les giflant, en les dénudant dans une cellule glacée, en les mettant dans des positions douloureuses, tout ça plusieurs fois par jour, en intervertissant même plusieurs méthodes. Au final, aucune séance d'interrogatoires n'était similaire.

Il était impossible de rédiger un mémo « prévisionnel » sans donner l'impression que la Justice signait un chèque en blanc. « Un jour, quand les gens l'apprendront, l'ai-je prévenu, vous donnerez l'impression d'avoir cédé aux pressions de la Maison-Blanche, et d'avoir commis des actes que nous ne pourrons que regretter. »

Voir son nom traîné dans la boue à la une des journaux est l'une des pires craintes des gens de Washington.

Devant cette perspective, Alfredo Gonzales s'est tu. J'ignore si cette pensée lui avait déjà traversé l'esprit.

— Je suis d'accord avec vous, Jim, m'a-t-il dit.

Puis il m'a demandé d'aider Stephen Bradbury à modifier son approche.

Cependant, mon soulagement a été de courte durée. Le lendemain soir, alors que je discutais avec le directeur de cabinet d'Alberto Gonzales, j'ai appris que les mémos sur les interrogatoires seraient officialisés et envoyés le lendemain. Il ne me restait plus assez de temps pour agir.

J'ai averti le directeur de cabinet que le ministre m'avait annoncé l'inverse, la veille. « Les choses ont changé », m'a-t-il simplement répondu.

Stephen Bradbury a finalisé et signé les mémos tel qu'il avait prévu de les écrire à la demande de la Maison-Blanche.

Une semaine après, celle-ci entamait le processus d'enquête préalable pour le nommer officiellement procureur général adjoint. La bataille légale était terminée.

Étant désormais déchargé du dossier sur la torture, je me suis autorisé une démarche que je n'avais pas encore tentée. J'ai sollicité auprès du ministre la permission de demander au Conseil national de sécurité l'examen général du programme d'interrogatoires de la CIA.

Ce serait plus précisément à ce qu'on appelle le « Comité des adjoints » dont j'étais membre, et qui regroupait tous les numéros deux des autres Départements concernés et des agences de l'administration Bush, de se livrer à cette analyse de fond. En effet, le Comité des adjoints planchait fréquemment sur des questions d'orientations politiques et sur des points complexes avant que leurs supérieurs ne s'en saisissent personnellement.

Je savais que, dans ce cadre, je pourrais plaider ma cause. Nous pourrions délibérer en toute franchise, au niveau interministériel, de ces méthodes d'interrogatoires, et déterminer s'il était légal ou non de les infliger à des êtres humains. Malheureusement, l'occasion ne s'est pas présentée.

À ma grande surprise, j'ai appris peu de temps après que le débat sur les politiques de torture serait mené, non par le Comité des adjoints, mais par celui des *Principals,* (directeurs) qui n'était composé que des plus hauts responsables des agences de la Défense et des Renseignements – le secrétaire à la Défense, le secrétaire d'État, le directeur de la CIA et le ministre de la Justice. Mon équipe en était donc réduite à demander à Alberto Gonzales d'être notre porte-parole lors de cette réunion –, car aucun autre membre du département de la Justice n'était autorisé à l'accompagner. Ça promettait !

À peine m'étais-je installé, en compagnie de Patrick Philbin, dans le bureau d'Alberto Gonzales pour le préparer à cette réunion politique de la Maison-Blanche qui devait se tenir le 31 mai 2005 que j'ai compris que les jeux étaient faits. En effet, en guise de préambule, le ministre nous a appris que Condoleezza Rice, qui occupait le poste de conseillère à la Sécurité nationale au moment où le programme d'interrogatoires avait été mis en place, et qui remplaçait à présent Colin Powell au secrétariat d'État,

« n'avait pas envie de discuter des détails ». Puis il a ajouté : Condoleezza Rice pense que « puisque la justice affirme que c'est légal et que la CIA affirme que c'est efficace, alors ça s'arrête là. Inutile d'avoir une discussion prolongée sur la question ».

Sachant que je n'aurais jamais l'occasion de plaider notre cause auprès du Conseil de Sécurité nationale, j'ai tenté de remuer Alberto Gonzales afin qu'il le fasse au nom du Département. Patrick et moi considérions que ce n'était pas parce qu'une chose était réputée légale – selon un mémo que nous désapprouvions – et prétendument efficace qu'elle était pertinente.

J'ai rappelé une nouvelle fois à Alberto Gonzales, en espérant qu'il le répéterait aux autres membres du cabinet, que lorsque l'opinion publique découvrirait ces méthodes contestées – je savais qu'il existait un enregistrement d'un de ces interrogatoires de la CIA – cela jetterait le discrédit sur le Président et sur les États-Unis.

Puis j'ai brandi devant Alberto Gonzales une fiche cartonnée de couleur blanche sur laquelle j'avais listé tous les traitements que la CIA avait le droit d'infliger à des êtres humains en vertu des mémos émis par le département de la Justice qu'il dirigeait. Je la lui ai lue, dessinant sous ses yeux l'image d'un homme, nu, debout dans une cellule glaciale, enchaîné au plafond par les mains, déféquant et urinant dans ses couches, assourdi par du heavy metal, et soumis pendant des heures à une lumière aveuglante. Quand, enfin, on lui enlevait ses chaînes, on le giflait au visage et à l'abdomen, on le plaquait contre un mur, on l'arrosait à l'eau glacée, et bien qu'il soit sous-alimenté, on lui infligeait toute une série de positions douloureuses, debout ou accroupi, pour forcer la fatigue musculaire. Puis, quand il était incapable de bouger, on l'enfermait dans un cercueil pendant des heures avant de le réenchaîner au plafond. Dans certains cas particuliers, il avait droit à une simulation de noyade.

— Voilà à quoi ça ressemble, ai-je déclaré à Alberto Gonzales en brandissant ma fiche. Chaque détail compte. Assurez-vous que tous les directeurs du Conseil de Sécurité nationale les aient bien en tête avant de décider de la future politique d'interrogatoires de notre pays.

Alberto Gonzales est resté silencieux un long moment, comme à son habitude. Puis il m'a remercié d'avoir apporté ce document et m'a demandé s'il pouvait le garder pour sa réunion.

Je le lui ai donné, en priant d'avoir réussi à apporter ma contribution.

Après la réunion du Comité des directeurs, je n'ai d'abord eu aucune nouvelle. Puis plus tard, dans l'après-midi, alors que j'assistais au Département à une réunion sur la politique pénale, le ministre m'a déclaré spontanément devant les autres responsables du Département que la réunion à la Maison-Blanche s'était bien déroulée, qu'il avait transmis mes demandes, mais que tous les directeurs défendaient totalement et dans le moindre détail la politique actuelle d'interrogatoires.

Il n'y a eu aucune modification du programme. Les techniques d'interrogatoires « renforcées » de la CIA allaient se poursuivre.

Des êtres humains détenus par le gouvernement des États-Unis continueraient à subir toutes sortes de sévices. Je n'ai jamais récupéré ma fiche. J'ai quitté le gouvernement deux mois plus tard. Je n'y suis jamais revenu.

8

DANS L'OMBRE DE HOOVER

> « La qualité suprême d'un dirigeant est sans conteste l'intégrité. Sans elle, aucun véritable succès n'est possible, que ce soit sur le territoire des gangs, sur un terrain de football, dans une armée ou au bureau. »
>
> Dwight D. Eisenhower

En ce premier jour de l'été 2013, je me trouvais à nouveau dans un lieu où je n'aurais jamais pensé remettre les pieds.

En effet, en cette belle journée ensoleillée, j'étais dans le Bureau ovale, en compagnie du Président Barack Obama et de Bob Mueller. Le Président était sur le point d'annoncer ma nomination au poste de directeur du FBI en remplacement de Bob Mueller. Nous nous apprêtions à franchir la porte-fenêtre pour rejoindre la Roseraie où le pool de journalistes accrédités à la Maison-Blanche était déjà rassemblé.

Alors que nous allions nous avancer vers les caméras, le Président nous a fait signe de nous arrêter. Le visage grave, Barack Obama s'est tourné vers moi :

— Jim, il y a une chose dont j'ai oublié de vous parler.

Voyant ma mine décontenancée, le Président a indiqué Robert Mueller d'un signe de tête.

— Bob a pris, il y a longtemps, un engagement envers moi. Il faut que vous l'honoriez.

De quoi parlait-il ? Barack Obama m'avait assuré que je disposerai d'une parfaite indépendance. Se pouvait-il qu'il me demande à présent certaines garanties ?

Le Président s'est tu une seconde pour marquer la solennité de l'instant. Puis il a repris :

— Bob m'a toujours autorisé à utiliser le gymnase du FBI pour jouer au basket. J'aimerais que vous me promettiez que ce sera toujours le cas.

J'ai éclaté de rire.

— Bien sûr, monsieur le Président. Après tout, c'est un peu votre gymnase.

Même si j'appréciais un bon match de basket, je savais que je n'accompagnerai jamais Barack Obama dans le gymnase du FBI. J'aimais aussi le golf, mais jamais nous n'y jouerions ensemble.

Les directeurs du FBI ne peuvent pas se lier ainsi avec les présidents. Tout le monde comprend pourquoi. Du moins, je le croyais.

Après avoir quitté le département de la Justice de George Bush en août 2005, j'avais travaillé dans le secteur privé. Avec mes cinq enfants qui s'apprêtaient à entrer à l'université, à tour de rôle tous les deux ans, et un salaire de haut fonctionnaire durant quinze années, je n'avais pas réussi à faire des économies. Il était temps de mettre de l'argent de côté.

Pendant cinq ans, j'ai occupé le poste d'avocat général chez Lockheed Martin, l'entreprise de défense et de sécurité, puis j'ai rejoint durant trois ans le fonds d'investissement

Bridgewater Associates. Au début 2013, j'ai quitté Bridgewater, et j'ai donné des cours de Sécurité nationale à la *Law School* de l'Université Columbia. Enseigner m'avait toujours paru très enrichissant.

Mais un beau jour de mars 2013, j'ai reçu un coup de téléphone inattendu du ministre de la Justice Eric Holder qui me proposait de postuler au poste de directeur du FBI. « Je ne vous garantis pas la place, m'a-t-il dit, mais je ne vous aurais pas appelé personnellement si votre candidature n'était pas sérieusement envisagée. »

Cette proposition m'a beaucoup étonné. Peut-être m'étais-je trop habitué à la loyauté clanique qui régit la vie politique américaine à Washington D.C, mais j'avais du mal à croire qu'un Président démocrate puisse confier des fonctions aussi importantes à un homme qui avait travaillé pour son prédécesseur républicain.

L'idée ne me séduisait pas. J'avais peur que ma famille ait du mal à le supporter. Je n'ai pas expliqué tout cela dans le détail à Eric Holder, mais Patrice suivait un troisième cycle à l'université et travaillait comme consultante dans un centre médical psychiatrique de Bridgeport ; l'un de nos enfants était en terminale ; et nous étions famille d'accueil, ce qui impliquait encore des obligations envers les jeunes que nous avions hébergés à la maison.

Eric Holder m'a demandé de prendre le temps de la réflexion. « La nuit porte conseil, lui ai-je répondu, mais il y a de grandes chances que je refuse. »

Quand je me suis réveillé le lendemain matin, Patrice n'était plus dans la chambre. Je l'ai trouvée dans la cuisine devant son ordinateur portable. Elle regardait les maisons à vendre dans les environs de Washington DC.

— Que fais-tu ? lui ai-je demandé.

— Je te connais depuis que tu as dix-neuf ans. C'est un boulot pour toi, c'est ce que tu aimes. Alors vas-y. Et fais de ton mieux.

Elle a marqué une pause et a repris :

— De toute façon, ils ne te choisiront pas.

Elle aimait bien le Président Obama pour lequel elle avait voté, mais elle pensait qu'il ne s'agissait que d'une manœuvre politique. « Ce qui lui importait, me confessera-t-elle plus tard, c'était de ne pas me voir broyer du noir, pendant des années, en regrettant ma décision. » Comme moi, elle doutait que l'administration Obama puisse nommer au poste de directeur du FBI un homme qui avait travaillé pour George Bush.

Après quelques entretiens préliminaires avec l'équipe du Président, j'ai rencontré Barack Obama dans le Bureau ovale. Il était assis à la place préférée du Président Bush – dans un fauteuil, dos à la cheminée, à côté de la grande horloge. Je me suis installé à sa gauche sur le canapé, au plus près de lui. Sa conseillère à la Maison-Blanche, Kathryn Ruemmler, qui nous avait rejoints, a pris place en face de moi.

Lorsque j'ai fait la connaissance de Barack Obama, j'ai été frappé d'emblée par sa capacité de concentration et par son extrême minceur. Pendant que j'attendais dans le couloir avec Kathryn Ruemmler avant le début de notre rendez-vous, je l'avais aperçu, debout, près de son bureau, en pleine conversation téléphonique. Kathryn m'a expliqué qu'il discutait avec le gouverneur de l'Oklahoma de la tornade historique qui venait de dévaster la région, faisant vingt-quatre morts et des centaines de blessés. Barack Obama a raccroché le téléphone et m'a fait signe d'entrer. Nous avons brièvement évoqué cette tragédie avant d'aborder finalement le sujet qui nous préoccupait : le FBI.

La mine presque grave, le Président a commencé par me préciser pourquoi il s'était penché très sérieusement sur le choix du nouveau directeur du FBI.

— D'une certaine façon, sa nomination et celle des juges de la Cour suprême constituent les décisions les plus cruciales et les plus personnelles que doit prendre un Président, parce que cela engage l'avenir, m'a-t-il dit. Vous serez encore là après mon départ.

Il estimait que le mandat de dix ans accordé au directeur du FBI revêtait une grande importance, et il espérait que, si j'acceptais de prendre la tête de l'agence, je pourrais aider un jour un nouveau Président. En ce qui le concernait, m'a-t-il dit, il avait pris, en matière militaire, domaine dans lequel il manquait d'expérience, certaines décisions sous la pression de hauts responsables de la Défense. Sans aller jusqu'à l'avouer, il semblait regretter de n'avoir pas eu auprès de lui à cette époque une personne avisée capable de le conseiller. Il pensait que ce serait une bonne chose que je puisse aider un jour un autre gouvernant, peut-être aussi inexpérimenté que lui, à mûrir sa réflexion avant de prendre un arbitrage dans le domaine de la Sécurité nationale.

Puis nous avons évoqué la difficile équation qui existait entre la nécessité d'enquêter sur des fuites d'informations classées confidentielles et celle de défendre la liberté de la presse. En cette année 2013, on parlait beaucoup dans les médias des mesures que venait de prendre le département de la Justice pour trouver l'origine de certaines fuites, et la presse hurlait à la prétendue « répression de l'administration Obama ». Nous n'avons pas parlé d'une affaire en particulier, mais je lui ai fait part de mon opinion : un dirigeant consciencieux devait parvenir à trouver un équilibre ; s'il était indispensable de pouvoir enquêter sur les informations détenues par des journalistes, il était exagéré de dire que de telles investigations menaçaient la liberté d'informer. Il était possible à la fois de la protéger tout en veillant à la confidentialité des informations classées secret défense.

Ce qui m'a le plus surpris, c'est la vision qu'avait Barack Obama du rôle de directeur du FBI – et sur le moment j'ai compris que Patrice se trompait probablement en imaginant que j'étais en train de perdre mon temps. Barack Obama avait une conception du poste très différente de la mienne et de celle de la plupart de ses amis démocrates.

— Je n'attends pas d'aide du FBI en matière politique, m'a-t-il déclaré, j'ai besoin de compétence et d'indépendance. J'ai besoin de dormir la nuit en sachant que l'institution est bien gérée et que les Américains sont protégés.

Contrairement à ce que j'avais cru, le fait de ne pas faire partie de son camp avait plutôt joué en ma faveur.

Je lui ai répondu que je partageais son opinion. Le FBI devait rester indépendant, et totalement coupé de la vie politique. C'était pour cette raison que le législateur avait accordé un mandat de dix ans à son directeur.

Une fois mon rendez-vous avec le Président Obama terminé, j'ai passé un coup de fil à Patrice. « Tu croyais qu'ils manquaient tous de bon sens, tu t'es trompée », ai-je ironisé.

Conforté par la conversation que j'avais eue avec Barack Obama, j'ai accepté la nomination quand elle me l'a été proposée. Ma famille resterait encore deux ans dans le Connecticut, le temps de solder divers engagements. Quant à moi, j'avais bien l'intention de prendre la tête du FBI dès à présent. Qu'est-ce qui aurait pu m'en empêcher ?

*

À ma grande surprise, peu avant d'annoncer officiellement ma nomination, le Président Obama m'a à nouveau reçu dans le Bureau ovale. Nous avons repris les mêmes places et, comme la dernière fois, la conseillère de la Maison-Blanche est venue nous rejoindre. « Une fois que vous serez devenu directeur du FBI, nous ne pourrons plus converser ainsi », m'a lancé Barack Obama, en guise de préambule.

Ce qu'il voulait dire, c'est que depuis plus de quarante ans, les responsables politiques avaient compris que le Président devait garder ses distances avec le directeur du FBI. En effet, l'agence est souvent amenée à enquêter sur des affaires qui touchent ses plus proches collaborateurs et qui peuvent affecter le cours de son mandat. Pour avoir l'air crédible – et l'être aussi concrètement –, le FBI et son directeur ne pouvaient pas être proches du Président. Ce fut donc la dernière fois que j'ai pu partager une conversation amicale avec Barack Obama. Nous avons discuté et débattu de questions brûlantes qui ne faisaient pas partie du champ de compétences du directeur du FBI – comme l'utilisation de drones dans la traque et l'élimination de terroristes. J'étais très impressionné de voir comment Barack Obama parvenait à examiner et à soupeser les enjeux d'un sujet complexe sous plusieurs angles différents. Je suppose que, de son côté, il voulait me jauger une dernière fois et mesurer ma capacité d'analyse avant d'entériner ma nomination.

En sortant du Bureau ovale, j'ai avoué à Kathryn Ruemmler à quel point j'avais été agréablement surpris par cette discussion passionnante.

— Je n'arrive pas à croire qu'un homme doté d'une telle agilité intellectuelle ait pu être élu président, lui ai-je dit.

Ce serait ma dernière conversation informelle avec Barack Obama.

Depuis 1935, date officielle à laquelle il avait pris le nom de Federal Bureau of Investigation, le FBI n'avait connu que six patrons avant moi. Son premier directeur, le légendaire J. Edgar Hoover, avait dirigé l'organisation pendant près de cinquante ans (y compris l'ancien Bureau of Investigation), et il lui avait donné une identité qui avait durablement façonné le Bureau et ses agents. En effet, durant des décennies, Hoover avait dirigé l'agence d'une main de fer, en semant la crainte parmi le personnel politique. Il ne cachait pas qu'il possédait des « dossiers » sur à peu près tout le monde. Il dînait et buvait avec les présidents et les sénateurs, les laissait utiliser le FBI quand cela l'arrangeait, et les en menaçait quand cela servait ses intérêts.

Au sein de l'agence, le directeur Edgar Hoover était tout-puissant. Grâce à ses méthodes, l'organisation bénéficiait d'une immense célébrité et d'un pouvoir quasi sans limites. Mais, du coup, la plupart des agents et des superviseurs du FBI n'avaient qu'une crainte : se faire remarquer par le *boss*. Dites-lui ce qu'il veut entendre et continuez votre travail… Cette mentalité a été longue à faire disparaître, même des décennies après la mort d'Edgar Hoover.

Avant de prêter serment comme nouveau directeur du FBI en 2013, j'ai passé une semaine en phase d'observation auprès de Bob Mueller. Bob, qui était un ancien marine, avait un tempérament vieille école, et il n'était pas porté sur ce qui s'apparentait pour lui à de la mièvrerie.

Durant les jours éprouvants qui avaient suivi les attaques du 11 Septembre, son épouse l'avait convaincu de s'assurer que son personnel tenait le coup face au stress. À l'aube, le lendemain matin, du moins c'est ce qu'on m'a raconté, il avait téléphoné consciencieusement aux principaux chefs de l'agence – dont les bureaux se trouvaient pourtant au bout du couloir.

— Comment allez-vous ? avait-il demandé à chacun.

— Bien, monsieur, lui avait-on répondu sans conviction.

— Parfait, avait-il conclu avant de raccrocher.

Bob Mueller avait, comme on pouvait s'y attendre, la rigueur nécessaire pour me préparer à lui succéder au poste de directeur. Le premier matin de ma semaine de phase d'observation, il m'avait organisé des rendez-vous avec les responsables des principales divisions du FBI. Je devais les rencontrer un par un, et chacun devait me faire un topo sur les problèmes spécifiques et les perspectives d'évolution au sein de leurs services. « Je te reverrai après chacun de ces entretiens, m'a déclaré Bob Mueller, sans l'ombre d'un sourire, comme ça, je te dirai ce qui se passe vraiment. » Ce commentaire m'a profondément secoué. Le FBI est une institution dédiée à la recherche de la vérité. Pourquoi son directeur avait-il besoin de me préciser « ce qu'il s'y passait vraiment » ?

Bob sous-entendait-il que les hauts gradés du FBI ignoraient réellement la situation au sein de l'agence, ou bien voulait-il me prévenir qu'ils ne seraient pas sincères avec moi, leur nouveau directeur ? La seconde hypothèse était la bonne.

Je me suis aperçu au fil de ma carrière que beaucoup de gens hésitent à dire la vérité, et rien que la vérité, à leurs patrons – et souvent pour des raisons sensées. Il me semblait entendre la voix des vieux vétérans blasés du FBI, par le biais d'un des personnages du film *Les Infiltrés* : « Que gagnes-tu à faire ça ? Tu risques juste de te faire du mal. Les patrons, c'est comme les champignons, tu les maintiens dans le noir et tu les nourris de merde ». J'admirais

Bob Mueller, et j'étais épaté par la façon dont il avait transformé l'organisation à la suite des attentats du 11 Septembre. Il avait réussi à abattre certaines barrières, à sortir le FBI de sa culture historique qui n'était jusque-là centrée que sur une mission de police, et à le faire entrer totalement dans le monde du renseignement.

Bob avait prouvé que c'était une erreur de diviser le FBI en deux entités, l'une menant des enquêtes criminelles, et l'autre gérant l'antiterrorisme. Il avait rendu sa grandeur à l'agence dans ces deux domaines. J'étais bluffé par ce qu'il avait accompli, mais je voulais également y introduire une gouvernance plus ouverte.

J'ai prêté officiellement serment comme septième directeur du FBI le 4 septembre 2013. Après un retard provoqué par un blocage au Congrès sur l'adoption du budget – conflit qui s'était achevé par un *shutdown* (fermeture partielle) du gouvernement fédéral –, une cérémonie publique s'est finalement tenue en octobre au quartier général de l'agence.

Le Président Obama y assistait. Et c'est ce jour-là que j'ai commencé à comprendre d'où venait son charisme.

Patrice et les enfants étaient présents, évidemment. Mes deux filles aînées étaient venues accompagnées de leurs petits amis, et nous avons tous rejoint le Président pour une photo souvenir. Barack Obama, qui se souvenait des informations qu'on lui avait données sur la composition de notre famille au moment des présentations, s'est d'abord laissé photographier, tout sourire, puis il a lancé, en indiquant les deux amis de mes filles :

— Hé, pourquoi on n'en prend pas une autre sans les gars ? Juste au cas où…

C'était une plaisanterie, et elle était exprimée si naturellement que personne ne s'en est offusqué. Mais je peux vous dire qu'il s'agissait en réalité d'un geste attentionné, assez rare de la part d'un responsable politique. Et si la relation ne dure pas avec l'un ou l'autre de ces garçons ? Les Comey risquent de regretter de les avoir sur la photo avec le Président ? Aussi Barack Obama avait-il demandé aux amis de mes filles de s'éloigner un instant (je suis heureux de préciser que l'un de ces deux gars est désormais notre gendre, et que l'autre le sera bientôt).

Cette histoire peut paraître anecdotique, mais ce qui m'a frappé dans cette remarque du président, c'est qu'elle dénotait un sens de l'humour, une clairvoyance, et une capacité à se solidariser avec un auditoire – des qualités que je finirais par apprécier encore davantage chez lui au fil du temps.

Un bon chef possède généralement toutes ces aptitudes. Le sens de l'humour, en particulier, est un excellent indicateur – il en dit long sur l'ego d'une personne.

Quand on veut exercer le pouvoir efficacement, il faut à la fois de l'humilité et de la confiance en soi. Rire avec sincérité exige une certaine assurance, car nous avons tous l'air un peu idiot quand nous rions. Cela nous rend vulnérables, et nous avons souvent peur de nous trouver en état de faiblesse. Rire est aussi une forme de reconnaissance de l'autre. En riant, on lui signifie qu'il s'est montré drôle, on le met en valeur – chose que les gens peu sûrs d'eux ont du mal à faire.

Le Président Bush avait le sens de l'humour, mais il l'exerçait souvent aux dépens des autres. Il s'en moquait d'une façon toujours un peu crispée, qui semblait indiquer chez lui un sentiment d'insécurité. Ses plaisanteries lui servaient à vérifier que ses interlocuteurs avaient bien compris qu'il était leur supérieur. Ce qui était étrange, puisqu'il était Président des États-Unis, et, qu'en règle générale, cela suffisait à dissuader les gens de le contredire.

Le Président Obama savait rire avec les autres, et aussi se moquer de lui-même, un peu comme l'avait fait un jour George Bush lors d'un discours de remise des diplômes · « Toi aussi, tu pourras être président des États-Unis », avait-il lancé à un mauvais élève. Mais contrairement à George Bush, l'humour de Barack Obama ne cherchait jamais à dévaloriser les autres, ce qui, selon moi, prouvait son assurance.

*

Le travail du directeur du FBI est plus large qu'il n'en a l'air vu de l'extérieur, ou dans les films. Au cinéma, on a l'impression qu'il passe son temps à s'occuper d'affaires individuelles et à capturer les méchants. Le directeur est le P-DG d'une organisation extrêmement complexe. Très tôt le matin, mes agents de sécurité venaient me chercher en voiture à la maison pour me conduire au bureau. Lorsque j'étais procureur général adjoint dans l'administration Bush, ma protection était assurée par des membres de l'US Marshals ; mais je disposais à présent d'une équipe plus nombreuse et plus vigilante, constituée d'agents spéciaux du FBI, particulièrement entraînés pour faire face aux menaces qui pèsent généralement sur le directeur du FBI.

Comme autrefois les US Marshals qui m'escortaient lorsque j'étais au département de la Justice, je considérais les agents du FBI qui veillaient à ma sécurité, à celle de mon épouse et de mes enfants comme des membres de la famille. Après tout, c'était naturel, puisque nous les mettions souvent à rude épreuve. Je me souviens d'un jour où nous étions allés assister à un mariage dans la famille de ma femme, dans l'Iowa. J'étais allé me coucher tandis que

Patrice était restée à jouer aux cartes avec nos enfants et leurs cousins. Dans l'hôtel, ma chambre était protégée par une série de systèmes d'alarme, et il y avait des agents partout dans les couloirs. Comme le voulait la procédure, mon équipe m'avait donné un appareil doté d'un bouton que j'étais censé presser en cas d'extrême urgence. Je n'aimais pas beaucoup ce machin-là, et, chaque fois que j'étais dans ma chambre, je le déposais le plus loin possible, par peur de l'actionner accidentellement durant la nuit. Ce soir-là, je l'ai abandonné sur un plan de travail dans l'antichambre et je suis allé me coucher, sans penser à prévenir Patrice que je l'avais déposé à l'endroit même où elle se déshabilla à deux heures du matin pour ne pas me réveiller. Elle a dû appuyer machinalement sur le bouton, parce que cinq secondes plus tard, elle a entendu tambouriner à la porte. Quand elle a entrebâillé le battant, elle a aperçu l'officier, debout, campé dans une drôle de position. Il était simplement vêtu d'un tee-shirt et d'un caleçon, et il avait son arme à la main. Comme il se tenait le bras, elle n'a pas vu sa main qu'il cachait dans son dos. Il paraissait sur la défensive.

— Est-ce que tout va bien, m'dame ?

— Oui. Je me prépare à aller me coucher.

— Êtes-vous sûre que tout va bien, m'dame ?

— Oui, parfaitement.

— Puis-je voir le directeur, m'dame.

— Il dort dans l'autre pièce.

— Pouvez-vous aller vérifier, s'il vous plaît ?

Patrice s'est avancée jusqu'à la chambre, a jeté un coup d'œil sur moi et elle est retournée voir l'officier.

— Je l'ai vu, il dort. Il va bien.

— Merci, m'dame. Désolé de vous avoir dérangé.

Ce dont Patrice ne s'était pas rendu compte, mais que j'ai appris le lendemain matin, c'est que des dizaines d'agents étaient positionnés tout le long du mur, des deux côtés de la porte, armes baissées, cachées dans leur dos. Elle avait appuyé sur le bouton. OK, c'était ma faute.

Le FBI est doté d'une forte culture des armes. « Des revolvers aux mains des gentils » est d'ailleurs l'un des credos du FBI. À chacune des réunions, environ 80 % des participants étaient armés. J'ai même fini par m'habituer à apercevoir le haut d'une crosse dans le holster de cheville de mon adjoint lorsqu'il croisait les jambes. Après tout, le directeur adjoint est aussi l'agent spécial le plus gradé de l'organisation et il est toujours armé, sauf quand il se rend à la Maison-Blanche. En tant que directeur, j'avais également le droit de porter un revolver, mais j'estimais que cela n'aurait fait que me compliquer la vie. Durant son mandat, Bob Mueller était parvenu à la même conclusion. En outre, j'étais entouré d'hommes armés toute la journée. Si je n'étais pas en sécurité entre les mains du FBI, alors ça voulait dire que les États-Unis avaient un sacré problème. Sean Joyce, qui fut mon premier adjoint, était connu dans l'organisation pour sa manie de riposter par un mail titré « Réponse à tous » chaque fois qu'un fonctionnaire envoyait un message groupé à tous les employés leur recommandant de s'abriter sur place ou de prendre la fuite au cas où un « tireur actif » s'introduirait dans les locaux. Sean répliquait que tous les agents spéciaux qui suivraient ces conseils, et négligeraient de foncer vers le tireur, seraient automatiquement virés.

*

Tous les matins, durant mes trajets vers le quartier général du FBI, je lisais, à l'arrière de la Chevrolet blindée noire, afin de préparer mes deux premières réunions de la journée. Et avant chacun de ces rendez-vous, assis devant mon bureau, j'étudiais d'autres documents, à commencer par les formulaires d'autorisations judiciaires de surveillance électronique que le département de la Justice devait soumettre au juge.

Chaque demande devait être approuvée par le directeur en personne, ou, en son absence, par son adjoint. Elles étaient tellement nombreuses que certains jours, la pile pouvait atteindre une bonne trentaine de centimètres. Après avoir signé ces formulaires, je parcourais les mémos top secret, pour me tenir au courant des derniers renseignements en matière de lutte antiterroriste et de contre-espionnage. Puis je me plongeais dans les rapports non classés. Une fois ce premier travail effectué, j'étais prêt à rencontrer mon équipe de direction, et en priorité les six ou dix plus hauts gradés de l'organisation, avec lesquels j'évoquais les affaires classées les plus sensibles. Ensuite, je partais assister à une réunion ouverte à tous les responsables du FBI. Je faisais le point avec eux, et j'écoutais leur rapport quotidien sur les questions relatives à la bonne marche du FBI : la gestion du personnel (y compris les blessures à agents), le budget, l'antiterrorisme, le contre-espionnage, les armes de destruction massive, la cybercriminalité (prises d'otage, tueurs en série, gangs, affaires de corruption), le déploiement de notre équipe de libération d'otages, les relations avec le Congrès, la presse, les dossiers juridiques, les entraînements, le laboratoire du FBI, les affaires internationales, et ainsi de suite. Ensuite, la plupart du temps, je rejoignais le ministre de la Justice pour l'informer de l'avancée des dossiers les plus importants.

Durant l'administration Obama, j'ai travaillé avec deux ministres de la Justice différents, Eric Holder et Loretta

Lynch. C'étaient des avocats sympathiques et intelligents, et je les appréciais tous les deux. Eric Holder, qui était un proche du Président Obama et de ses conseillers, restait attentif aux éventuelles répercussions politiques qu'il pouvait provoquer en prenant certaines décisions à la tête de son Département.

Durant mon mandat à la tête du FBI, ses relations avec les Républicains du Congrès se sont nettement dégradées – la Chambre des Représentants a émis contre lui un vote de défiance, l'accusant d'outrage au Congrès pour avoir refusé de leur remettre un certain nombre de documents relatifs à une opération de lutte contre le trafic d'armes, baptisée « *Fast and Furious* », qu'avait menée l'ATF à la frontière mexicaine.

Le sentiment de défiance était partagé par les deux camps.

Loretta Lynch, qui a succédé à Eric Holder, était beaucoup plus calme, et encore nouvelle à Washington. Elle parlait peu, mais la moindre de ses interventions semblait préparée très à l'avance. Il faut toujours du temps pour s'accoutumer à un job très en vue ; je ne suis pas sûr qu'elle en ait eu l'opportunité, étant donné la durée de son mandat.

Contrairement à Eric Holder qui travaillait en étroite collaboration avec son adjoint, Loretta Lynch donnait l'impression d'entretenir des rapports distants et assez tendus avec Sally Yates, qui la secondait au Département. On avait l'impression que leurs équipes respectives ne communiquaient pas entre elles.

Mon mandat à la tête de l'agence était chronophage. Je passais mes journées à gérer des situations d'urgence et à mettre en œuvre méthodiquement les programmes prioritaires. Mais j'essayais aussi de transformer l'agence en matière de leadership, d'informatisation, de diversité et de collectes de renseignements, et tous ces dossiers me demandaient un investissement de tous les instants.

Et comme le FBI est également une organisation internationale – il est représenté dans chaque État et dans plus de quatre-vingts pays étrangers –, j'avais le devoir d'aller à la rencontre de mes employés, de les écouter, de leur parler.

Au cours de mes quinze premiers mois, j'ai visité les cinquante-six agences des États-Unis, et plus d'une dizaine de bureaux à l'étranger. Mon objectif était de faire connaissance avec le personnel du FBI : qui ils étaient, ce qu'ils voulaient, ce qu'ils attendaient. J'ai passé des heures et des heures avec ces hommes et ces femmes, et c'est leur profil qui m'a le plus frappé. Les deux tiers d'entre eux ne sont pas des agents spéciaux armés. Ils forment une pléiade de gens extrêmement talentueux, issus de tous les milieux sociaux, dévoués à servir le FBI. On y trouve des analystes du renseignement, des linguistes, des informaticiens, des négociateurs de crise, des experts en surveillance, des techniciens de laboratoire, des psychologues spécialisés dans l'aide aux victimes, des démineurs, et tant d'autres. Les agents spéciaux, en particulier les milliers d'entre eux qui ont choisi par patriotisme de rejoindre le FBI après les attentats du 11 Septembre, viennent eux aussi de divers univers. Il y a des ex-flics ou des marines, mais aussi des anciens enseignants, des chimistes, des thérapeutes, des pasteurs, des comptables, des ingénieurs en informatique, des athlètes professionnels. Si la plupart d'entre eux ressemblent aux agents spéciaux des séries télévisées – de belles femmes ou de séduisants gaillards en uniforme –, ils sont tous différents physiquement. Au FBI, on croise des coupes en brosse ou des queues-de-cheval, des tatouages à la cheville ou des hijabs, des gens de deux mètres dix ou de un mètre quarante. Mais leur point commun, c'est leur sens aigu du devoir.

Ils m'ont aidé à réinventer la profession de foi de l'organisation, afin qu'elle s'harmonise encore davantage à la promesse gravée dans nos cœurs : leur mission est de « protéger les Américains et de faire respecter la Constitution des États-Unis ».

Si le talent de ces hommes et de ces femmes m'a vraiment impressionné, j'ai cependant découvert un phénomène plutôt inquiétant. Depuis le 11 Septembre, l'effectif des agents spéciaux était composé majoritairement de Blancs. À mon arrivée à la tête du FBI, 83 % d'entre eux étaient des Caucasiens non hispaniques. Alors, j'ai expliqué à mes employés que je n'avais rien contre les Blancs, mais que leur surreprésentation risquait d'amoindrir notre efficacité. Dans un pays comme les États-Unis, qui se caractérise par une diversité toujours plus grande – personnellement, je trouve ça magnifique –, il ne fallait pas que tous les agents me ressemblent. Sinon, nos performances allaient s'en ressentir. Et si le FBI se mettait à incarner une « organisation de Blancs », alors on allait vite passer de 83 % à 100 %

J'ai rapporté au personnel de l'agence une phrase que l'une de mes filles m'avait lancée lorsque je lui avais parlé de notre manque de diversité. « Le problème, papa, c'est que tu es un mec du Système. Qui a envie de travailler pour le Système ? » Son propos pointait du doigt le défi que nous avions à relever tout en nous montrant les opportunités à saisir. Cependant, ma fille, bien que clairvoyante, commettait une erreur dans son analyse. Car lorsque les gens découvraient le profil des hommes et des femmes du FBI, et la nature exacte de leur travail, ils n'avaient qu'une envie : nous rejoindre.

Presque personne ne quitte le FBI une fois devenu agent spécial. Que ce soit parmi les Blancs, les Latinos ou les Asiatiques, le personnel de sexe féminin ou masculin, le taux de turn-over annuel est invariable – il est de 0,5 %. Une fois qu'on connaît l'ambiance et la mission du FBI, on y prend goût. En dépit du stress et du faible montant des salaires, la plupart des employés restent jusqu'à leur retraite. Notre défi, ai-je di. en interne, consiste à montrer aux personnes de couleur et aux femmes (qui depuis des années ne constituent qu'à peine 20 % des effectifs) le véritable visage du FBI, et à les inciter à nous rejoindre. Ce n'est pas sorcier, ai-je ajouté. Les talents de demain sont là, quelque part dehors. Mais ils n'ont pas encore conscience de ce qu'ils ratent.

Alors, nous avons mis toute notre passion au service de cet objectif, et, en trois ans, nous sommes parvenus à faire nettement évoluer les statistiques. Au cours de ma troisième année à la tête du FBI, 38 % de non-Blancs avaient intégré l'académie de Quantico [1]. Les conditions d'admission n'avaient pourtant pas changé ; nous avions juste réussi à démontrer le genre de vie qu'on pouvait mener au sein du FBI. Et à enclencher un cercle vertueux.

En voyageant aux États-Unis, et un peu partout dans le monde, j'ai découvert aussi que les cadres dirigeants du FBI n'étaient pas assez bons. Dans le secteur privé, les entreprises les plus performantes n'ont qu'une obsession : les compétences managériales. Ils les cherchent, les testent, les développent, et ils n'ont que ce mot-là à la bouche. Pour eux, c'est un investissement financier. Au FBI, c'était un sujet dont on se préoccupait après coup. Pendant des

1. Il s'agit du Centre de formation des agents du FBI, un complexe ultra-performant situé à Quantico, dans l'État de Virginie. (*N. d. T.*)

décennies, l'organisation s'était reposée sur les employés qui avaient envie d'endosser des responsabilités. Elle les soutenait en facilitant leur déménagement et en leur accordant le temps nécessaire pour rejoindre le quartier général de Washington. Heureusement, la plupart de ces volontaires étaient des gens talentueux. Mais cette politique de management incitait certaines personnes à accepter une promotion à la seule fin d'échapper à un boulot pour lequel elles étaient incompétentes. Et certains responsables trouvaient là une solution pour se débarrasser des gens dont ils ne voulaient plus.

À force d'écouter le personnel, j'ai découvert qu'il y avait au FBI des patrons à la fois excellents et absolument horribles, et beaucoup d'autres franchement moyens. Cette situation était tout bonnement inacceptable pour une maison telle que le FBI.

Alors, j'ai fait part de mon ambition : un jour, les gouvernements viendraient recruter leurs cadres dirigeants chez nous. Et le secteur privé attendrait avec impatience que les responsables de l'agence aient pris leur retraite (elle est obligatoire à cinquante ans pour les agents spéciaux) pour pouvoir les embaucher à des postes de responsabilité.

Grâce à ses talents de recruteur et de formateur, le FBI récompenserait ainsi tous ses employés en leur offrant une deuxième carrière enrichissante dans le privé. J'ai expliqué encore qu'il n'y avait pas de raison pour que le FBI ne devienne pas le premier pourvoyeur gouvernemental de chefs d'entreprise américains, à l'image de l'Armée.

Nous allions démontrer ce qu'est la compétence managériale, dénicher et modeler les talents de demain, former ou licencier tous les chefs de service qui n'étaient pas à la hauteur de leur tâche.

Avec le soutien de l'ensemble des employés de l'agence, nous imposerions le « leadership » comme le maître mot au FBI, jusqu'à ce que nous ayons atteint l'excellence à tous les postes et dans tous les services. Nous inculquerions l'idée, premièrement, qu'un bon responsable est quelqu'un d'intègre et d'honnête, deuxièmement, qu'il est suffisamment sûr de lui pour se montrer humble, troisièmement, qu'il est bienveillant tout en étant sévère, quatrièmement, qu'il est transparent, et cinquièmement, qu'il est conscient que tout le monde cherche à donner du sens à son travail. Enfin, dernier point, nous apprendrions à tous qu'un chef digne de ce nom doit avant tout montrer l'exemple. En résumé, désormais, nous exigerions et formerions des chefs éthiques.

Je connaissais un peu le sujet, car durant des années, avant d'arriver à la tête du FBI, j'avais fréquenté des dirigeants, j'avais lu des livres sur la question du leadership et j'avais essayé moi-même de gérer des équipes. Grâce à cette expérience et aux leçons que j'en avais tirées, je savais quel genre de chef je voulais suivre, et celui que je voulais incarner. Et j'ai immédiatement tenté de montrer l'exemple.

Le premier jour de ma prise de fonction, je me suis adressé par caméra interposée à tous les employés de l'agence, en évoquant mes aspirations, et leurs attentes à mon égard. J'ai fait cette allocution, assis sur un simple tabouret. Pour l'occasion, j'avais mis une cravate, mais enlevé ma veste. Je portais également une chemise bleue. Le détail peut paraître secondaire, mais il ne l'était pas aux yeux des employés du FBI, car pendant douze ans, Robert Mueller – le Congrès avait prolongé son mandat de deux années supplémentaires – était venu travailler en chemise blanche. Pas certains jours – mais tous les jours. C'était la culture de l'entreprise. J'ai pensé que ce petit changement indiquerait qu'une nouvelle ère s'ouvrait. Je ne l'ai pas souligné, mais tout le monde l'a remarqué.

Ce jour-là, j'ai d'abord dressé la liste de mes attentes, elles étaient au nombre de cinq. Et je les ai répétées par la suite à chaque nouvelle recrue, et où que j'aille dans les services.

*

1) Je voulais qu'ils travaillent dans la joie. Ils faisaient partie d'une institution dont la vocation était de faire le bien, de protéger le faible, de libérer ceux qu'on avait enlevés et d'arrêter les criminels. Cette mission était profondément morale. On devait être heureux en l'accomplissant.

2) J'attendais d'eux qu'ils traitent les gens avec respect et dignité, sans tenir compte de leurs opinions ou de leur statut social.

3) J'attendais d'eux qu'ils veillent sur le réservoir de confiance et de crédibilité de l'institution. C'était cet héritage qui leur permettait d'assurer leur mission.

4) J'attendais d'eux qu'ils travaillent dur, parce que c'était notre devoir envers les contribuables américains.

5) J'attendais d'eux qu'ils trouvent le juste équilibre dans leur vie.

J'ai insisté sur ce dernier point, parce que beaucoup de gens du FBI avaient tendance à se tuer à la tâche. Ils se laissaient happer par leur mission, et ils étaient fragilisés par la violence à laquelle ils étaient parfois confrontés. J'ai évoqué les leçons que j'avais apprises au contact de Dick Cates à Madison dans le Wisconsin. J'attendais d'eux qu'ils aient une vie, qu'ils se consacrent à d'autres activités, d'autres distractions et qu'ils rencontrent d'autres personnes, en dehors de leur travail. « Le bon exercice du pouvoir, leur ai-je dit, s'accompagne de discernement. Si vous faites le bien autour de vous, cela vous donnera du pouvoir, mais si vous en abusez, vous ferez du mal aux autres. » C'est pour cela que je leur demandais d'avoir un jugement sûr. C'est-à-dire de prendre de la distance face à un problème, et pourquoi pas de tenter de le regarder à travers le regard d'une tierce personne. « Pour garder sa clairvoyance, ai-je poursuivi, je sais d'expérience qu'il faut parfois savoir oublier son travail, s'éloigner de son bureau, afin de remettre les choses en perspective. »

Puis je me suis fait plus intime : « Vous avez tous dans vos vies des *êtres chers*, et si on leur donne ce nom, c'est parce que *vous* êtes censés les *aimer.* » Mais dans notre métier, ai-je précisé, il existe un syndrome qu'on pourrait appeler le « *Je reviens vers vous* ». Vous avez tendance à vous dire : « Je m'efforce de protéger mon pays, alors je verrai ça plus tard avec mon épouse, mes enfants, mes parents, ma famille, mes amis. Mais cela ne marche pas ainsi. Vous savez pertinemment, grâce au métier que vous exercez, que même les gens bien subissent des épreuves. Lorsque vous serez enfin disponibles pour vos proches, vous risquez de découvrir qu'ils sont partis. Alors je vous ordonne d'aimer quelqu'un. C'est la meilleure chose à faire et cela vous rendra heureux. »

J'ai fini en évoquant l'enseignement que j'avais tiré des batailles autour du programme *Stellar Wind* et du dossier sur la torture. Quand on est fatigué, notre discernement peut s'altérer. On a du mal à prendre de la distance, à relativiser. Alors je leur ai donné un conseil : dormez. Quand on dort, le cerveau met en route un processus neurochimique qui stimule les facultés de discernement. Il aide à « faire le ménage » au niveau des connexions entre les neurones et affine toutes les données emmagasinées au cours de la journée. Les gens épuisés manquent de clairvoyance. « Tout cela n'est pas aussi difficile que vous le pensez », leur ai-je dit avant d'ajouter avec un sourire : « Vous pouvez regrouper toutes ces tâches. Dormir avec la personne que vous aimez. Mais bien sûr, seulement quand les circonstances s'y prêtent. »

*

Un jour, au cours de ma première semaine au FBI, aux environs de midi, je suis sorti de mon vaste bureau, j'ai traversé la salle de conférence, et je suis passé devant le bureau de la secrétaire de Bob Mueller, qui devait rester encore quelques mois. Cela faisait des dizaines d'années qu'elle occupait ce poste, et son aide m'était précieuse, même si elle n'arrivait pas très bien à comprendre la manière dont je gérais mes équipes.

— Où allez-vous ? m'a-t-elle demandé.

— Chercher un sandwich, ai-je répondu.

— Pourquoi ?

— Parce que j'ai faim. Je fais un saut à la cafétéria.

— Mais qu'allez-vous dire si les gens cherchent à vous parler ?

Elle paraissait stupéfaite.

— J'espère bien qu'ils vont me parler.

Durant les trois années, huit mois et cinq jours que j'ai passés à la tête du FBI, dès que c'était possible, je descendais le couloir et je grimpais les quelques marches qui menaient à la cafétéria du quartier général du FBI.

Je m'y rendais toujours en bras de chemise, sans veste. Et je demandais à mon équipe de protection rapprochée de rester à distance afin que les employés me croient seul.

Je ne voulais pas qu'ils imaginent que j'avais besoin qu'on me protège d'eux.

Quelle que soit mon humeur, j'avançais d'un pas énergique, le dos droit, en adressant un sourire à toutes les personnes que je croisais. En effet, chaque fois que j'entrais dans la cafétéria, les gens me dévisageaient, et j'avais l'impression de lire dans tous les regards « alors comment va la situation au FBI ? ». Mon corps et mon visage devaient répondre : « Tout va très bien. Et vous verrez, il n'y aura aucun problème. »

Je n'ai jamais cherché non plus à passer devant tout le monde, même quand j'en avais envie ou que j'étais pressé. J'attendais patiemment que les gens devant moi aient commandé leur panini (d'ailleurs ce truc prend un temps fou à chauffer !). Je trouvais très important de leur montrer que je ne leur étais pas supérieur. Alors, je patientais et je payais ma commande.

Dans la file d'attente, j'en profitais pour interroger les employés. Je me tournais vers mon voisin le plus proche, et je lui demandais de me raconter son histoire, pourquoi il aimait travailler au FBI. J'ai appris beaucoup grâce à ces conversations. Et en particulier, que je n'étais pas la grosse pointure que je pensais être.

Un jour, alors que je dirigeais l'agence depuis près d'un an, je me suis adressé au type qui était derrière moi, et je lui ai posé quelques questions. Il s'occupait des serveurs informatiques. Cela faisait trois ans qu'il travaillait au FBI, et il s'y plaisait parce qu'il avait l'opportunité d'y acquérir une expérience et des responsabilités que le privé ne lui aurait jamais offert à son âge. Puis, il y a eu un petit silence gêné, et comme s'il avait pensé qu'il fallait qu'il me retourne la politesse, il m'a demandé :

— Et vous ?

— Je suis le directeur.

Il a dodeliné de la tête pour souligner sa question,

— Directeur de…

— Mon gars, je suis le directeur du FBI. Tu travailles pour moi.

Gros silence embarrassé. Puis il a fini par me dire :

— Oh, vous avez l'air différent sur Internet !

Ce soir-là, une fois rentré à la maison, j'ai raconté cette histoire à Patrice. « Il faudrait que ça t'arrive tous les jours », m'a-t-elle déclaré en s'esclaffant.

*

Avant de devenir directeur du FBI, j'avais travaillé chez Bridgewater Associates – une société qui aspire à bâtir une culture d'entreprise de transparence et d'honnêteté. J'y ai appris que je pouvais parfois me conduire en égoïste et en mauvais patron. La plupart du temps, c'est parce que je n'osais pas dire à mes subalternes quand ils devaient faire des efforts. Les bons chefs doivent se montrer à la fois bienveillants et sévères. Sans ces deux éléments, il n'y a pas de réussite possible. Le fondateur de Bridgewater, Ray Dalio, estime qu'aucune remarque n'est en soi négative ou positive. Selon lui, il n'y a que des remarques justes. Mais pour être juste, il faut savoir s'intéresser aux autres. En d'autres termes, en cherchant à éviter les mises au point pénibles, en refusant d'indiquer à mes collaborateurs la nature de leurs erreurs, et en les privant de conseils, je les empêchais de progresser. Ma pudeur n'était pas seulement de la lâcheté, c'était de l'égoïsme. Quand on se préoccupe sincèrement des gens qui travaillent sous nos ordres – si l'on veut créer un climat de profonde estime, ce que personnellement je souhaite –, il faut se montrer honnête envers eux, même si ce n'est pas toujours facile. Bien sûr, il faut veiller à la manière dont on délivre son message. Il faut le faire au bon moment et employer la bonne méthode. Si votre collaborateur vient de perdre sa mère, il est évident que ce n'est pas le bon jour. En tout cas, je me suis juré de trouver le moyen d'avoir cette conversation.

Un patron efficace a rarement besoin de hurler. Parce que ses employés sont naturellement mécontents de l'avoir déçu.

La culpabilité et l'affection sont des moteurs bien plus puissants que la peur. D'ailleurs, il n'y a qu'à voir l'exemple des grands entraîneurs sportifs. Il leur suffit de dire d'une voix calme « tu n'étais pas à ton meilleur niveau, n'est-ce pas ? », pour que leurs joueurs se liquéfient. Ils aiment cet homme tout en sachant que c'est réciproque, et ils feront leur maximum pour ne pas le décevoir. Les gens sont attirés par ce genre de chef, comme je l'ai été par Harry Howell, l'épicier. Un patron qui insulte ou dénigre ses collaborateurs n'attirera pas de nouveaux talents, il finira même par les perdre.

Au FBI, je parlais souvent de LeBron James. Même si je ne le connaissais pas personnellement, j'évoquais son nom pour deux raisons. D'abord, parce qu'il est actuellement, à mon avis, le meilleur basketteur du monde. Ensuite, parce qu'il ne se satisfait jamais de ses performances. J'ai lu qu'entre chaque période de compétitions, il cherche à améliorer l'une de ses faiblesses de jeu.

À première vue, ça paraît fou. Il est déjà meilleur que tous les autres. Mais finalement, si l'on se place de son point de vue, c'est logique : il ne se mesure pas aux autres joueurs ; il se mesure à lui-même. Les grands chefs se moquent des études comparatives, ils n'analysent pas les performances de leurs entreprises par rapport à la concurrence. Ils évaluent leurs propres lacunes, et ils font le nécessaire pour progresser.

Quand j'ai déclaré, à mon arrivée au FBI, qu'il fallait améliorer nos compétences managériales, on m'a fait part d'une enquête qui nous classait deuxième en matière de gouvernance sur les dix-sept autres agences de renseignements américaines. « Je m'en moque », ai-je répondu et j'ai évacué ce sondage. Je ne comparais pas le FBI aux autres organisations gouvernementales. Je nous mesurais à nous-mêmes. Et le fait est que nous n'étions pas assez bons. Le chef bienveillant et sévère aime suffisamment ses employés pour savoir qu'ils peuvent s'améliorer. Il les pousse à devenir meilleurs.

Sachant que nous pouvions progresser dans d'autres domaines, j'ai suggéré à l'ensemble des effectifs de lire la *Lettre de la prison de Birmingham* de Martin Luther King, l'un des textes les plus forts que je connaisse. Inspiré en partie par le théologien Reinhold Niebuhr, cet écrit de Martin Luther King évoque la quête de justice nécessaire dans un monde profondément imparfait. Depuis que je l'ai découvert à l'université, je l'ai relu à de nombreuses reprises.

Et comme je savais que les relations entre le FBI et les principaux dirigeants des mouvements des droits civiques, le Révérend King en particulier, constituaient une page sombre de l'histoire du Bureau, j'ai cherché à faire davantage. J'ai mis sur pied un nouveau programme d'études à l'Académie de formation de Quantico.

Je voulais que tous les futurs agents et analystes apprennent la nature des rapports qui avaient existé entre Martin Luther King et le FBI : comment l'agence, dans sa volonté légitime de lutter contre le communisme, avait harcelé et tenté de salir la réputation d'un des leaders des mouvements des droits civiques, et d'autres.

Je voulais qu'ils se souviennent que certains responsables s'étaient mal comportés, et ce malgré leurs bonnes intentions. Je voulais qu'ils sachent que le FBI avait adressé une lettre de chantage à Martin Luther King pour le pousser au suicide. Je voulais qu'ils regardent cette histoire en face, qu'ils visitent le magnifique mémorial Martin Luther King à Washington DC et qu'ils admirent son long mur émaillé de citations. L'important était qu'ils réfléchissent aux valeurs du FBI et à la responsabilité que nous portons. Nous sommes condamnés à toujours faire mieux.

Le centre de formation du FBI a créé un programme qui répond à ses objectifs. Désormais, tous les futurs agents étudient cette page douloureuse de notre histoire et se rendent ensuite au Mémorial. En fin de session, on leur demande de choisir entre l'une de ces deux citations – « *Une injustice commise quelque part est une menace pour la Justice dans le monde entier* » ou « *La véritable grandeur d'un homme ne se mesure pas aux moments où il est à son aise, mais quand il traverse une période de controverses et défi* » – et d'expliquer dans une dissertation le lien existant entre ces phrases et les valeurs du FBI.

Ce programme d'enseignement ne dit pas aux jeunes recrues ce qu'elles doivent penser. Il les pousse simplement à s'interroger sur l'Histoire et les valeurs de nos institutions. Aux dernières nouvelles, ce cours était l'un des plus plébiscités du centre de Quantico.

Pour mieux sensibiliser mes équipes, je me suis procuré une copie du mémo que J. Edgar Hoover a envoyé en octobre 1963 au ministre de la Justice Robert F. Kennedy, pour lui demander l'autorisation de mettre Martin Luther King sur écoute.

Ce texte de cinq lignes, purement factuel, signé par Robert Kennedy, consent à cette surveillance, sans limite de temps et de lieu.

J'ai fait encadrer ce document, et je l'ai posé sur le bureau où tous les matins, j'examine les demandes d'autorisation d'écoute que le FBI soumet à la Justice dans le cadre du programme de surveillance de Sécurité nationale sur le territoire américain. Comme Edgar Hoover, on me demande de signer personnellement ces demandes. La différence, c'est que les nôtres sont visées par un juge, et qu'elles sont souvent aussi épaisses que mon bras. Ainsi que je l'ai expliqué aux employés, c'est franchement barbant d'être obligé de demander une autorisation pour mener ce type d'écoutes, mais c'est ainsi.

J'ai gardé ce mémo d'Edgar Hoover, non pas pour le critiquer ou pour nuire à la mémoire de Robert Kennedy, mais pour montrer que le contrôle et la contrainte sont essentiels. Je suis sûr qu'Edgar Hoover et Robert Kennedy pensaient bien agir. Mais ils ne questionnaient pas assez leurs principes. Ils n'étaient soumis à aucun contrôle. Il est toujours douloureux de se regarder en face, mais c'est la seule façon de modifier l'avenir.

La base du FBI a apprécié mes initiatives, ainsi que j'ai pu m'en rendre compte lors des différents entretiens annuels d'évaluation.

Mais mes décisions ont décontenancé certains anciens de la maison qui se demandaient pourquoi je donnais l'impression « d'attaquer » l'organisation que je dirigeais. Je pense néanmoins que la transparence reste la meilleure voie. Un bon dirigeant aborde clairement les problèmes, la souffrance, les espoirs et les doutes, et agit en vue d'améliorer les choses. Ce n'est qu'en gardant ses erreurs en mémoire, en les regardant franchement et sans détour qu'on peut éviter de les répéter.

Harry Truman a dit un jour : « Il n'y a rien de nouveau dans le monde sauf l'histoire que vous ne connaissez pas. »

C'est l'oubli qui nous pousse à reproduire sans cesse nos bêtises et nos mauvaises actions.

9

L'ÉCOUTE FAÇON WASHINGTON

> « Que je ne cherche pas tant […] à être compris qu'à comprendre. »
>
> Prière de saint François

Eric Garner, Tamir Rice, Walter Scott, Freddie Gray.

Ces noms sont ceux de citoyens noirs morts lors de contrôles de police en 2014 et 2015. Ces altercations ont été filmées et les vidéos, devenues virales sur Internet, ont enflammé des communautés depuis longtemps imbibées de discrimination et de maltraitance. Même s'il n'y a pas de vidéo de l'incident, un de ces décès en particulier a bouleversé le pays. Le 9 août 2014, un jeune homme noir dénommé Michael Brown a été abattu par un policier blanc à Ferguson, dans le Missouri, ce qui a déclenché des soulèvements durant plusieurs semaines et posé comme jamais la question des violences policières mortelles contre les Noirs en Amérique.

Dans les mois qui ont suivi, l'enquête fédérale a mis en lumière plusieurs faits importants. La police de Ferguson avait adopté un schéma de discrimination contre les Afro-Américains et toutes les institutions de la ville – des contractuels au service des cautions judiciaires – faisaient tout pour oppresser les Noirs. Comme dans de nombreuses villes américaines, la police allait devoir changer pour que les Afro-Américains puissent lui faire confiance. Naturellement, la mort tragique de Michael Brown a été l'étincelle qui a mis le feu à une poudrière basée sur un maintien de l'ordre oppressif contre cette communauté.

En fin de compte, le département de la Justice a estimé qu'il n'y avait pas suffisamment de preuves pour inculper le policier d'un crime fédéral. Les agents du FBI ont frappé à des centaines de portes à Ferguson et découvert qu'en plus du manque de preuves, les premiers récits de la fusillade par les médias comportaient des erreurs et prêtaient à confusion.

Contrairement à ce que la majeure partie des gens a entendu ou cru voir, des preuves tangibles indiquent que Michael Brown n'était pas en train de se rendre lorsqu'il a été abattu, et des traces d'ADN prouvent qu'il a attaqué le policier et tenté de lui prendre son arme. En un sens, les conclusions des enquêteurs du FBI – obtenues des mois après la mort de Michael Brown – n'ont rien changé. La plupart des gens avaient entendu de faux témoignages et croyaient que Brown avait été tué alors qu'il se rendait, les mains en l'air. Le temps que la vérité pointe le bout de son nez, les fausses informations avaient fait plusieurs fois le tour de la Terre.

Les conclusions du département de la Justice étaient capitales, mais elles sont arrivées trop tard. Au printemps 2015, lorsque le département a fini son enquête et rendu public son compte rendu, plusieurs vidéos d'affrontements entre la police et des civils afro-américains hautement médiatisées avaient nettement accru l'attention portée aux violences policières. Des millions de personnes ont vu des vidéos de contrôles brutaux, notamment celle des officiers du NYPD étranglant à mort Eric Garner et celle des policiers de Cleveland qui ont abattu Tamir Rice, douze ans, dans un parc public. Des millions de personnes ont vu Walter Scott se faire assassiner par un officier de police de Caroline du Sud qui, après l'avoir abattu dans le dos, a été filmé en train de modifier la scène du crime pour maquiller son méfait. Plus de personnes encore ont vu les policiers de Baltimore traîner Freddie Gray à l'arrière d'un fourgon pour une virée à laquelle il n'a pas survécu. Ces morts tragiques dominaient l'image publique des forces de l'ordre. Elles venaient éclipser des millions d'interactions positives et professionnelles entre des civils et des policiers. Une haine extraordinaire montait contre tous les représentants de la loi en uniforme.

Durant cette période explosive, en décembre 2014, deux policiers new-yorkais ont été exécutés par un tueur qui prétendait se venger en « envoyant les poulets en enfer ». Le Président Obama m'a demandé de le représenter à l'un des enterrements. J'ai discuté avec la famille de l'officier Wenjian Liu dans une petite chapelle funéraire de Brooklyn ; le chagrin était palpable, presque étouffant. Dehors, des milliers de policiers, le visage fermé, formaient des rangs sous le vent glacial.

J'avais ressenti la peine et la colère des communautés noires après Ferguson, et je ressentais à présent celles des forces de l'ordre. Les policiers ne se sentaient plus en sécurité, plus les bienvenus dans les rues qu'ils tâchaient de protéger, et les communautés ne leur faisaient plus confiance.

Les forces de l'ordre et la communauté noire ont depuis longtemps suivi des routes parallèles – parfois plus proches à certains endroits, plus éloignées ailleurs –, mais ces routes s'écartaient plus que jamais partout, à chaque vidéo montrant la mort d'un civil des mains de la police et à chaque meurtre de policier.

Je me suis demandé si je pouvais dire ou faire quoi que ce soit pour changer les choses, pour aider à rapprocher les deux camps. Le FBI était une agence d'investigation fédérale, mais nous étions très impliqués dans le maintien de l'ordre à échelle locale, à la fois en tant que formateurs de chefs de police et partenaires clés des hommes en uniforme. J'ai décidé de faire deux choses. Je pouvais me servir de ma position de directeur pour dire ce que je pensais de la situation dans l'espoir de favoriser un meilleur dialogue, et je pouva's profiter de la présence du FBI dans tout le pays pour renforcer ce dialogue. Ainsi, en février 2015, je me suis rendu à l'université de Georgetown et j'ai énoncé quatre « dures vérités » que nous avions tous besoin d'entendre.

Tout d'abord, nous – les représentants de la loi – devons bien reconnaître le fait que nous avons maintenu en Amérique un statu quo très dur envers les Noirs. Nous devons tenir compte de notre histoire car les gens que nous servons et protégeons ne sauraient l'oublier. Ensuite, nous devons reconnaître que nous portons en nous des préjugés implicites qui pourraient mener à l'injustice si l'on n'y prête pas attention. Troisièmement, il se peut que les membres des forces de l'ordre qui doivent répondre aux incidents impliquant l'arrestation de nombreux jeunes hommes de couleur changent de comportement ; cela peut déformer notre point de vue et conduire au cynisme.

Enfin, nous devons tous reconnaître que la police n'est pas la cause principale des problèmes les plus graves dans les pires quartiers de notre pays, mais que les véritables causes et leurs solutions sont si complexes qu'il est plus facile de ne parler que des forces de l'ordre. J'ai alors demandé aux cinquante-six bureaux du FBI à travers le pays d'organiser des rencontres entre policiers et communautés pour discuter de ce qui se passait et essayer de comprendre comment rebâtir la confiance nécessaire pour rapprocher les deux camps. Il est difficile de haïr quelqu'un quand on se trouve face à lui, et le FBI pourrait rassembler les gens.

La réaction du public au discours de Georgetown a été positive. En tant que directeur du FBI blanc avec une longue expérience des forces de l'ordre, je pouvais dire des choses sur la police et ses a priori que d'autres ne pouvaient exprimer, et de nombreux chefs de la force publique se sont montrés reconnaissants. Cependant, les deux routes sont restées éloignées et, au milieu de l'année 2015, quelque chose de menaçant s'annonçait. À la fin de l'été, plus de quarante des plus grandes villes du pays ont rapporté au FBI qu'elles connaissaient une augmentation du nombre de meurtres, et ce depuis fin 2014. Ce qui était particulièrement étrange avec ces statistiques, c'est que l'augmentation n'était pas uniforme et ne suivait pas de schéma évident. En fait, près de vingt des soixante plus grandes villes d'Amérique n'étaient pas touchées par cette hausse. Certaines comptabilisaient même moins de meurtres. Toutes ces villes étaient bien réparties sur la carte des États-Unis.

Même à l'époque où j'ai fait mon discours à Georgetown, le nombre des meurtres augmentait et les victimes étaient majoritairement des jeunes hommes noirs. Les villes qui connaissaient les plus fortes hausses d'homicides avaient des problèmes de gang et de drogues très différents. Leur seul point commun apparent semblait être leur grand nombre de quartiers noirs pauvres très peuplés où de jeunes hommes noirs se faisaient tuer par d'autres jeunes hommes noirs.

J'étais inquiet que ces hausses puissent provenir des changements de comportement entre la police et les civils liés aux vidéos virales. Je n'en étais pas sûr et je ne disposais ni de l'expertise ni des données nécessaires pour m'en assurer, mais j'étais déterminé à soulever la question. Il serait trop facile pour notre nation d'ignorer l'augmentation des meurtres d'hommes noirs, trop facile de « contourner » le problème parce qu'il ne touchait que « ces gens-là, là-bas ». Quelqu'un devait dire quelque chose pour forcer les gens à parler de ce qui se passait. Mon souhait le plus cher aurait été de découvrir que j'avais tort, que ces chiffres s'expliquaient autrement, qu'il s'agissait d'une anomalie statistique répandue et aléatoire.

En même temps, le gouvernement Obama collaborait avec une intéressante alliance de Démocrates de gauche et de Républicains libertaires au Congrès pour essayer de réduire les peines de certains crimes fédéraux. C'était l'un des seuls sujets sur lesquels des Républicains se revendiquant du Tea Party et le Président Obama pouvaient tomber d'accord. Les propositions en question ne me posaient pas spécialement de problèmes ; je les trouvais raisonnables et modérées. Mais la dernière chose que les réformateurs de la justice criminelle voulaient, c'était un débat national sur la hausse des meurtres – et ses causes potentielles. J'en étais bien conscient, mais je ne supportais pas l'idée de rester muet face à la mort de tant de jeunes hommes noirs et la probabilité que d'importants changements comportementaux puissent en être à l'origine.

Je me suis donc exprimé une nouvelle fois sur le sujet à Chicago, fin octobre 2015. J'ai parlé du chemin de la police et de celui des communautés qui s'éloignaient l'un de l'autre, des discours opposés qui les séparaient davantage, et j'ai appuyé mes propos à l'aide de deux mots-dièses Twitter :

> « *Je vois un bel exemple de cette divergence dans les deux mots-dièses #blacklivesmatter et #policelivesmatter. Bien sûr, chacun de ces mots-dièses et ce qu'ils représentent vient apporter une voix à un débat capital, mais à chaque fois que quelqu'un interprète #blacklivesmatter comme "anti-forces de l'ordre", un des deux chemins s'éloigne, et dès que quelqu'un interprète #policelivesmatter comme "anti-noir", l'autre s'écarte aussi. Je sens ces routes qui continuent de diverger, de plus en plus vite peut-être, incident après incident, vidéo après vidéo, mot-dièse après mot-dièse. Cette situation est très mauvaise pour nous.* »

*

J'ai ensuite abordé le sujet des homicides en hausse, en affirmant que « tout comme ces chemins qui s'éloignent l'un de l'autre et, peut-être à certains endroits, *parce que* ces chemins s'éloignent », on assistait à une grande augmentation du nombre de meurtres dans des quartiers sensibles, et que les morts étaient presque tous de jeunes hommes noirs. J'ai dit que les communautés, les universitaires et les forces de l'ordre devaient exiger des réponses. J'ai passé en revue certaines des théories que j'avais entendues – armes, drogues, gangs, remises en liberté de prisonniers – et proclamé qu'aucune d'entre elles ne semblait expliquer le « où » et le « quand », à savoir : partout à la fois sur tout le territoire des États-Unis.

Ensuite, j'ai dit que j'avais entendu une autre théorie : « Presque personne n'en parle officiellement, mais la police et les élus locaux le murmurent aux quatre coins du pays. C'est la seule théorie qui, dans ma tête, explique le "où" et le "quand". De toutes les explications que j'ai pu entendre, c'est celle que je trouve la plus vraisemblable : il se pourrait que quelque chose ait changé dans le maintien de l'ordre. »

J'ai dit : « Je ne suis pas sûr que ce soit le cas. Même si c'est le cas, je ne suis pas sûr que ça explique tout. Mais j'ai le sentiment qu'une partie de ce qui se passe est certainement une vague de froid qui a soufflé sur les forces de l'ordre toute l'année dernière. »

J'ai fini par un plaidoyer :

« Nous devons comprendre ce qui se passe et nous en occuper dès maintenant. J'ai entendu des gens dire qu'il est trop tôt, que nous ne sommes qu'en octobre et que nous devrions attendre la fin de l'année pour voir à quoi ressemblent les statistiques criminelles. Je refuse d'attendre, surtout au vu des informations que nous recevons de la part de tous les chefs de police des grandes villes, et parce qu'il ne s'agit pas simplement de données statistiques mais de vies humaines. Les responsables des forces de l'ordre doivent sans plus attendre inciter leurs hommes à faire leur travail correctement, c'est-à-dire avec fermeté, équité et professionnalisme. En outre, les chefs des communautés doivent sans plus attendre demander à ces policiers de faire correctement leur travail, les aider à le faire, et insister pour que ceux-ci aient la place, le temps et le respect nécessaires pour agir efficacement et professionnellement. »

Je savais que ces commentaires allaient faire enrager certains membres du gouvernement Obama, mais j'avais le sentiment qu'un directeur du FBI se devait d'être une voix indépendante sur des sujets judiciaires comme celui-ci. Lorsqu'il m'a nommé à ce poste, le Président Obama m'a dit que c'était ce qu'il recherchait : l'indépendance. Les problèmes criminels, raciaux et policiers sont des sujets complexes et sensibles, mais on ne peut les régler en gardant le silence.

J'avais raison au sujet d'une chose. Mes réflexions avaient énervé tout le monde ; plus de monde que prévu, à dire vrai. Mon but avait été de souligner un problème grave, de suggérer un traitement mesuré et de lancer une discussion sur les potentielles causes et solutions. Je voulais imposer un débat sur un sujet difficile. Je voulais encourager les gens à poser des questions sensibles sur ce qui pouvait être vrai ou non, à récolter des données et exiger leur analyse. J'espérais que ça puisse changer les comportements et épargner des vies en encourageant un meilleur maintien de l'ordre et des relations plus positives avec les communautés. Au lieu de ça, j'ai assisté à une nouvelle démonstration de l'esprit de clan américain.

Les syndicats de police se sont plaints que j'accusais les forces de l'ordre et que je les traitais de lâches. Plusieurs voix de gauche ont affirmé que je mettais en avant un « effet Ferguson » sans preuve et que cela ne pouvait être vrai. Ils disaient que j'étais contre la surveillance policière. Des voix de droite ont parlé d'une épidémie de meurtres ; ils tenaient pour responsable le Président Obama. Trop peu de gens m'ont demandé si c'était vrai. Trop peu de gens ont véritablement envisagé les différentes possibilités et demandé ce qui pouvait bien se passer, même s'ils pensaient que j'étais à côté de la plaque. Au lieu de ça, tout le monde s'est retranché directement dans son camp. Trop peu de voix sur la place publique ont pris le temps de demander : « De quoi ce gars s'inquiète-t-il et quel est son message, au juste ? »

Une personne – bien au centre de la place publique – l'a fait. Un jour ou deux après mon retour de Chicago, mon chef de cabinet est venu me dire que le Président voulait discuter avec moi dans le Bureau ovale. Aucune précision n'avait été donnée sur le sujet de la discussion ni sur la présence éventuelle d'autres personnes sur place. En fin de compte, nous n'étions que tous les deux ; mon premier entretien en tête à tête avec le Président Obama.

Avant de rencontrer ma femme, je ne savais pas vraiment ce qu'écouter voulait dire ; comme la plupart des gens à Washington DC, d'après mon expérience. Pour eux, écouter signifie se taire pendant que quelqu'un parle avant de reprendre la parole pour dire ce qu'on avait déjà l'intention de dire au départ. C'est ce qu'on voit dans presque tous les « débats » télévisés. Le candidat, assis sur son tabouret, attend le signal pour se lever et prononcer des arguments convenus à l'avance, puis son opposant fait de même. Les mots ne font qu'arriver aux oreilles, mais ils n'atteignent pas le cerveau : voilà « l'écoute selon Washington ».

Mon mariage m'a appris que ma notion de l'écoute était elle aussi erronée. Comme beaucoup de personnes, je pensais qu'écouter revenait à rester assis en silence pendant que l'autre parle et comprendre ses propos.

J'avais tort. La véritable écoute est une période de silence durant laquelle on laisse les mots de l'autre pénétrer son cerveau, mais elle comprend également une chose un peu étrange. Avec votre posture, votre visage et vos onomatopées, vous indiquez à quelqu'un : « Je veux ce que tu as, j'ai besoin de savoir ce que tu sais et je veux que tu continues à me dire ce que tu es en train de me dire. » Deux bons amis qui discutent, c'est le cauchemar du sténographe. Ils se coupent sans cesse la parole. Lorsque l'un parle, l'autre émet des sons – « Mmh », « Oh », « Je sais », « Ouais ouais, oh, je l'ai vu, ouais. Ça arrive ». Ils s'écoutent de façon à ce que chacun pousse ses informations vers l'autre et tire celles de l'autre vers lui. Tirer, pousser, tirer, pousser. Lorsqu'ils sont en phase, tout s'entremêle : tirerpousser-tirerpousser. C'est ça, l'écoute.

Pour être efficace au sein du FBI, j'ai passé beaucoup de temps à écouter, chose que nous avons tous du mal à bien faire. C'est difficile pour les leaders car ils doivent se mettre dans une position vulnérable et risquer de perdre leur supériorité. J'étais surpris lorsque Barack Obama m'a choisi pour être directeur du FBI, et voilà qu'il me surprenait à nouveau. C'est un homme extraordinairement à l'écoute, le meilleur que j'ai pu voir parmi les dirigeants. Lors de différentes réunions avec le président, je l'ai observé faire de son mieux pour rassembler autant de points de vue que possible dans un débat, faisant souvent fi de la hiérarchie reflétée par le plan de table – les plus importants autour, les autres derrière sur des chaises contre le mur. Je me souviens d'une réunion dans la Situation Room de la Maison-Blanche autour d'une question technologique classée secrète durant laquelle le Président Obama a demandé à un petit génie de la Silicon Valley qui ne portait pas de cravate, assis contre le mur, ce qu'il pensait de la conversation que les dirigeants des agences de renseignements et de l'armée, tirés à quatre épingles, venaient d'avoir autour de la table. Le type débraillé s'est mis à contredire plusieurs d'entre nous. Obama traquait les opinions différentes ; peut-être que ce réflexe d'interroger quelqu'un assis au fond de la salle provenait de son ancienne vie de professeur. Cette approche menait souvent à des discussions chaotiques, mais elle lui permettait d'entendre des points de vue qui, sous le gouvernement Bush, auraient été dilués par les différences hiérarchiques ou la peur des railleries. Un homme sans cravate n'aurait pu se trouver dans la Situation Room sous Bush, et même s'il avait réussi à se faufiler au dernier rang, on ne lui aurait pas demandé son avis. S'il l'avait donné quand même, on se serait moqué de son accoutrement.

Obama avait la capacité de discuter réellement des choses, rééquilibrant le débat pour soulever des opinions différentes de la sienne. Il se tournait vers la personne qui parlait et lui laissait de longues périodes sans l'interrompre pour comprendre ce qu'elle disait. Même s'il demeurait silencieux, il invitait la personne à continuer en se servant de son visage, de sa posture et parfois de petits sons d'approbation. Il retenait attentivement ce qu'elle disait et il le prouvait en posant des questions une fois qu'elle avait terminé ; il puisait souvent ses questions de ces minutes passées à écouter attentivement.

Le Président Obama était surtout prêt à parler de sujets que les gens pensaient ne pas pouvoir aborder en sa présence. Je m'en suis rendu compte personnellement après avoir émis ces propos controversés sur le maintien de l'ordre et le racisme. Il s'est avéré qu'ils avaient semé une grande confusion à la Maison-Blanche. Lorsque j'ai rejoint le Président Obama dans le Bureau ovale après mon retour de Chicago, j'ai découvert qu'il n'avait délibérément pas fait venir les hauts fonctionnaires et les représentants du département de la Justice dans la pièce. C'était notre premier rendez-vous en tête à tête depuis vingt-six mois que je dirigeais le FBI. Lorsque j'ai passé la porte près de l'horloge et que je n'ai vu personne d'autre, je me suis dit que j'allais peut-être me faire engueuler. Le président était assis dans son fauteuil habituel, à droite de la cheminée. Je me suis installé sur le canapé à sa gauche.

Il n'y a pas eu d'engueulade. Au lieu de ça, le Président a entamé la réunion en disant : « Je vous ai demandé de venir parce que je connais votre courage et votre intellect, et je voudrais comprendre ce que vous voyez et ce que vous pensez. » Nous avons alors discuté ensemble pendant une heure environ, et j'insiste sur le mot « ensemble ». C'était une vraie conversation, où chacun a pu parler et écouter l'autre.

Le Président m'a posé une question ouverte : « Qu'est-ce que vous voyez et qu'est-ce qui vous inquiète ? » J'ai répondu pendant dix minutes. J'ai parlé du « où » et du « quand » : plus de quarante des plus grandes villes du pays connaissaient une hausse du nombre de meurtres de jeunes hommes noirs, toutes en même temps, selon un modèle qui ne collait pas avec les autres données criminelles, alors qu'elles étaient situées près d'autres grandes villes qui ne ressentaient pas cette augmentation. J'ai expliqué mon inquiétude que la plupart des gens n'y fassent pas attention sous prétexte que c'étaient des hommes noirs qui mouraient, dans « ces quartiers-là ». J'ai également mentionné le fait que mes appréhensions étaient liées aux changements des comportements après la diffusion des vidéos virales. J'ai dit que mon but était de pointer du doigt le problème de savoir si les chemins de la police et des communautés divergeaient à cause de plusieurs petits détails qui s'additionnaient pour donner quelque chose d'énorme. J'ai dit qu'en soulevant cette question, j'espérais changer les comportements si c'était bien ça qui se passait.

Lorsque je me suis tu, il s'est montré reconnaissant vis-à-vis de mon intérêt pour la question, puis il a abordé certains points que j'avais exprimés en public qui entraient en désaccord avec son propre point de vue. J'avais par exemple parlé de « désherber et ressemer » pour décrire ce que je pensais nécessaire : arracher les mauvais éléments de la société et faire pousser des choses positives dans l'espace créé par les arrestations. Il m'a demandé : « Vous imaginez que cela sonne comment à l'oreille des Noirs ? Qualifier de mauvaises herbes des jeunes gens de leur communauté ? » Il m'a expliqué que les Noirs voyaient souvent d'un mauvais œil le compromis que les circonstances les obligeaient à accepter : ils appréciaient la sécurité apportée par la police, mais ils n'aimaient pas les raisons qui rendaient sa présence nécessaire dans leurs quartiers ; écoles défavorisées, manque d'emplois, addictions et familles éclatées.

Je lui ai répondu que je n'avais pas pensé que les gens de couleur puissent interpréter mes mots dans ce sens-là. Je n'avais pas assez réfléchi à ce que le terme « désherbage » – que nous utilisions depuis des décennies dans les forces de l'ordre – pouvait heurter les gens, et surtout les Noirs, à une époque aussi difficile. Je m'étais enfermé dans mon propre point de vue et une personne noire – qui se trouvait être le Président des États-Unis – m'a aidé à voir à travers d'autres yeux.

Nous avons discuté de l'impact sur les communautés noires du pourcentage incroyablement élevé d'hommes noirs incarcérés, et du travail insuffisant de notre pays pour préparer les prisonniers à la réinsertion. Même si j'étais d'accord que l'emprisonnement d'un aussi grand nombre d'hommes noirs était une tragédie, je lui ai expliqué comment le terme d'« incarcération de masse », qu'il avait employé pour décrire ce qu'il voyait comme une épidémie nationale résonnait aux oreilles de ceux d'entre nous qui avions dédié une bonne partie de notre vie à essayer de réduire la criminalité dans les quartiers des minorités. Pour moi, le terme d'« incarcération de masse » renvoyait aux images des camps d'internement des Japonais pendant la Seconde Guerre mondiale, où de nombreuses personnes étaient entassées derrière des barbelés. Je le trouvais inexact et blessant envers toutes les personnes qui cherchaient à aider les gens coincés dans des quartiers dangereux. Inexact dans le sens où ces incarcérations n'avaient rien de « massives » : chaque accusé était traité individuellement, représenté individuellement par un avocat, jugé individuellement par un tribunal, condamné individuellement, réexaminé individuellement en appel et incarcéré. Dans les faits, de nombreuses personnes se retrouvaient en prison, mais pas en « masse ». Et le côté blessant, lui ai-je expliqué, était la façon dont la formule rendait illégitimes tous les efforts des policiers, des agents et des procureurs – mais aussi de la communauté noire – pour venir en aide à des quartiers durement touchés.

Il m'a répondu que je devais me rendre compte que les Noirs vivaient très différemment les rapports avec les forces de l'ordre et les tribunaux, et qu'il était difficile de leur en vouloir s'ils percevaient l'emprisonnement de tant d'hommes noirs, dans des proportions incroyables par rapport à ce qu'ils représentent dans la population nationale, comme un phénomène de « masse ».

En sortant de notre entretien, je me sentais plus éclairé, et j'espérais que d'une certaine manière je l'avais lui aussi aidé à voir les choses sous un angle différent. Notre discussion n'avait rien à voir avec l'écoute « façon Washington » : chacun avait pris le temps de comprendre une perspective nouvelle, avec un esprit ouvert.

Le Président Obama n'aurait jamais envisagé avoir une telle conversation s'il n'avait pas suffisamment confiance en lui pour faire preuve d'humilité. En fait, s'il y avait le moindre signe de déséquilibre chez Barack Obama en tant que dirigeant, la balance penchait certainement du côté de l'assurance. J'allais m'en rendre compte en luttant contre le problème le plus dur que j'ai jamais rencontré au gouvernement : le cryptage.

*

Avant que je prenne la tête du FBI, Edward Snowden, un contractuel qui travaillait pour la NSA, a volé une grande quantité d'informations confidentielles cryptées concernant les activités de la NSA et en a partagé une bonne partie avec la presse. Cette fuite a clairement porté un coup dur à la capacité de notre pays à récolter des informations. En plus de cela, durant l'année qui a suivi ces révélations, les organisations malveillantes des quatre coins du monde ont commencé à transférer leurs communications sur des appareils et des canaux protégés par des cryptages renforcés pour contrecarrer la surveillance gouvernementale, y compris le genre de surveillance électronique autorisée par la loi que pratiquait le FBI. Nous n'avons pu que regarder avec horreur les réseaux terroristes que nous surveillions disparaître lentement des radars.

En septembre 2014, après un an passé à voir nos capacités légales s'amoindrir, j'ai entendu Apple et Google annoncer qu'ils allaient crypter leurs appareils mobiles. Ils l'ont annoncé d'une façon qui suggérait – du moins, à mes oreilles – que fabriquer des appareils immunisés face au système judiciaire représentait une valeur sociale importante. Ça m'a rendu fou. Je ne comprenais pas comment des gens intelligents ne pouvaient pas voir le coût social causé par le fait d'empêcher un juge d'ordonner l'accès aux données électroniques dans certaines affaires. Les annonces Google et Apple ont eu lieu la veille d'une de mes sessions trimestrielles avec les journalistes qui couvraient le FBI et le département de la Justice. Je n'avais pas prévu de parler de cryptage, mais je n'ai pas pu m'en empêcher. J'ai exprimé ma frustration vis-à-vis du passage à l'encodage standard :

> *« Je crois dur comme fer à l'État de droit, mais je crois aussi que personne dans ce pays n'est au-dessus de la loi. Ce qui m'inquiète, ce sont ces entreprises qui promeuvent des objets qui permettent aux gens de se substituer à la loi. »*

*

Avec ces commentaires, je me suis engagé dans un combat complexe et sensible.

Le fossé entre le FBI et les sociétés comme Apple s'explique en grande partie par la façon dont chacun perçoit le monde et par les limites que ces points de vue imposent. Franchement, les deux camps ne s'écoutent pas vraiment l'un l'autre. Les dirigeants des entreprises high-tech n'ont aucune idée des difficultés auxquelles le FBI est confronté chaque jour. Nous passons nos journées à traquer des gens qui planifient des attaques terroristes, qui s'en prennent à des enfants ou qui se livrent au crime organisé. Nous voyons les aspects les plus dépravés de l'humanité, jour après jour. Des actes horribles, inimaginables, voilà ce que les hommes et les femmes du FBI vivent au quotidien, voilà ce qu'ils respirent, voilà ce qu'ils cherchent à arrêter. J'étais affligé de voir que les génies de la technologie ne pouvaient pas le comprendre. Je plaisantais souvent avec l'équipe de cryptage du FBI chargée de trouver des solutions : « Bien sûr que les gars de la Silicon Valley ne voient pas le côté sombre : ils habitent dans un endroit ensoleillé toute l'année, où tout le monde est riche et intelligent. » Ils vivent dans un monde où la technologie rend plus fortes les connexions et les relations humaines. Qui n'aime pas partager un gif de chat avec sa grand-mère ? Ou commander un café sur une application pour qu'il soit prêt dès qu'on rentre dans le Starbucks ? Même si je plaisantais, je trouvais que la communauté high-tech ne prenait pas en compte le prix à payer lorsque les gentils agents des forces de l'ordre ne pouvaient se servir d'ordres judiciaires pour obtenir des preuves. Je crois aussi qu'il serait juste d'admettre que, de notre côté, nous nous focalisons trop sur ce prix à payer, vu toute l'obscurité qui règne derrière nos fenêtres à longueur de journée.

Puisque nos deux camps étaient biaisés par la place qu'ils occupaient dans ce monde, il me semblait important que la solution ne provienne ni d'Apple ni du FBI. Le peuple américain devait décider comment il voulait vivre et être gouverné, mais ce que cela implique d'un point de vue pratique constitue une question très difficile. Le choc entre la vie privée et la sécurité publique dans le contexte de l'encodage ne concerne pas que ces sphères-là, mais pose aussi des problèmes en matière de technologie, de loi, d'économie, de philosophie, d'innovation, de relations internationales, et probablement d'autres valeurs et intérêts.

Au sein de notre gouvernement, le compromis avait toujours été que la vie privée comptait énormément, mais qu'elle devait être mise de côté lorsque, disposant de preuves suffisantes, le gouvernement avait besoin de surveiller les espaces privés pour protéger la communauté. Jamais un pan entier des États-Unis n'avait été totalement interdit d'accès aux autorités judiciaires. D'instinct et de par son parcours, le Président Obama croyait au libertarianisme civil, mais il voyait bien qu'il était dangereux de parler de la vie privée comme d'une valeur absolue, comme il l'a expliqué publiquement à Austin, au Texas, au printemps 2016 :

> « *Mais les dangers sont réels. Il est important de maintenir la loi et l'ordre dans un pays civilisé. Il est important de protéger nos enfants. Ainsi, j'aimerais vous mettre en garde contre le fait d'adopter une position absolutiste sur le sujet. Parce que nous faisons des compromis tout le temps [...] Et l'idée que nos données sont différentes et ne peuvent être soumises aux mêmes compromis est d'après moi erronée.* »

*

Il s'est plongé dans la question en ordonnant un examen approfondi de l'opposition entre vie privée et sécurité, sans précédent à la Maison-Blanche. Lors de l'une des diverses réunions qu'il avait lui-même présidées sur le sujet dans la Situation Room de la Maison-Blanche, il a affirmé que si nous devenions un pays où de grands pans de la vie américaine n'étaient pas accessibles aux juges, ce n'était pas à une entreprise de prendre la décision. Cela changerait la façon dont nous vivions, et seuls les citoyens des États-Unis pouvaient en décider.

Malheureusement, le Président Obama a manqué de temps. Même si son gouvernement a fait des progrès sur la question (notamment via la création d'un plan technique – une « preuve de concept » – visant à montrer qu'il était possible de construire des appareils mobiles protégés et tout de même permettre aux juges d'y ordonner l'accès dans les cas appropriés), il a quitté la présidence sans décider de la marche à suivre, surtout vis-à-vis d'une éventuelle législation à établir.

De ces discussions, une chose m'est restée. Durant l'été 2016, j'étais assis dans la Situation Room, dans laquelle des chefs et membres du personnel exposaient les différentes facettes du problème au président. La « Situation Room » désigne une série de bureaux et de salles de conférences chargés d'épauler le président et son Conseil de Sécurité nationale (NSC), mais il s'agit aussi du nom donné à la salle de conférence dans laquelle le président organise les réunions sur la Sécurité nationale. La pièce ne ressemble pas du tout à celle qu'on voit à la télévision. Elle est bien plus petite. Si l'on rapproche les fauteuils à roulettes en cuir, une dizaine de personnes environ peuvent se joindre au président autour de la table, et il vaudrait mieux pour eux qu'ils n'aient pas mauvaise haleine.

Le personnel déposait des plaques nominatives pour indiquer le plan de table avant chaque réunion. J'y ai siégé des dizaines de fois sous trois présidents différents et je ne comprends toujours pas la logique derrière ce placement. Il m'est arrivé d'avoir à changer de place entre deux réunions consécutives car le sujet n'était pas le même et ma plaque avait bougé. Personne ne s'asseyait en face du président, sinon on lui bloquerait l'écran et la caméra qui permettaient à certains hauts dirigeants de se joindre à nous à distance. On ne voyait que le haut de leur corps, comme sur un plateau de jeu télévisé (sachant cela, j'ai un jour « assisté » à une réunion de Hawaï vêtu d'une veste de costume, d'une chemise, d'une cravate et de mon maillot de bain). De temps à autre, le personnel apportait de petites chaises en bois au bout de la table, loin du président. Je les appelais les chaises « pour enfants » et, comme je n'étais pas secrétaire du Cabinet, je devais souvent m'asseoir dessus. Certains collègues prévenants me proposaient parfois leur fauteuil de grande personne pour s'épargner le spectacle ridicule de la girafe du FBI assise sur un tout petit siège. Le long des murs, il restait de la place pour une dizaine de participants, mais la pièce était si petite que leurs genoux touchaient presque le dossier des chaises.

Nous étions donc entassés dans cette pièce à parler cryptage, alors que le mandat d'Obama arrivait à son terme. Vers la fin de la réunion, le président a pris la parole. Il avait l'air d'avoir compris quelque chose. « Vous savez, c'est vraiment très dur, a-t-il dit à la cantonade. D'habitude, j'arrive à trouver des solutions, mais là, c'est vraiment très dur. »

Ce commentaire m'a inspiré deux réactions, mais je les ai gardées pour moi. D'abord, j'ai pensé : « Sans blague. » Un bon paquet de gens brillants se prenaient la tête sur ce sujet si complexe depuis des années. Ensuite, j'ai été frappé par l'assurance incroyable du président. À mes yeux, du moins, il n'essayait pas de frimer. Il ne donnait pas non plus dans l'autocritique ou le sarcasme comme le Président Bush avait pu le faire. Il pensait vraiment que lui, Barack Obama, pouvait toujours résoudre les problèmes les plus compliqués. Cette fois-là, il était surpris de voir qu'il n'y arrivait pas, et je n'ai pas pu m'empêcher de me dire : « Ah ouais, quand même. »

Je ne savais pas quoi en penser. Une telle assurance – la croyance que l'on peut trouver une réponse aux questions les plus complexes – peut s'avérer inquiétante chez un dirigeant car elle tend à faire taire l'opinion des autres. J'en avais été la preuve vivante. L'une de mes faiblesses, surtout dans ma jeunesse, était la suffisance, une tendance à tirer des conclusions hâtives et m'y attacher fermement, ou à prendre des décisions trop vite en me disant que j'étais une personne « résolue », alors que j'étais tout simplement impulsif et arrogant. J'ai dû lutter contre ça toute ma vie, mais chez Obama, je voyais aussi l'humilité nécessaire pour apprendre des autres, qui cohabite rarement avec la suffisance. Je ne sais toujours pas quoi en penser, et je n'arrive pas à trouver d'exemple de problème concernant la Sécurité nationale dont nous ayons discuté et sur lequel il ait montré des signes de déséquilibre entre assurance et humilité. Au contraire, je l'ai toujours vu s'appliquer à mettre les gens en confiance et à faire en sorte qu'ils lui disent ce qu'il avait besoin de savoir.

J'ai essayé de faire pareil au FBI, sans jamais oublier qu'on se sent toujours plus bas que ses supérieurs. Peu importe à quel point une organisation se veut « linéaire », il y a toujours une hiérarchie connue de tous. Même si tout le monde dans la pièce porte un pull à capuche, un jean déchiré et des tongs. Même si on est tous assis sur des poufs à manger des fruits secs en balançant des idées sur un tableau blanc, s'il y a un patron ou un dirigeant dans la salle, tout le monde le sait. Quelqu'un est toujours « au-dessus » des autres, que son rang soit explicite ou non.

Parler à ses supérieurs nécessite du courage. Il faut passer outre une affliction humaine universelle : le syndrome de l'imposteur. Nous pensons tous, à différents degrés, que si les gens nous connaissaient vraiment, comme nous nous connaissons, ils ne nous estimeraient pas autant. C'est ça, le syndrome de l'imposteur : la peur de révéler ses défauts en montrant son vrai visage. Si vous n'en souffrez pas, ne serait-ce qu'un tout petit peu, vous êtes un sacré salaud et vous devriez arrêter cette lecture immédiatement.

Parler franchement à un pair nous oblige à adopter une position vulnérable. S'adresser à un supérieur est encore plus terrifiant, et s'adresser au maillon le plus haut de la chaîne, encore pire. Dans une organisation paramilitaire constituée de nombreuses couches comme le FBI, dominé pendant un demi-siècle par une seule et même personne – John Edgar Hoover –, la pente peut sembler abrupte. Et encore, faire en sorte que la personne qui parle surmonte son complexe de l'imposteur ne résout pas tout. Les dirigeants eux-mêmes doivent passer outre le leur, vaincre leur peur de ne pas être parfait.

Au FBI, j'ai essayé de créer un climat dans lequel les gens pouvaient me dire la vérité. J'ai fait des choses qui pouvaient paraître stupides, mais auxquelles j'avais mûrement réfléchi. J'ai commencé par encourager les gens à porter des vêtements plus décontractés lors des réunions ordinaires. Je me suis rendu compte que les gens venaient voir le directeur habillés comme s'ils allaient à un enterrement. Je ne portais jamais de veste aux réunions en interne, mais ça n'a pas suffi. Si les gens sont habillés de manière formelle, ils pensent et agissent en restant prisonniers de ce cadre, ce qui n'encourage pas les débats ni les discussions. Il m'a fallu quelques efforts pour changer le code vestimentaire.

J'ai demandé aux membres supérieurs du personnel – une vingtaine d'hommes et de femmes – de ne pas porter de vestes aux rendez-vous internes du matin, sauf s'ils devaient partir immédiatement après pour une réunion extérieure formelle. J'ai obtenu des résultats dès le début, mais trois semaines plus tard, presque tout le monde portait à nouveau une veste. J'ai donc relancé l'annonce, qu'ils ont respectée pendant six semaines de plus, mais je n'ai rien lâché.

J'ai tâché d'installer un climat de confiance en encourageant les chefs à me dire la vérité sur des sujets personnels. J'ai demandé à une salle remplie de cadres dirigeants du

FBI de révéler aux autres quelque chose de surprenant à leur sujet ; j'avais rapidement ajouté qu'il valait quand même mieux que cette révélation ne compromette pas leur habilitation de sécurité, provoquant l'hilarité générale. Quelques semaines plus tard, j'ai fait un tour de table pour leur demander quelle était leur friandise de Halloween favorite quand ils étaient enfants. En novembre, je les ai interrogés sur leur plat de Thanksgiving préféré et en décembre, leur meilleur cadeau pour les fêtes. Bien sûr, ces méthodes pouvaient sembler puériles, semblables à celle d'un professeur dans une classe de primaire, mais les enfants savent s'ouvrir et faire confiance aux autres de façon extraordinaire. Nous avions besoin d'un peu plus d'enfantillages dans nos vies, car les enfants disent plus souvent la vérité que les adultes.

Cette atmosphère de confiance et cette habitude d'écouter réellement allaient m'être nécessaires lorsque le FBI s'est retrouvé, de façon improbable et inattendue, au cœur de l'élection de 2016 opposant Hillary Clinton à Donald Trump.

10

Comme un animal écrasé

> « Rester debout au milieu de la route est très dangereux ; on risque de se faire écraser des deux côtés. »
>
> Margaret Thatcher

Je n'ai jamais rencontré Hillary Clinton, mais ce n'est pas faute d'avoir essayé. Lorsque je suis devenu procureur fédéral pour le district sud de New York en janvier 2002, j'ai demandé à mon assistant d'organiser une rencontre avec la sénatrice de l'État. Je pensais que rencontrer les sénateurs faisait partie de la procédure habituelle pour les procureurs fédéraux (nous étions quatre à représenter le gouvernement fédéral dans l'État de New York), et je ne voulais pas me montrer grossier. J'avais rencontré l'autre sénateur, Chuck Schumer, lors du processus de confirmation du Sénat, mais pas Clinton. Après avoir laissé de nombreux messages à son bureau, nous avons laissé tomber. Ce n'était pas bien grave à l'époque, mais j'ai tout de même trouvé ça étrange.

À ce jour, je ne sais toujours pas pourquoi le rendez-vous n'a jamais eu lieu. J'imagine que ça pourrait s'expliquer par une certaine inefficacité de la part des membres de son cabinet, ou tout simplement parce qu'elle n'avait pas le temps, mais ça avait peut-être un rapport avec le fait que, sept ans plus tôt, j'avais travaillé pendant cinq mois avec le comité d'investigation du Sénat sur les Clinton au sujet d'un certain nombre de dossiers regroupés sous le nom de « *Whitewater* ». Juriste junior, je travaillais encore pour un cabinet d'avocats basé à Richmond et je facturais le Sénat à l'heure. Je me concentrais notamment sur le suicide du conseiller de la Maison-Blanche Vince Foster et les documents conservés dans son bureau, mais mon rôle dans le comité *Whitewater* avait été si court et si minime – j'ai quitté le projet à la mort de notre fils Collin en août 1995 – qu'il me semblait improbable que la sénatrice ne réponde pas à mes appels à cause de ça.

Son absence de réponse au début de l'année 2002 était plus probablement due au fait que mon cabinet supervisait l'enquête sur son mari concernant le pardon accordé à Marc Rich, le marchand de pétrole exilé fiscal, un an plus tôt, lors des dernières heures de la présidence Clinton. En 1983, Rich et son coaccusé, Pincus Green, avaient été inculpés pour soixante-cinq chefs d'accusations différents par le procureur de l'époque, Rudy Giuliani, parmi lesquels : évasion fiscale, fraude informatique, racket et commerce avec un ennemi des États-Unis qui retenait des dizaines de citoyens américains en otage (l'Iran). Rich a fui les États-Unis peu avant sa condamnation (la plus grosse affaire d'évasion fiscale de l'histoire américaine à l'époque). Il a trouvé refuge chez les Suisses, qui ont refusé de l'extrader pour ce qu'ils considéraient comme des délits fiscaux.

Près de deux décennies plus tard, lors de son dernier jour en tant que président, Bill Clinton a accordé à Rich une amnistie inattendue, notamment parce qu'elle concernait un fugitif, ce qui, d'après-moi, n'était jamais arrivé auparavant. Ce pardon était également suspect parce qu'il n'avait pas suivi la procédure normale du département de la Justice. Il avait simplement été revu par l'adjoint du ministre de la Justice d'alors, Eric Holder, qui, sans demander l'avis des procureurs et agents qui connaissaient l'affaire, a annoncé de façon énigmatique à la Maison-Blanche sa position « neutre, mais à tendance positive » sur le sujet. Le comité éditorial du *New York Times* a qualifié cette amnistie d'« abus de pouvoir fédéral choquant ». Face aux allégations supposant que le pardon avait été accordé en échange d'une promesse de contribution à la bibliothèque présidentielle de Bill Clinton de la part de l'ex-femme de Rich, la procureure fédérale de Manhattan qui m'a précédé, Mary Jo White, a ouvert une enquête de corruption. Lorsque j'ai pris sa place en janvier 2002, j'ai hérité de l'enquête, sur laquelle les médias s'étaient largement penchés.

Je connaissais un peu l'affaire car j'avais été responsable de la traque de Marc Rich lorsque j'étais procureur fédéral à Manhattan dix ans plus tôt. À l'époque, Rich était défendu par de célèbres avocats, parmi lesquels « Scooter » Libby, bien avant qu'il ne devienne chef de cabinet de Dick Cheney. En 1992, je me suis rendu à Zurich avec d'autres représentants de la loi pour négocier les conditions de reddition de Rich, aux dires de ses avocats. D'après eux, Rich se rendrait immédiatement s'il voyait que les procureurs étaient des personnes honorables. Avec mon patron, le procureur Otto Obermaier, j'ai rencontré Rich et Pincus Green dans la suite présidentielle d'un grand hôtel surplombant le lac de Zurich pour organiser leur retour à New York. C'est là que nous avons découvert que Rich n'avait aucune intention de se rendre sans négocier au préalable un accord qui lui permettrait d'éviter la prison. Il a fait tout un discours sur ses actions caritatives et sur le fond de l'affaire : « Je ne veux pas passer la moindre journée en prison. » Obermaier lui a répondu : « Nous ne pouvons pas vous le promettre », expliquant qu'il ne négocierait pas avec un fugitif et que Rich pourrait faire part de ses arguments devant le tribunal fédéral de Manhattan. Selon la loi suisse, nous n'avions pas le pouvoir de l'arrêter, alors nous avons quitté le pays et continué nos efforts pour l'interpeller lorsqu'il voyageait.

Bill Clinton a mis fin à cette chasse à l'homme d'un seul coup de stylo, et j'étais chargé de déterminer si ce coup de stylo avait été acheté. Je comprends pourquoi la sénatrice Clinton pouvait appréhender une rencontre avec moi. En fin de compte, nous avons abandonné l'affaire faute de preuves suffisantes. Je pensais que nos chemins n'étaient pas près de se recroiser.

*

Le 6 juillet 2015, le FBI a reçu un message de l'inspecteur général de la communauté du renseignement, un bureau indépendant créé par le Congrès et chargé de repérer des risques et des points faibles dans le vaste monde du renseignement américain. La note soulevait la question de savoir si la secrétaire d'État Hillary Clinton avait mal géré des informations confidentielles sur sa messagerie personnelle. Le 10 juillet, le FBI a ouvert une enquête criminelle. Le département de la Justice du gouvernement Obama, alors dirigé par la procureure générale Loretta Lynch, a nommé des procureurs pour avancer sur l'enquête. Comme des centaines d'autres affaires, le dossier a été ouvert au FBI à un échelon inférieur au mien, et je n'ai appris son existence que lorsque le directeur adjoint m'en a parlé.

Les faits étaient simples : Hillary Clinton s'était servie de son serveur courriel personnel, avec une adresse qu'elle avait créée elle-même, pour mener à bien son travail de secrétaire d'État. Elle avait mis en place le serveur plusieurs mois après sa prise de fonctions. Lors de ses premiers mois en poste, elle avait utilisé une adresse AT & T BlackBerry personnelle avant de passer sur le domaine Clintonemail.com. Dans le cadre de son travail, elle a échangé des courriels avec d'autres fonctionnaires d'État, et l'inspecteur général a découvert qu'elle avait discuté de sujets confidentiels dans le corps d'une douzaine de ces courriels.

Même si on a beaucoup parlé des courriels de Clinton et de l'enquête du FBI depuis, on oublie souvent sur quoi l'agence se concentrait. L'enquête criminelle n'était pas centrée sur le fait que la secrétaire d'État Clinton avait décidé d'utiliser un serveur non gouvernemental pour faire son travail. Pour minimiser le sérieux de l'affaire, les défenseurs de Clinton citent souvent le fait que l'un de ses prédécesseurs, Colin Powell, se servait lui aussi d'une adresse non gouvernementale – dans son cas AOL –, comme si cela avait un rapport avec l'enquête. En réalité, cet argument passait à côté de l'essentiel. Je n'ai jamais vu aucune trace indiquant que Powell avait discuté via son compte AOL d'une quelconque information classée confidentielle à l'époque, alors que de nombreux exemples accablaient Clinton.

L'enquête nous obligeait à répondre à deux questions. La première était de savoir si des documents confidentiels avaient été déplacés et si des sujets confidentiels avaient été discutés en dehors des systèmes sécurisés. Si oui, la seconde question était : à quoi pensait la principale intéressée lorsqu'elle a mal géré ces informations confidentielles ?

On classe les informations en fonction du danger potentiel qu'elles représenteraient pour les États-Unis si elles venaient à être dévoilées. Celles que l'on qualifie de

« confidentielles » peuvent causer du tort à la nation. Celles que l'on classe « secrètes » représentent un « grave » danger pour la Sécurité nationale. Les informations « très secrètes », si on les divulguait, causeraient des dégâts « particulièrement sévères » à la sécurité des États-Unis. Ce système est protégé par une variété de sanctions administratives potentielles, dont la possibilité de perdre son accréditation de sécurité ou son travail. Dans les cas les plus graves, l'accusé risque même des poursuites criminelles. Une série de lois sur l'espionnage indiquent que voler ou révéler des données concernant la Sécurité nationale à des gens qui n'y ont pas accès est un crime. Ces lois s'appliquent surtout pour les espions, ou lorsque quelqu'un livre des informations confidentielles à des journalistes. Le plus souvent, on a recours à une autre loi qui classe comme un délit mineur – répréhensible jusqu'à un an de prison – le fait de mal gérer des informations classées en les sortant des systèmes appropriés. Malgré ça, le département de la Justice demande depuis longtemps aux enquêteurs de fournir des preuves solides indiquant que les fonctionnaires savaient qu'ils faisaient quelque chose de mal en manipulant ces informations.

Dans le cas de la secrétaire d'État Clinton, la réponse à la première question – les informations ont-elles été mal gérées ? – est clairement « oui ». En tout, trente-six chaînes de courriels concernaient des sujets classés secrets à l'époque. À huit reprises lors de ces milliers de courriels échangés sur quatre ans, Clinton et son équipe ont abordé des sujets classés « très secrets », parfois de façon codée, parfois ouvertement. Ils ne se sont pas envoyé les documents les uns aux autres, mais ça ne change rien. Même si les gens impliqués dans les courriels disposaient des habilitations de sécurité adéquates et avaient besoin de ces données, n'importe qui dans cette position aurait dû savoir que le fait de discuter d'informations confidentielles sur un système non protégé portait atteinte aux règles concernant les documents secrets. Même s'ils ne représentent qu'une petite partie des courriels de Clinton, ces échanges étaient inacceptables à tous les niveaux. En d'autres termes, trente-six chaînes de courriels parlaient de sujets pouvant causer de « graves » dégâts à la Sécurité nationale, et huit risquant d'entraîner des dommages « extrêmement graves ». Le cœur de l'affaire reposait donc sur la deuxième question : à quoi pensait-elle en agissant ainsi ? Était-ce de la négligence ou y avait-il eu intention criminelle ? Pouvait-on prouver qu'elle savait qu'elle faisait quelque chose de mal ?

Savoir et prouver ce qui se passe dans la tête de quelqu'un est toujours un exercice délicat. Depuis le début de l'enquête, j'avais à l'esprit la récente affaire de l'ancien directeur de la CIA, David Petraeus, qui s'était terminée quelques mois plus tôt. En 2011, Petraeus avait remis plusieurs calepins contenant des tas d'informations sensibles et hautement confidentielles à une écrivaine avec qui il avait une liaison. Contrairement aux interlocuteurs de Clinton, cette auteure n'avait ni l'autorisation ni le besoin légitime d'accéder à ces données, qui incluaient des notes de discussions avec le Président Obama sur des sujets très délicats. Pour l'amour du ciel, Petraeus était directeur de la CIA, responsable des secrets de la nation ! Il savait aussi bien que n'importe quel membre du gouvernement que ce qu'il faisait était mal. Il a même laissé la femme photographier des pages capitales de certains dossiers secrets. Ensuite, comme pour souligner le fait qu'il avait conscience de mal agir, il a menti aux agents du FBI à ce sujet. Malgré toutes ces preuves flagrantes, concernant des faits bien plus graves que Clinton et après avoir manifestement caché la vérité au FBI, le département de la Justice ne l'a poursuivi que pour délit mineur après négociations. En avril 2015, il a reconnu sa faute et accepté de payer une amende de quarante mille dollars et d'écoper d'une période de liberté conditionnelle de deux ans.

Les charges retenues contre Petraeus pour avoir mal agi avec des documents confidentiels étaient raisonnables et collaient avec les affaires similaires antérieures, mais j'ai fortement insisté auprès d'Eric Holder sur le fait que l'on pouvait aussi le poursuivre pour crime car il avait menti au FBI. Les affaires Martha Stewart, Leonidas Young et « Scooter » Libby en tête, j'ai affirmé que si nous ne tenions pas les généraux en retraite et les directeurs de la CIA pour responsables de leurs mensonges flagrants lors des enquêtes, nous ne pourrions justifier l'arrestation de milliers d'autres personnes pour les mêmes motifs. J'étais convaincu, et je crois toujours, qu'on avait fait deux poids, deux mesures de l'affaire Petraeus en raison de sa position. Une personne pauvre ou inconnue – un jeune pasteur baptiste noir de Richmond, par exemple – aurait été poursuivie pour crime et envoyé en prison.

Malgré les revendications incessantes des médias conservateurs, pleines de scandales exagérés et de pauvres révélations peu importantes, l'affaire Clinton – du moins telle que nous l'envisagions au début – ne semblait pas aussi grave que celle du général Petraeus, car les documents mal gérés étaient moins nombreux et moins confidentiels. Même si elle se servait d'un serveur non protégé pour aborder des thèmes tenus secrets, tout le monde dans la chaîne de courriels semblait bénéficier d'une accréditation suffisante et d'un besoin légitime de connaître ces informations. Sans pour autant préjuger des conclusions de l'enquête, nous l'avons entamée en sachant que les procureurs du département de la Justice ne risquaient pas de donner suite. Les choses pouvaient changer, bien sûr, si l'on découvrait un courriel tout chaud dans lequel un membre du gouvernement indiquait à la secrétaire d'État Clinton de ne pas faire ce qu'elle faisait, si nous arrivions à prouver qu'elle avait fait entrave à la justice, ou encore si, comme Petraeus, elle nous avait menti durant un entretien. Tout allait donc dépendre de ce que nous pourrions prouver catégoriquement, critère bien différent de ce qu'on voit dans les débats télévisés ou les extraits sonores du Congrès.

Washington étant une ville tribale, les Républicains de premier plan ont immédiatement clamé, de façon prévisible, qu'on ne pouvait faire confiance au gouvernement Obama pour enquêter sur la candidate démocrate à la présidentielle, ancienne fonctionnaire dudit gouvernement. De nombreux Républicains, poussés par des experts juridiques autoproclamés sur leurs médias préférés, et réagissant souvent à des informations inexactes ou trompeuses, semblaient persuadés que l'ancienne secrétaire d'État avait commis les pires crimes depuis que les Rosenberg avaient divulgué nos secrets nucléaires aux Russes dans les années 1950, ce qu'ils avaient payé de leurs vies. Les Démocrates, eux, rejetaient l'affaire depuis le début, affirmant que l'examen des courriels n'était même pas une « enquête » mais une simple « vérification », ou Dieu sait quel autre euphémisme tordu.

Sous la pression intense du camp Clinton, le *New York Times* est revenu sur un article, publié le 23 juillet 2015, qui disait que le département de la Justice envisageait d'ouvrir une enquête criminelle sur l'affaire des courriels. Le journal a apporté deux corrections séparées : d'abord, il a affirmé que Mrs Clinton n'était elle-même au centre d'aucune enquête, puis, le lendemain, il a modifié l'intitulé de la note envoyée par l'inspecteur général au FBI, passant d'« enquête criminelle » à « enquête de sécurité ». Même si le *Times* avait jugé ces clarifications nécessaires, leur article original était plus près de la vérité. Certes, le message reçu par le FBI de la part de l'inspecteur général ne contenait pas le mot « criminel », mais le temps que la nouvelle arrive, nous avions bel et bien ouvert une enquête criminelle, centrée sur la conduite de la secrétaire d'État. Nous n'avons pas corrigé le *Times* et contredit l'équipe de campagne Clinton parce que, conformément à nos méthodes, nous n'avions pas encore atteint le stade approprié pour confirmer l'enquête. Pourtant, cette querelle acharnée sur le choix des mots n'était qu'un avant-goût de ce qui allait suivre, et bon nombre de personnes au FBI le savaient.

*

« Vous savez que vous êtes foutu, hein ? »

Le directeur adjoint du FBI en fonction durant l'été 2015 était un agent spécial de carrière intelligent, direct et doté d'un humour grinçant du nom de Mark Giuliano.

J'ai esquissé un sourire crispé. « Ouais, ai-je répondu. Personne n'en sortira vivant. »

Ce n'était bien sûr pas la première fois que je me retrouvais au milieu d'une situation susceptible de contrarier, voire d'outrager, des gens très puissants. D'une certaine façon – que je n'aurais pas imaginée à l'époque – Martha Stewart, « Scooter » Libby, *Stellar Wind* et les politiques de torture du gouvernement Bush étaient un échauffement pour ce qui m'attendait. Sous pression dans tous ces cas-là, nous avions essayé d'écarter les avis extérieurs et de ne suivre que la loi et les faits. Avec le recul, je pensais toujours qu'on avait fait ce qu'il fallait.

L'enquête Clinton – l'examen Clinton, l'étude Clinton, ou tout autre terme employé de part et d'autre de l'échiquier politique pour y faire allusion – était déjà un sujet important dans la campagne présidentielle naissante. Ce que Giuliano voulait dire, et qui ne m'avait pas échappé, c'est que la situation n'avait pas d'issue favorable pour le FBI. Derrière l'humour grinçant de Mark grinçait bel et bien l'inévitable gibet. Peu importe le résultat, la crédibilité de l'institution serait ternie, et la mienne avec. La seule question, c'était de savoir à quel point. Aussi étrange que cela puisse paraître, on ressent une certaine liberté quand on est complètement foutu, quand on sait qu'on essuiera des critiques quoi qu'il arrive. La moitié du pays allait hurler de toute façon, alors autant ignorer les détracteurs et laisser les faits et la loi déterminer de quelle moitié il s'agirait. À l'époque, bien sûr, je n'avais pas envisagé l'hypothèse que nos actions puissent outrager les deux moitiés.

Pour s'occuper de l'affaire, la division de contre-espionnage du FBI a réuni un groupe d'une vingtaine d'experts composé d'agents, d'analystes et de personnel adjoint. Comme toujours, ils lui ont donné un nom de code bien obscur : *Midyear Exam*. Le groupe avec lequel je m'entretenais régulièrement au sujet de *Midyear* comprenait des cadres du FBI parmi les plus anciens, des agents et analystes chargés de la supervision de l'affaire au jour le jour, et des avocats issus de trois niveaux différents au bureau de l'avocat général. Je faisais souvent référence à ce groupe de douze personnes sous le nom de « l'équipe *Midyear* ». Je ne voyais les autres que pour les remercier régulièrement pour leur travail acharné.

Au cours des dix-huit mois qui ont suivi, j'ai fait confiance aux douze membres de l'équipe *Midyear* pour m'aider à prendre des décisions sur l'affaire, même si le dernier mot me revenait. Il y a eu quelques rotations à cause de certains départs à la retraite, mais le groupe restait constitué de gens très intelligents avec de fortes personnalités, qui entraient fréquemment en conflit les uns avec les autres, comme l'auraient fait des frères et sœurs. Cela me plaisait. L'une des jeunes juristes avait tendance à soupirer de dégoût dès qu'une phrase ne lui plaisait pas et interrompre la personne avec agressivité, peu importe qui parlait, ce qui avait le don d'agacer bon nombre de ses collègues. Moi, j'adorais ça. Je la voulais dans l'équipe parce que je savais qu'elle se fichait complètement de la hiérarchie. Son franc-parler la valorisait, même quand elle avait tort. Je voulais entendre son opinion et je savais qu'elle me la donnerait sans que je lui demande, même si elle devait couper la parole à un haut responsable pour cela. Ces interruptions déclenchaient de grandes conversations.

Chacun de mes conseillers devait bien avoir ses propres opinions politiques. Ils étaient humains, après tout. Leurs conjoints, leurs amis et leurs familles avaient eux aussi leurs propres points de vue. Mais je n'en savais rien, car je n'ai jamais entendu un seul membre de l'équipe – pas un seul – prendre une position motivée par ses convictions politiques personnelles. Je n'ai jamais entendu le moindre argument ou opinion qui pouvait me sembler fondé sur un parti pris politique. Jamais. Au lieu de ça, on débattait, argumentait, écoutait, réfléchissait, hésitait, se faisait l'avocat du diable, et on trouvait même le moyen de rire tout en planchant sur nos décisions importantes. Je leur ai donné l'ordre de me tenir étroitement informé afin que je puisse m'assurer que les enquêteurs disposent de toutes les ressources dont ils avaient besoin et toutes les protections possibles face aux pressions extérieures, et pour me permettre de prendre les décisions capitales ; mon travail, en définitive.

La première décision à prendre concernait la nécessité ou non de rendre l'affaire publique. Comme le voulait la coutume, le FBI a refusé de confirmer l'existence d'une enquête concernant les courriels de la secrétaire d'État Clinton après son début au mois de juillet. Mais à la fin du mois de septembre 2015, après quasiment trois mois de labeur, cette absence de tout commentaire paraissait de plus en plus stupide. Après tout, l'enquête avait démarré par une note publique de l'inspecteur général. Les équipes de campagne et les deux partis au Congrès parlaient de notre travail. Les agents interrogeaient des gens en lien avec l'affaire et interagissaient avec des personnes qui pouvaient potentiellement en parler à la presse, et qui ne se gênaient pas de le faire. Le Congrès voulait une confirmation officielle que nous planchions sur la question, surtout parce que la presse le réclamait.

Les politiques du département de la Justice et du FBI renfermaient des exceptions concernant notre pratique du « sans commentaire », pour les enquêtes d'un intérêt général extraordinaire, ou lorsque nos investigations étaient visibles par le public. Nous avions déjà utilisé cette exception un bon nombre de fois durant mon mandat de directeur, pour confirmer l'existence d'une enquête criminelle sur un potentiel ciblage injustifié de la prétendue organisation politique Tea Party par l'*Internal Revenue Service*[1] (IRS), mais aussi celle d'une enquête sur la violation des

1. Services fiscaux américains. (*N. d. T.*)

droits civils à Ferguson, dans le Missouri. Dans ces deux situations, comme dans tant d'autres au cours de ma carrière, le département a jugé que le public devait savoir que les professionnels du maintien de l'ordre travaillaient sur ces affaires controversées.

Il se trouvait que la ministre de la Justice Loretta Lynch et moi-même avions programmé des rendez-vous avec des reporters au début du mois d'octobre, et que nous savions pertinemment qu'on nous demanderait à tous les deux si le département de la Justice avait réagi à la note que nous avions reçue de la part de l'inspecteur général de la communauté du renseignement. D'après moi, si nous voulions confirmer l'enquête, c'était le bon moment de le faire. À la fin du mois de septembre, j'ai donc organisé une réunion avec la ministre pour discuter de cette éventualité. Des hauts dirigeants du département de la Justice et du FBI ont également assisté à cette réunion, qui s'est tenue dans une salle de conférence du centre de commandement du département.

Je connaissais Loretta Lynch depuis le début des années 1990, à l'époque où nous avions travaillé ensemble sur une affaire en tant que procureurs de New York. Les trafiquants de drogues sur lesquels nous enquêtions à Manhattan avaient prévu d'assassiner un juge fédéral à Brooklyn, où Lynch était procureure fédérale adjointe, ce pourquoi nous avons uni nos forces. Au centre de commandement du département de la Justice, je lui ai expliqué que, lors de ma conférence de presse trimestrielle prévue le 1er octobre, j'envisageais de confirmer l'ouverture d'une enquête sur les courriels de Clinton, ce que tout le monde savait déjà de toute façon, mais que je ne donnerais pas d'autres précisions.

La ministre Lynch a convenu que c'était une bonne idée, mais elle a rapidement ajouté :

— Employez simplement le mot « question ».

— Pourquoi est-ce que je ferai ça ? ai-je demandé.

— Contentez-vous d'employer le mot « question », a-t-elle simplement répondu.

Sur le moment, je me suis dit que cette précision sémantique ressemblait fort au combat du camp Clinton contre le *New York Times* au mois de juillet. Depuis lors, l'équipe de campagne de Clinton avait eu recours à divers euphémismes pour éviter le mot « investigation ». La ministre de la Justice semblait m'inviter à suivre cette stratégie. Sa réponse me laissait à penser qu'elle n'avait aucune justification légale ou procédurale à apporter à sa requête, du moins pas fondée sur nos méthodes et nos traditions. Sinon, j'imagine qu'elle me l'aurait dit.

Le FBI ne s'occupait pas de simples « questions ». Le terme ne signifiait rien dans notre langage, et suggérer le contraire prêtait à confusion. J'ai probablement eu tort de ne pas plus remettre en cause cette requête, mais sur le moment, je l'ai jugée trop anodine pour la contester, surtout pour un premier conflit avec une nouvelle patronne. J'étais persuadé que la presse et le public passeraient complètement à côté de la distinction entre « question » et « enquête » de toute façon. Peut-être qu'elle le savait, elle aussi. Je sais que les membres du FBI qui ont assisté à notre réunion ont jugé la requête comme ouvertement politique lorsque nous en avons discuté après coup. L'un des membres haut placés de l'équipe de Lynch partageait leur avis : lorsque nous sommes sortis, George Toscas, à l'époque numéro trois de la division de la Sécurité nationale, nous a souri et a dit d'un ton sarcastique : « Eh bien, il semblerait que vous soyez devenu le Bureau fédéral des Questions… »

J'ai suivi la consigne de la procureure générale lors de ma conférence de presse trimestrielle le 1er octobre 2015. Lorsqu'un journaliste m'a posé une question au sujet de l'« investigation », j'ai répondu que je la suivais de près. J'ai affirmé avoir confiance dans « les ressources et le personnel assigné à la question, comme pour toutes nos missions, nous permettant d'agir de manière professionnelle, prompte et indépendante ».

J'ai fait ce que ma patronne m'a demandé de faire. J'ai employé le mot « question ». Comme prévu, la presse n'a pas relevé la nuance et rapporté que j'avais confirmé l'existence d'une enquête. À partir de ce moment-là, j'ai commencé à l'appeler par son vrai nom : nous avions ouvert une « enquête » et je ne ferai pas d'autre commentaire ; avant d'y être forcé, bien des mois plus tard.

*

Les enquêteurs de *Midyear Exam* ont travaillé dur tout l'hiver, occupés à chercher des preuves nous permettant de déterminer ce que la secrétaire d'État Clinton avait en tête lorsqu'elle a mis en place son serveur courriel et pourquoi elle s'en était servi. Ils ont lu tous les courriels qu'ils ont pu trouver, fouillé dans les boîtes de réception de gens à qui elle avait pu écrire, retrouvé les personnes qui avaient créé le serveur, assuré son entretien et fourni les appareils mobiles. Ils ont aussi interrogé tous ceux qui travaillaient avec elle au département d'État. L'enquêteur et l'analyste chargés de la supervision s'entretenaient avec moi toutes les deux semaines environ pour me tenir au courant de l'avancée du travail de leur équipe, qui impliquait en grande partie la pénible reconstitution de dossiers électroniques. Les agents ont par exemple découvert un serveur désactivé qui avait autrefois hébergé son domaine informatique personnel, mais le logiciel de courriels avait été supprimé par le personnel technique lorsque le serveur avait été remplacé, ce qui équivalait à lâcher des millions de petits fragments de courriels tout au fond du serveur. Avec une minutie incroyable, l'équipe a réussi à reconstituer une bonne partie de ce puzzle ahurissant.

Malgré ça, au début de l'été 2016, nous n'avions toujours pas de dossier concluant. Il nous restait du pain sur la planche et nous avions besoin d'interroger la secrétaire d'État Clinton ; le genre de choses que les enquêteurs gardaient pour la fin dans les cas comme celui-là, après avoir réuni toutes les informations possibles. Mais jusque-là, nous n'avions pas rassemblé assez de preuves. On savait que le Département n'avait jamais retenu et ne retiendrait pas les charges dans une telle affaire sans preuves concrètes que la cible de notre enquête avait conscience de faire quelque chose d'illégal. Les accidents, la négligence, voire la plus grande imprudence vis-à-vis d'informations confidentielles n'entraînent pas de poursuites. Jamais. Bien sûr, pour un employé du gouvernement actuel, ces imprudences auraient de graves conséquences, y compris la possibilité de perdre l'accès aux données classées et de se faire virer, mais il ne risquerait aucune sanction pénale.

Si l'enquête suivait sa trajectoire, la difficulté consisterait à la clore de façon à assurer les Américains que leur système judiciaire fonctionnait de manière honnête, compétente et indépendante. Évidemment, nous n'arriverions jamais à en convaincre les plus virulents détracteurs de Clinton dans les médias, mais avec un peu de chance nous pouvions toucher une majorité de citoyens ouverts d'esprit.

Mais au début de l'année 2016, un fait nouveau est venu menacer nos efforts de façon significative. Un fait nouveau, encore inconnu des Américains à ce jour. À l'époque, on nous avait appris l'existence de documents arrivés entre les mains du gouvernement des États-Unis via une source confidentielle ; la source et le contenu des documents sont toujours classés à l'heure où j'écris. S'ils avaient été rendus publics, ces documents non confirmés auraient sans aucun doute été instrumentalisés par des opposants politiques pour émettre de sérieux doutes sur l'impartialité de la ministre de la Justice vis-à-vis de l'affaire Clinton.

Personnellement, à aucun moment je n'ai vu Loretta Lynch interférer avec notre enquête. En fait, je ne lui en avais pas parlé avant notre discussion sur la « question », fin septembre. Même si ses consignes m'avaient préoccupé sur le moment, je n'ai perçu aucun signe indiquant qu'elle avait par la suite contacté les enquêteurs et les procureurs chargés du dossier. Mais j'étais gêné par l'existence d'informations confidentielles qui seraient un jour rendues publiques – sûrement dans quelques décennies –, et que l'on pourrait utiliser pour critiquer l'intégrité de l'enquête et, surtout, remettre en question l'indépendance du FBI.

Malheureusement, le Président Obama contribuait à ce problème. Il avait mis à mal la crédibilité du département de la Justice concernant l'enquête en affirmant dans une interview pour *60 minutes*, le 11 octobre 2015, que l'épisode des courriels de Clinton était « une erreur » qui n'avait en rien compromis la Sécurité nationale. Ensuite, le 10 avril 2016 sur Fox News, il a déclaré que Clinton avait fait preuve d'imprudence mais qu'elle n'avait pas volontairement cherché à mettre en péril la sécurité du pays, suggérant qu'il y avait eu dans cette affaire une surclassification des données de la part du gouvernement. Le Président

Obama est un homme très intelligent qui connaît très bien la loi. À ce jour, je ne sais toujours pas pourquoi il a parlé publiquement de l'enquête et pourquoi il a semblé absoudre Hillary Clinton avant que l'on puisse aboutir à une conclusion. Un œil extérieur pouvait légitimement se poser la question : si le Président a déjà tranché, comment le département de la Justice pouvait-il faire autrement que suivre son choix ? En vérité, le Président – du moins autant que je le sache – ne disposait pas de plus d'informations que les gens qui suivaient l'affaire dans les médias. On ne l'avait pas briefé de notre travail. Et s'il suivait les médias, alors il ne savait rien, parce qu'il n'y avait eu aucune fuite à ce moment-là. Ses commentaires nous exposaient à des critiques corrosives si le dossier venait à être clos sans trouver de motifs d'accusation.

Au début du printemps, lorsque j'ai commencé à comprendre que nous n'aurions jamais assez de preuves pour aller au bout, j'ai demandé à la procureure générale adjointe – ma supérieure directe – de se représenter un instant à quoi ressemblerait notre stratégie de fin de partie si nous ne retenions pas d'accusations. Sally Yates était une procureure de carrière que je connaissais depuis des années. Elle avait travaillé avec un de mes meilleurs amis à Atlanta, où elle s'était forgé la réputation d'être coriace, réfléchie et impartiale ; tout ce que j'ai pu voir en tant que directeur du FBI collait à cette description. Puisque ce n'était pas une affaire normale, et que 2016 n'était pas une année normale, j'ai suggéré à Yates qu'il serait peut-être nécessaire de faire preuve d'une transparence inhabituelle pour rassurer le peuple américain et protéger les institutions judiciaires. J'ai dit que j'espérais qu'elle désigne une équipe pour voir ce qu'il était possible de faire en toute légalité. Je n'ai reçu aucune réponse.

Un enquêteur ou un procureur qui ne sent pas venir le dénouement d'une affaire après quasiment un an de travail est un incompétent. Les procureurs commencent souvent à retenir les accusations avant la fin d'une enquête si elle a l'air de mener à de telles conclusions, et les plus compétents réfléchissent à une façon de clore un dossier qui semble stérile. Dans les deux cas, on doit toujours accepter une issue différente si des preuves ultérieures l'indiquent, mais les gens expérimentés ont souvent une longueur d'avance.

Lors d'un week-end, au début du mois de mai, j'ai écrit un brouillon de déclaration concernant les découvertes faites dans l'affaire avec le plus de transparence possible dans l'optique où l'affaire s'achèverait telle quelle. À moins de retrouver un courriel prouvant irréfutablement les intentions de Clinton, ou qu'elle nous ait menti lors d'un entretien, ce qui était encore possible, je pensais que l'enquête allait s'arrêter là. Dans un environnement politique aussi toxique, je savais que nous avions besoin d'anticiper la meilleure manière de rendre notre verdict. J'ai beaucoup modifié ce brouillon. J'ai essayé plusieurs façons de décrire la nature du comportement de la secrétaire d'État Clinton. Ses actes vis-à-vis de ses courriels nous paraissaient vraiment imprudents, au-delà de la simple inattention. À un moment, le brouillon comprenait les termes « grave négligence », mais j'avais précisé que ces mots ne devaient pas être interprétés comme dans un texte de loi pénale vieux de cent ans. Une partie de la loi en question, datant de 1919, considérait comme criminelle une personne qui « par une grave négligence permet à [des documents confidentiels] d'être déplacés de l'endroit où ils doivent être gardés, remis à quiconque en violation de son droit, perdus, volés, extraits ou détruits ».

L'histoire de cette clause semble clairement indiquer que le Congrès de 1919 l'avait conçue uniquement pour les actes presque volontaires – c'est-à-dire motivés par de mauvaises intentions –, et les membres qui l'ont votée à l'époque ont tout fait pour ne pas définir comme crime la simple inattention. On m'a dit que le département de la Justice avait retenu des charges contre une seule personne en vertu de cette clause depuis 1919 – un agent du FBI corrompu dont les actions dépassaient largement la grave négligence –, et personne n'avait jamais été condamné. Ce contexte me confortait dans l'idée que la clause ne s'appliquait pas à l'affaire Clinton, ce qui rendait les termes de « grave négligence » inappropriés et potentiellement déroutants. J'ai donc invité notre équipe à trouver d'autres mots qui décrivaient plus précisément ses actes. Après avoir étudié de nombreux brouillons, j'ai opté pour « extrêmement imprudent ».

J'ai remis le brouillon de ma déclaration aux cadres dirigeants du FBI et je leur ai demandé de se concentrer sur trois choses : la précision des faits décrits dans le brouillon, la moindre entrave empêchant de faire une telle déclaration, et les moyens les plus sages de la présenter au peuple américain. Je ne pensais pas que nous irions plus loin. « Je n'ai pas encore pris ma décision finale, leur ai-je dit, mais partons de ce brouillon pour nos réflexions. » Que pouvons-nous faire de plus sans enfreindre la loi ? Quelle est la solution la plus sensée ? Si nous devions faire une sorte de déclaration publique, comment procéderions-nous ? Aux côtés de la ministre de la Justice ? Dans un rapport écrit au Congrès ? Seuls ? Il fallait en discuter.

L'équipe de direction du FBI s'est penchée sur le texte, l'a annoté, en a débattu et s'est laissé la nuit pour réfléchir. Je voulais autant de retours que possible, à un détail près :

pour protéger si nécessaire l'indépendance du FBI par la suite, je ne voulais pas que le département de la Justice sache ce que nous faisions. Notre démarche la plus agressive pour prouver l'impartialité de notre enquête consisterait à annoncer nos conclusions sans impliquer le département. Je ne savais pas si c'était logique, et parfois l'idée me semblait folle, mais ça n'aurait plus été possible si nous avions parlé de nos délibérations à qui que ce soit à la Justice. Ils auraient bien pu me dire d'abandonner l'idée, et j'aurais été obligé de suivre cet ordre, comme je l'avais fait en qualifiant l'enquête de « question ». Nous avons donc gardé l'information pour nous et continué d'en débattre tandis que la dernière étape de l'enquête approchait : l'entretien avec Hillary Clinton.

Mais à ce moment-là, le dossier s'est embourbé. Un des gros problèmes de l'affaire, et du débat public qui en découlait, était le processus de décision de Hillary Clinton concernant les courriels à transférer au département d'État conformément à ce qui lui avait été demandé. D'après elle, il y avait environ soixante mille courriels en tout sur son serveur personnel à la fin de l'année 2014, lorsque le Département lui a demandé ses messages professionnels. Les avocats personnels de la secrétaire d'État ont épluché ces courriels, en ont gardé la moitié et supprimé l'autre. Les membres de l'équipe *Midyear* et moi pensions que notre enquête ne serait pas crédible si nous ne nous impliquions pas dans ce processus de sélection. Nous ne pouvions pas simplement les croire sur parole. Nous avions besoin de savoir comment les avocats choisissaient et nous voulions voir les appareils qu'ils utilisaient pour que nos experts puissent retrouver la trace des courriels supprimés.

Pour des raisons compréhensibles, cela rendait les avocats du département de la Justice très nerveux. Les ordinateurs portables dont ils s'étaient servis pour passer en revue les mails de la secrétaire d'État Clinton contenaient également tout leur travail pour leurs autres clients. Notre examen de ces appareils pouvait potentiellement violer la confidentialité client-avocat et la protection de leur travail, non simplement vis-à-vis de Hillary Clinton, mais aussi de clients qui n'avaient rien à voir dans l'affaire. La juriste qui repré entait les avocats de Clinton, Beth Wilkinson, s'est montrée catégorique face au département de la Justice : ses avocats et elle ne divulgueraient pas la nature du travail qu'ils faisaient pour leurs clients, et ils ne montreraient pas leurs ordinateurs au FBI. Là-dessus, Wilkinson semblait prête à se battre jusqu'au bout. L'avocat général du FBI, Jim Baker, connaissait Wilkinson, alors je lui ai demandé de lui parler pour souligner notre détermination à obtenir ces ordinateurs. Il l'a fait, mais elle a rapidement raconté aux avocats du département de la Justice que le FBI leur tournait autour. Un vent glacial s'est abattu sur nos relations avec les juristes du Département.

Nous étions dans une impasse. Le FBI ne pouvait pas sérieusement annoncer aux Américains qu'il avait mené à bien une enquête de manière compétente sans remuer ciel et terre pour comprendre le processus de vérification et de sélection des courriels. La confrontation avec les avocats nous importait peu. Nous refusions de clore le dossier avant d'avoir vu ces ordinateurs et interrogé ces avocats. Point final. Si la secrétaire d'État Clinton voulait rester au centre d'une enquête criminelle pendant les deux prochaines années, tant pis pour elle. Malgré cet argument, nous n'avions toujours pas accès aux ordinateurs à la mi-mai. On risquait sérieusement de devoir prolonger l'enquête durant l'été, après les meetings politiques au cours desquels les candidats à la présidentielle seraient nommés.

En mai, je suis allé voir Sally Yates pour lui dire que cette affaire avait assez duré. À quelques semaines des meetings, j'étais à deux doigts de recommander la nomination d'un procureur spécial. Mes prédécesseurs l'avaient fait de temps en temps, notamment le directeur Louis Freeh, qui avait demandé par écrit à la ministre d'en nommer un pour enquêter sur les collectes de fonds du Président de l'époque, Bill Clinton. J'ai affirmé qu'il serait bientôt trop tard pour que le département de la Justice mette fin à cette enquête sans endommager gravement la confiance du public envers notre travail. Il faudrait un procureur extérieur au contrôle politique du département. Je ne savais pas à quelle date je recommanderais officiellement une telle mesure, mais on s'en approchait, à moins d'avoir accès aux ordinateurs portables.

Yates a compris. Je ne sais pas ce qu'elle a fait, mais presque immédiatement l'équipe *Midyear* a perçu une dose d'énergie et de cran chez les jeunes avocats du département de la Justice. D'un coup, ils se pliaient en quatre pour obtenir les ordinateurs. Au bout d'une semaine ou deux, ils avaient négocié un accord qui nous offrait ce que nous voulions : les appareils ainsi que des entretiens avec les avocats qui s'en étaient servis pour trier les courriels de Clinton. Je ne sais pas comment ils ont convaincu les privés d'accepter, parce que le FBI n'était pas impliqué dans les négociations. Nous avons eu accès à ce que nous voulions et nous n'avons rien trouvé qui puisse changer le cours de l'enquête, mais j'étais au moins satisfait que nous ayons fait ce qu'il fallait pour rester crédibles.

Pendant toute cette période de lutte pour l'obtention des ordinateurs, j'ai passé le mois de juin à plancher sur ce que je pensais être le dénouement de la partie. Comment clore le dossier des courriels Clinton – six semaines avant la convention nationale démocrate – pour convaincre au mieux le public que les institutions judiciaires avaient fait ce qu'il fallait ? Deux détails m'ont ramené à l'idée folle d'offrir personnellement une transparence inhabituelle au peuple américain, et ce sans l'accord des dirigeants du département de la Justice.

D'abord, au milieu du mois de juin, le gouvernement russe a commencé à divulguer des courriels volés à des institutions associées au parti démocrate. Tout a commencé par des entités qui se faisaient appeler DCLeaks et Guccifer 2.0. Ces courriels avaient été piratés dans le but de nuire à Clinton et aux Démocrates. Les documents confidentiels concernant Loretta Lynch risquaient de tomber à tout moment, et pas dans quelques décennies. Comme je l'ai précisé plus haut, les révélations de ces documents, dont la véracité n'avait pas été établie, permettraient aux détracteurs d'affirmer haut et fort que l'équipe de campagne de Clinton, à travers la personne de Lynch, avait contrôlé l'enquête du FBI.

Ensuite, le lundi 27 juin, sur le tarmac brûlant de l'aéroport de Phoenix, en Arizona, Bill Clinton et la ministre de la Justice Lynch se sont entretenus en privé durant vingt minutes à bord d'un Gulfstream V du FBI. Lorsque j'ai entendu parler de ce rendez-vous impromptu, je n'y ai pas prêté grande attention. Je n'avais aucune idée de ce dont ils avaient discuté mais, à mes yeux, l'idée que cette conversation puisse impacter l'enquête était ridicule. Si Bill Clinton essayait d'influencer la ministre, il ne le ferait pas en plein jour sur un tarmac fréquenté à quelques mètres d'un groupe d'agents du FBI. De plus, Lynch ne dirigeait pas l'enquête. Cependant, ces faits évidents ne changeaient rien pour les experts télévisés. Tandis que la tempête prenait de l'ampleur dans les médias, j'ai commencé à tendre l'oreille, voyant que le débat se changeait en un nouvel argument corrosif pour affirmer qu'on ne pouvait pas faire confiance au département de la Justice du gouvernement Obama pour s'occuper de l'enquête des courriels Clinton.

Au cœur de cette tempête, la ministre a refusé de se dessaisir de l'enquête. Au lieu de ça, le vendredi 1er juillet, elle a opté pour une position très étrange : elle ne se retirerait pas, mais elle accueillerait volontiers mon avis et celui des procureurs du département de la Justice concernant le dossier. En somme, elle se retirait sans se retirer, ce qui semblait curieux.

Vu sa position tordue, j'ai envisagé une nouvelle fois de demander la nomination d'un procureur spécial. Comme je l'ai dit, la désignation d'une personne étrangère à la chaîne hiérarchique pouvant s'assurer d'une certaine indépendance demeurait un fait rare. J'ai décidé qu'il serait vraiment injuste d'en arriver là. Ce n'était pas une décision politique, mais éthique, motivée par nos valeurs. N'importe quelle personne au cœur d'une enquête a le droit à un traitement équitable. Une équipe d'experts du FBI avait creusé l'affaire Hillary Clinton pendant un an, et tous sans exception pensaient qu'il n'y avait pas lieu de retenir d'accusation. Invoquer un procureur spécial à ce moment-là signifierait à tort que l'enquête avait encore lieu d'être, ce qui la ferait durer pendant de nombreux mois encore, sinon plus. Cela donnerait aussi une impression erronée aux Américains ; en d'autres termes, ce serait un mensonge.

Pendant des années, j'ai parlé du réservoir de confiance et de crédibilité qui rend possible tout le bien que nous faisons au FBI et au département de la Justice. Lorsque nous nous levons, que ce soit dans un tribunal ou autour d'un barbecue, et que nous révélons notre appartenance à ces institutions, de parfaits inconnus nous croient, et ce grâce à ce réservoir de confiance. Sans lui, nous ne sommes que des acteurs biaisés de plus dans un monde divisé. Lorsque nous racontons à un juge ou un jury ce que nous avons vu, entendu ou trouvé, ils ne l'entendent pas de la bouche d'un Démocrate ou d'un Républicain, mais de celle d'une entité à part dans la nation américaine. Le FBI doit rester cet « autre » dans le pays, sinon nous sommes perdus. J'ai toujours utilisé cette métaphore du réservoir car elle illustre à la fois son immensité et à quel point il serait facile de le vider en creusant un trou dans le barrage. Comment pourrais-je protéger ce réservoir de confiance sous les ordres d'une ministre de la Justice qui semblait compromise politiquement ? Le FBI demeurait indépendant et apolitique, et il fallait que les Américains le sachent.

Pour ce faire, j'ai pris une décision. J'avais besoin de m'éloigner visiblement de Loretta Lynch et faire quelque chose que je n'aurais jamais imaginé accomplir avant 2016 : offrir au peuple américain le point de vue isolé du FBI dès que possible en rendant publiques ma suggestion et les raisons qui la motivaient. Je savais que j'allais passer un mauvais moment. Les Démocrates m'accuseraient de vouloir capter toute l'attention, d'être hors de contrôle et de fonctionner à l'ego. Les Républicains, eux, formuleraient de nouvelles allégations sur la corruption et l'incompétence du département de la Justice, ce qui risquait de ruiner ma relation avec les dirigeants de cette institution. Mais je croyais, et je crois toujours, même avec le recul, que c'était la meilleure chose à faire pour le FBI et pour le Département.

Les Américains méritaient la transparence, et je pensais avoir une réputation d'impartialité suffisante pour me permettre de faire un pas en avant et prendre les coups dans le but de protéger le réservoir.

À ce rythme-là, le mardi 5 juillet au matin, j'allais monter sur une estrade au QG du FBI et mettre fin à l'enquête ; à moins, bien sûr, que Hillary Clinton ne nous ait menti lors de son entretien du 2 juillet 2016.

*

De nombreux experts politiques se sont demandé pourquoi le FBI avait mis si longtemps à interroger la secrétaire d'État Clinton dans le cadre de l'enquête. Voilà exactement pourquoi : les enquêteurs chevronnés évitent toujours d'interroger les individus concernés qui en savent plus qu'eux sur les faits. Ce savoir joue en leur faveur, et non en celle de l'enquêteur. Surtout dans les affaires de crimes en col blanc, les investigateurs préfèrent connaître tous les faits avant d'en venir à l'entretien, pour pouvoir poser des questions pertinentes et confronter la personne à des documents ou des témoignages d'autres témoins. C'est ce que le FBI faisait dans chaque enquête standard, et c'est ce que l'équipe *Midyear* avait fait avec Hillary Clinton. Les agents et analystes avaient passé un an à apprendre tout ce qu'ils pouvaient sur son serveur courriel. À présent, nous étions prêts à voir si, soumise à un interrogatoire exhaustif, elle allait nous mentir, et si nous pouvions prouver ces mensonges. Dans de telles affaires, les accusés mentent souvent pour maquiller leurs actes, ce qui nous permet de les poursuivre en justice même dans les cas où le dossier de départ n'était pas suffisant pour retenir des charges. Il était peu probable que des personnes intelligentes et bien représentées mentent de telle sorte que nous puissions le prouver, mais les affaires Stewart et Libby prouvent que ça arrive. L'entretien avec Clinton, qui arrivait à la fin de notre enquête, était crucial.

Les procureurs du département de la Justice et les avocats de Hillary Clinton ont fixé la date de l'audience, qui aurait lieu au QG du FBI à Washington, au matin du samedi 2 juillet, pendant le week-end du Jour de l'Indépendance.

Tant de rumeurs ont circulé quant à la nature de cet entretien que les véritables faits méritent d'être racontés. Après avoir été déposée discrètement par les services secrets dans le garage souterrain du FBI, Hillary Clinton a été interrogée par une équipe de cinq personnes composée de membres du FBI et du département de la Justice. Elle était accompagnée de cinq membres de son équipe juridique. Aucun de ses avocats présents n'était directement concerné par l'enquête. L'entretien, dirigé par les deux agents spéciaux supérieurs chargés de l'affaire, a eu lieu dans une salle de conférence sécurisée au fin fond du QG du FBI et a duré plus de trois heures. Outre l'arrivée secrète dans le bâtiment, ils l'ont traitée comme une personne lambda. Je n'étais pas présent, ce qui ne surprendra que ceux qui ne connaissent rien au fonctionnement du FBI. Le directeur n'assiste pas à ce genre d'audience. Mon travail consistait à prendre la décision finale sur l'affaire, pas à mener l'enquête. Des enquêteurs professionnels, formés à la complexité de tels dossiers, étaient affectés à cette fonction. Procédure oblige, nous n'enregistrions pas les entretiens de personnes qui n'étaient pas en état d'arrestation. Au lieu de ça, nous engagions des professionnels pour prendre des notes détaillées. La secrétaire d'État Clinton n'a pas non plus prêté serment, car le FBI ne demande pas aux personnes interrogées de le faire de leur plein gré. Cependant, d'après la loi fédérale, Clinton aurait quand même commis un crime si l'on découvrait qu'elle avait menti au FBI lors de son entretien, serment ou pas serment. En clair, malgré tout le bruit qu'on a pu entendre dans les médias et au Congrès, les agents ont interrogé Hillary Clinton en suivant la procédure standard de la maison.

J'ai passé un long moment au téléphone avec les chefs de l'équipe *Midyear* cet après-midi-là, pour entendre ce que Hillary Clinton leur avait confié. Rien n'était surprenant pour les professionnels qui avaient passé des centaines – sinon des milliers – d'heures à tourner autour de l'ancienne secrétaire d'État, à lire des milliers de ses courriels et interroger tout son entourage. Clinton a affirmé qu'elle ne connaissait rien à la technologie ni à la sécurité et qu'elle avait utilisé le serveur privé pour des raisons pratiques, afin d'éviter d'avoir une adresse personnelle et une adresse gouvernementale. Elle ne considérait toujours pas le contenu des courriels comme confidentiel. Son manque de compétences en matière de technologie apparaît clairement dans ses mémoires, *Ça s'est passé comme ça*, livre dans lequel elle semble indiquer que son serveur privé à Chappaqua est à l'abri du piratage car il est stocké dans une maison protégée par les services secrets. Pour pirater un serveur, on passe par Internet, on ne casse pas un carreau. Elle a également dit lors de l'entretien qu'elle pensait avoir soigneusement « contourné » les sujets sensibles avec son équipe, méthode nécessaire à cause des mauvaises infrastructures de communications du département d'État qui ne leur fournissait pas d'adresses électroniques et de téléphones sécurisés. Elle n'avait pas tout à fait tort, mais peu importe le degré de frustration de son équipe, cela ne changeait en rien les règles concernant les documents confidentiels. Toujours durant l'entretien, Clinton a dit qu'elle déléguait la relecture et la suppression de ses courriels à d'autres, qu'elle pensait qu'ils ne supprimaient que ses messages personnels et qu'elle n'avait nullement connaissance d'une quelconque tentative d'entrave à la justice.

Après avoir discuté et passé en revue ses réponses, nous ne pouvions prouver avec certitude aucun mensonge dans ses commentaires. À aucun moment les enquêteurs ne l'ont prise la main dans le sac. Elle n'a jamais reconnu le moindre tort ni indiqué qu'elle savait qu'elle avait conscience de faire quelque chose d'illégal. Que nous la croyions ou non, nous n'avions aucune preuve du contraire, et les enquêteurs ne voyaient aucune autre piste à creuser. Le dossier était clos. Maintenant, le public américain devait savoir ce que le FBI avait conclu.

J'ai passé le dimanche et le lundi avec l'équipe, à travailler sur mon discours d'annonce. Nous avons décidé de le faire en personne et en direct pour que tout le monde puisse l'entendre d'un coup, et nous avons travaillé dur pour garder le ton professionnel et neutre que nous souhaitions. Nous allions faire court et ne prendre aucune question, mais essayer d'apporter autant de précisions et de transparence que possible. Nous pensions que les détails de ce que nous avions fait et de ce que nous avions trouvé étaient essentiels à la crédibilité de l'enquête et de l'annonce. Chaque mot du discours a été relu par l'équipe juridique du FBI pour s'assurer qu'il colle avec la loi et la politique du département de la Justice.

Le matin du 5 juillet, j'étais nerveux pour plusieurs raisons. Premièrement, j'avais la sensation que j'allais nuire à ma carrière. Ce n'est pas grave, me suis-je dit, tu as cinquante-cinq ans, de l'argent à la banque, un mandat de dix ans, et tu n'aspires à rien d'autre ; tu n'essaies pas de prendre du galon. J'étais nerveux aussi parce que j'appréciais la ministre de la Justice et son adjoint, et que je m'apprêtais à leur faire faux bond en ne lui permettant pas d'accorder nos violons sur une déclaration publique concernant une affaire particulièrement sensible, car toute coordination serait perçue comme une potentielle interférence politique. Même si je me suis senti obligé de les prévenir avant de faire mon annonce, je ne comptais pas leur révéler ce que j'allais dire, ce qui était un peu gênant.

J'ai appelé Sally Yates et je lui ai dit que j'allais faire une annonce concernant l'affaire Clinton et que je ne voulais pas coordonner mon discours avec le département de la Justice. Elle ne m'a posé aucune question. Même si je n'en ai jamais discuté avec elle, je crois que Sally Yates comprenait ce que je faisais et pourquoi je le faisais, et qu'elle appréciait mon geste. La réaction de Loretta Lynch a été quelque peu différente. Elle m'a demandé :

— Qu'allez-vous préconiser ?

— Je suis navré, mais je ne peux pas répondre à cette question. Il est très important de ne rien convenir là-dessus avec le Département. J'espère qu'un jour vous comprendrez pourquoi.

Elle n'a rien ajouté.

J'ai raccroché et je suis sorti de mon bureau. Je me suis arrêté en chemin pour demander la diffusion d'un courriel à tout le FBI. Je voulais qu'ils l'entendent d'abord de ma bouche.

À tous :

Au moment où je vous écris ce message, je m'apprête à descendre pour prononcer un discours aux médias concernant notre enquête sur l'utilisation d'un serveur électronique privé par la secrétaire d'État Clinton à l'époque où elle était en poste au Département. Vous trouverez ci-joint une copie du discours que j'ai l'intention de prononcer. Vous remarquerez immédiatement que je compte donner plus de détails sur nos méthodes que nous ne le faisons d'ordinaire concernant nos investigations, y compris le fait que nous recommandons au département de la Justice de ne retenir aucune charge. J'agis ainsi parce que je crois que la confiance des Américains envers le FBI est précieuse, et je veux qu'ils comprennent que nous avons enquêté de façon compétente, honnête et indépendante. Les personnes extérieures à la maison pourront toujours désapprouver nos résultats, mais je veux qu'il n'y ait aucun doute possible sur le fait que nous avons travaillé de manière apolitique et professionnelle, et que notre conclusion est profondément honnête, mûrement réfléchie, et entièrement nôtre. Je n'ai coordonné mon discours avec personne d'autre qu'un petit groupe de cadres du FBI qui ont travaillé sur l'enquête. Aucun autre membre du gouvernement n'a la moindre idée de ce que je m'apprête à dire, et c'est mieux ainsi.

J'ai beaucoup employé le pronom « je » plus haut, mais cette enquête et ses conclusions sont le fruit d'une grande et talentueuse équipe du FBI, composée d'agents, d'analystes, d'experts techniques, de juristes et d'autres. Je suis resté à proximité pour m'assurer que l'équipe dispose de toutes les ressources nécessaires et que personne n'interfère avec leur travail ; personne ne l'a fait. Je suis fier de représenter leur labeur, et tout le FBI. Nous avons agi selon les attentes du peuple américain, comme il le mérite.

*

Je portais intentionnellement une cravate dorée pour éviter les couleurs des deux camps politiques habituelles, le rouge ou le bleu. J'ai envisagé d'apprendre le discours par cœur, mais je n'arrêtais pas de changer certains mots, ce qui rendait la chose impossible. Les as des affaires publiques qui travaillaient avec moi ont trouvé le moyen de projeter le texte sur le mur du fond de la pièce pour que je puisse le lire tout en parlant.

On m'a beaucoup reproché, y compris au sein de ma famille bien-aimée, de l'avoir jouée « à la Ryan Seacrest » ; c'est-à-dire d'avoir imité les poses dramatiques du célèbre animateur télé (« mais d'abord, une page de publicité »). Selon moi, si j'avais commencé par dire que nous préconisions l'abandon des charges, personne n'aurait écouté le reste du discours, et le reste de ce que j'avais à dire était très important pour prouver au peuple américain que le FBI avait agi de manière compétente, honnête et indépendante.

Comme je m'y attendais, les partisans des deux camps à Washington étaient furieux. Les Républicains fulminaient parce que je n'avais pas demandé la poursuite des accusations alors que ça aurait été « clairement » justifié. Comme je l'ai déjà dit, cette opinion est absurde. Aucune personne juste connaissant un tant soit peu le monde de l'espionnage (où les « fuites » de documents confidentiels faisaient l'objet d'enquêtes et de poursuites judiciaires) n'aurait pu croire que les procureurs de carrière du département de la Justice allaient donner suite. Il n'y avait littéralement aucune chance que ça arrive. Les Démocrates, eux, s'indignaient parce que j'avais « diffamé » Hillary Clinton en décrivant et critiquant ses actes en détail, même si je ne recommandais pas la poursuite des charges.

Les deux camps hurlaient que j'avais « violé » les méthodes du département de la Justice. Pourtant, dans certains cas, lorsqu'il en va de l'intérêt public, les gens du Département révèlent des détails sur les actes de personnes avant même qu'elles ne soient inculpées. Ils l'avaient fait pas plus tard qu'à l'été 2015, après l'enquête du FBI sur le meurtre de Michael Brown à Ferguson, dans le Missouri, en diffusant notamment un rapport détaillé de quatre-vingts pages sur l'enquête. Ils l'ont refait en octobre 2015 dans l'affaire contre la responsable de l'IRS Lois Lerner, lorsque le Département a exposé des preuves rassemblées durant l'investigation criminelle visant à déterminer si l'IRS avait ciblé et harcelé des groupes affiliés au Tea Party. Ils ont affirmé que Lerner avait « manqué de jugement », mais que sa « gestion maladroite n'était pas un crime [...]. Ce qui s'est passé est troublant et nécessite peut-être des sanctions, mais ne justifie pas de poursuites judiciaires ». Dans l'affaire Clinton, comme dans ces exemples récents, la confiance et l'intérêt publics nécessitaient que nous expliquions ce que nous avions appris du comportement de la secrétaire d'État Clinton. Le résultat aurait été bien moins crédible et transparent sans ces détails, et cela aurait causé du tort au réservoir de confiance de nos institutions judiciaires auprès du peuple américain. Ce qui rendait la situation inhabituelle, c'est que le patron du FBI, dans le but de protéger les deux institutions, fasse un pas en avant pour annoncer ses conclusions séparément des dirigeants du département de la Justice. J'avais pris cette décision en sachant très bien que j'exposais ma réputation professionnelle à des salves provenant de tous les côtés de l'échiquier politique.

Il est toujours utile d'avoir du recul, et si c'était à refaire, je m'y serais pris un peu autrement. J'aurais évité le côté « Ryan Seacrest » en révélant dès le début de mon discours que nous recommandions l'abandon des poursuites. À l'époque, je croyais que les gens arrêteraient de m'écouter, mais en y repensant, le fait de repousser le verdict avait causé plus de confusion que nécessaire. Mais surtout, j'aurais essayé de trouver un meilleur moyen de qualifier le comportement de la secrétaire d'État Clinton que l'expression « extrêmement imprudent ». Les Républicains ont sauté sur la vieille clause qui qualifiait de crime tout usage de documents confidentiels avec une « grave négligence », clause à laquelle le département de la Justice n'aurait jamais eu recours dans ce cas-là. Mon emploi des termes « extrêmement imprudent » a résonné aux oreilles de bon nombre de gens exactement comme les termes juridiques de « grave négligence », même si des avocats consciencieux auraient compris la différence. J'ai passé des heures à répondre aux questions du Congrès à ce sujet, car c'était devenu un véritable argument pour tous ceux qui cherchaient à critiquer le FBI et le département de la Justice. Ces deux choses-là mises à part, et malgré le nombre de coups politiques qui m'ont été envoyés depuis – sans parler de mon licenciement, supposé avoir un rapport avec cette affaire –, j'aurais refait le même discours, parce que je crois toujours que c'était la meilleure option disponible pour protéger et préserver le réservoir de confiance du département de la Justice et du FBI auprès du peuple américain.

Après une audience devant le Congrès, et malgré toutes les critiques, je pouvais au moins dire que le FBI était débarrassé de cet horrible dossier. Nous avions montré de la transparence, essayé de faire preuve de professionnalisme, d'honnêteté et d'impartialité envers les Américains, et la campagne présidentielle pouvait reprendre sa course. Quelques mois plus tard, lors de notre dîner du 27 janvier 2017, le Président Trump m'a dit que j'avais « sauvé » Clinton lors de ma conférence de presse de juillet. Ce n'était pas mon intention, tout comme je n'ai pas cherché à le « sauver », lui, par la suite. Je voulais simplement dire la vérité et montrer à quoi ressemble la véritable loyauté – envers les institutions judiciaires.

Mon directeur adjoint avait raison. On était foutus, et c'était tout aussi douloureux que prévu. Nous avions goûté au poison de notre système politique et j'avais encaissé tous les coups, comme je m'y attendais, mais par ailleurs je me sentais soulagé, car le FBI et moi en avions fini avec Hillary Clinton et ses courriels.

Si seulement.

11

Parler ou dissimuler

> « La sécurité repose sur le procureur qui tempère le zèle par de la bonté humaine, qui cherche la vérité et non les victimes, qui sert la loi et non un camp, et qui aborde sa mission avec humilité. »
>
> Robert H. Jackson, juge de la Cour suprême

Même si le dossier des courriels de Clinton paraissait le centre du monde aux yeux de la classe politique de Washington, le FBI était impliqué dans de nombreuses autres affaires importantes. Durant l'été 2016, nous travaillions comme des fous pour comprendre ce que manigançaient les Russes. Des preuves au sein de la communauté du renseignement semblaient fortement indiquer que le gouvernement russe essayait d'interférer avec l'élection sur trois niveaux différents.

D'abord, ils cherchaient à saper la crédibilité du système démocratique américain ; à nous salir pour que notre processus électoral ne soit plus un exemple pour le reste du monde.

Ensuite, les Russes voulaient nuire à Hillary Clinton. Poutine la haïssait car il la tenait pour personnellement responsable des grandes manifestations organisées contre lui à Moscou en décembre 2011. Il pensait qu'elle avait envoyé « un signal » aux manifestants en critiquant publiquement ce qu'elle avait qualifié de « pratiques étranges » avant et pendant le vote parlementaire en Russie cette année-là. Elle avait dit : « Le peuple russe, comme partout ailleurs, mérite que sa voix soit entendue et son vote comptabilisé. » Poutine a pris cette remarque comme une attaque personnelle.

Enfin, il voulait faire gagner Donald Trump. Celui-ci disait des choses favorables envers le gouvernement russe et Poutine avait depuis longtemps prouvé qu'il appréciait les hommes d'affaires qui négociaient des arrangements au lieu de camper sur leurs positions.

Au cœur de l'ingérence russe sur la campagne se trouvait l'affaire de la fuite de courriels volés à des organisations et à des individus associés au parti démocrate. Certains signes indiquaient également que la Russie avait essayé de pirater les bases de données électorales américaines. À la fin du mois de juin, le FBI a appris qu'un conseiller en politique étrangère du camp Trump dénommé George Papadopoulos avait pris part à des discussions au printemps 2016 dans le but d'obtenir du gouvernement russe des courriels pouvant nuire à Hillary Clinton. Grâce à ces informations, le FBI a ouvert une enquête afin de comprendre si des Américains, dont d'éventuels associés de Trump, aidaient les Russes dans leur tentative d'ingérence.

Comme pour l'affaire des courriels Clinton, pendant des mois le FBI n'a pas répondu aux journalistes et autres observateurs extérieurs qui voulaient obtenir la confirmation d'une enquête en cours. Il était trop tôt, nous ne savions pas si nous tenions quelque chose, et nous ne voulions pas en informer les gens sur qui nous enquêtions. Le FBI et le département de la Justice n'ont pas confirmé le dossier avant le mois de mars 2017 ; et encore, nous l'avons fait de façon très générale.

La question ardue était de savoir si, en plein cœur de cette campagne mouvementée, les Américains devaient être mis au courant des tentatives d'ingérence russes. Le Président Obama et son équipe nationale de sécurité y ont beaucoup réfléchi en août et en septembre. Lors d'un rendez-vous avec le Président, nous avons envisagé la possibilité d'une « inoculation » publique ; autrement dit, tenir le peuple américain informé des tentatives d'influence hostiles sur leur choix électoral afin d'en amoindrir l'impact. J'ai dit que j'en avais un peu assez d'être celui qui monte sur l'estrade pour annoncer les nouvelles controversées – surtout après la volée de plomb que j'avais reçue après mon discours du 5 juillet –, mais que j'accepterai de le faire faute d'une meilleure alternative. J'ai aussi indiqué au Président que cette inoculation risquait d'aider les Russes à saper la confiance envers notre système électoral. Si vous dites aux Américains que les Russes falsifient l'élection, est-ce que vous semez le doute concernant le résultat ou est-ce que vous offrez une excuse au perdant ? Épineuse question. Le Président Obama comprenait clairement le dilemme et il a affirmé qu'il était déterminé à empêcher les Russes de mener leur projet à bout. Le gouvernement a continué de plancher sur une potentielle inoculation et ce qu'elle impliquerait.

Quelques jours plus tard, afin de proposer une solution pendant que l'équipe d'Obama délibérait, j'ai donné suite à l'idée de fournir une « voix à l'inoculation » en envoyant au gouvernement un brouillon d'une tribune journalistique écrite en mon nom, dans laquelle j'expliquais ce que les Russes faisaient avec les courriels volés, je soulignais le piratage visant les bases de données électorales et je replaçais ces actes dans le contexte historique du passif des Russes en matière de tentative d'ingérence électorale. J'avais envisagé cet article comme un avertissement au peuple américain, mais rien n'a été décidé. Comme d'habitude, les délibérations de l'équipe d'Obama ont été extensives, réfléchies et très lentes. Le fait que tous les sondeurs n'accordaient aucune chance à Donald Trump devait certainement constituer un élément clé dans ces délibérations. Lors d'une réunion au sujet de l'ingérence russe au mois de septembre, je me souviens que le Président Obama avait affirmé qu'il était confiant dans le résultat, disant de Poutine qu'il avait « misé sur le mauvais cheval ». Pourquoi risquer de miner la confiance des citoyens envers notre système électoral, semblait-il conclure, alors que les efforts russes ne faisaient aucune différence ? Pourquoi offrir à Donald Trump une chance d'accuser Obama d'avoir fait peur au peuple américain ? De toute façon, il allait perdre.

En fin de compte, un mois plus tard, début octobre, l'équipe Obama a décidé qu'une annonce officielle du gouvernement était sans doute nécessaire. Le directeur du renseignement national, Jim Clapper, et le secrétaire à la Sécurité intérieure, Jeh Johnson, étaient prêts à la signer. L'équipe de direction du FBI et moi-même avons décidé que nous n'avions aucune raison de le faire. À ce moment-là, les médias parlaient déjà d'une campagne d'influence russe sur l'élection, citant comme sources de nombreux membres anonymes du gouvernement. D'éminents législateurs ont diffusé des communiqués et annoncé aux médias qu'ils avaient été mis au courant de tentatives d'ingérence. La candidate Clinton elle-même parlait des efforts russes visant à faire élire son adversaire. Les sites Internet et les réseaux sociaux qui diffusaient les courriels piratés – dont

WikiLeaks et la page Twitter de son fondateur, Julian Assange – étaient largement associés à la Russie. Étant donné tout cela, l'annonce du gouvernement d'octobre ne constituait qu'un simple complément à ce que le public savait déjà. Ajouter le nom du FBI ne changerait rien et ne correspondait pas à la façon dont nous souhaitions opérer à la veille d'une élection.

Malgré ce que les politiciens et les experts diront, il n'existe aucune loi officielle indiquant comment le FBI et le département de la Justice doivent mener leurs enquêtes à la veille d'un scrutin, mais j'ai toujours essayé de suivre la règle suivante : nous devons autant que possible éviter toute action qui puisse avoir un impact sur les résultats. En octobre 2016, nous n'avions aucune bonne raison de parler des Russes vis-à-vis du scrutin. Les Américains savaient déjà ce qu'il se passait, et le FBI n'avait donc pas besoin d'agir.

Cependant, « éviter toute action » s'est avéré impossible lorsque le dossier des courriels Clinton est revenu sur mon bureau en octobre d'une façon parfaitement inattendue, quatre mois après que j'ai déclaré devant des caméras que le FBI avait terminé son enquête minutieuse.

Au début du mois d'octobre, quelqu'un au QG du FBI (je crois que c'était le directeur adjoint Andrew McCabe) m'a dit que l'ancien membre du Congrès Anthony Weiner avait en sa possession un ordinateur portable qui pouvait avoir un lien avec l'affaire Clinton. Je ne me souviens pas très bien de la conversation, probablement parce que j'ai pris ça pour une réflexion anodine et que le rapport entre l'ordinateur d'Anthony Weiner, Hillary Clinton et l'équipe *Midyear* me paraissait improbable.

Weiner, ancien représentant démocrate de l'État de New York au Congrès tombé en disgrâce, avait démissionné en

2011 suite aux révélations indiquant qu'il avait envoyé des photos de lui nu à un certain nombre de femmes. Il était aussi l'ancien mari de Huma Abedin, l'une des conseillères les plus proches de la secrétaire d'État Clinton. Le FBI était entré en possession du contenu de l'ordinateur de Weiner au cours d'une enquête sur lui concernant de possibles conversations indécentes avec des mineures. Les investigateurs criminels de New York disposaient d'un mandat qui leur donnait accès à certains documents de l'ordinateur. Lors de leur enquête, ils sont tombés sur les noms d'autres dossiers, mais ils n'avaient légalement pas le droit de les ouvrir, car leur mandat ne concernait que les fichiers en rapport avec l'affaire de mœurs. Certains noms parmi les milliers de courriels ont laissé à penser à l'équipe criminelle qu'il pouvait avoir un rapport avec l'affaire Clinton.

Le jeudi 27 octobre à cinq heures trente – douze jours avant l'élection – McCabe m'a envoyé un courriel pour me dire que l'équipe *Midyear* voulait s'entretenir avec moi. Je n'avais aucune idée de ce dont ils voulaient discuter, mais j'ai bien entendu demandé à mon personnel d'organiser une réunion dès que possible. Plus tard ce matin-là, je suis entré dans la salle de conférence et j'ai souri à pleines dents aux chefs d'équipe, aux avocats et aux cadres de la mission *Midyear*, chacun assis à la place qu'il avait occupée tant de fois durant l'année de l'enquête Clinton.

— Le groupe se reforme, ai-je dit en me glissant sur mon siège. Quoi de neuf ?

Je n'ai plus souri pendant un long moment après ça.

Les membres de l'équipe m'ont expliqué que l'ordinateur de Weiner contenait des centaines de milliers de courriels provenan du domaine personnel de Hillary Clinton. Cela représentait un énorme butin. En 2014, Clinton avait remis au département d'État environ trente mille courriels et en avait supprimé trente mille autres au motif qu'ils étaient personnels. Ils venaient d'en retrouver beaucoup plus que ces deux chiffres additionnés, mais un autre détail avait attiré leur attention. L'équipe *Midyear* n'avait jamais réussi à retrouver les courriels de Clinton datant de ses premiers mois au poste de secrétaire d'État, période durant laquelle elle utilisait un domaine AT & T BlackBerry. Les enquêteurs s'étaient appliqués à les rechercher car, s'il y avait bien eu des courriels accablants – dans lesquels la secrétaire d'État aurait reçu la consigne de ne pas se servir d'un serveur privé ou aurait reconnu avoir mal agi –, ils avaient de grandes chances de remonter au début de son mandat, lorsqu'elle a créé sa propre adresse. Nous n'avions cependant jamais mis la main dessus.

Pour des raisons qu'aucune personne autour de la table n'aurait pu expliquer, l'ordinateur de Weiner contenait des milliers de courriels du domaine AT & T BlackBerry. Ils m'ont dit que ceux-ci pouvaient bien contenir les messages manquants datant du début de mandat de Clinton, mais l'équipe a affirmé qu'il n'y avait que peu de chance d'obtenir l'accord de Weiner pour fouiller le reste de l'ordinateur, étant donné le pétrin juridique dans lequel il se trouvait déjà.

— Nous voudrions votre permission pour obtenir un mandat.

— Bien sûr, ai-je répondu immédiatement. Allez chercher un mandat. Combien de temps ça va vous prendre de tout lire et tout évaluer ? ai-je ajouté.

Tout le monde m'a répondu qu'il faudrait compter plusieurs semaines. Il y avait tout simplement trop de données pour aller plus vite. Ils avaient besoin de lire individuellement des dizaines de milliers de courriels, et seuls ceux qui connaissaient le contexte pouvaient s'en occuper. Nous ne pouvions pas demander à des centaines d'employés du FBI de faire ce travail ; ils n'auraient pas su quoi chercher. L'équipe m'a dit qu'il n'y avait aucune chance que la vérification des courriels soit finie avant l'élection du 8 novembre, moins de deux semaines plus tard.

— Très bien, ai-je dit. Faites aussi vite que possible, mais faites les choses bien, comme toujours, peu importe le temps que ça prend.

Après la réunion, l'équipe a contacté les avocats du département de la Justice, qui sont tombés d'accord sur le fait qu'il nous fallait immédiatement un mandat pour lire les courriels Clinton sur l'ordinateur de Weiner. Nous avions une nouvelle décision à prendre.

Depuis le mois de juillet, j'avais plusieurs fois répété à la nation et au Congrès que le FBI avait mené une enquête honnête, compétente et impartiale et que nous en avions terminé. Il n'y aurait pas de poursuite. Les gens pouvaient en être certains. Pourtant, le 27 octobre, le FBI et le département de la Justice ont décidé de demander un mandat afin de passer en revue un bon paquet de courriels pouvant contenir des informations susceptibles de changer notre opinion sur l'enquête. De plus, des investigateurs chevronnés du FBI m'avaient confirmé que cette vérification ne pourrait être achevée avant l'élection. Que devions-nous faire ?

Comme je l'ai dit, nous avons depuis longtemps pour tradition d'éviter autant que possible toute action pouvant avoir un impact sur une élection. Cette tradition, cette règle, faisait partie de moi. C'était pour cette raison que le FBI n'avait pas signé l'annonce officielle d'octobre du gouvernement Obama concernant l'ingérence russe. S'il s'était agi d'une toute nouvelle affaire, nous aurions pu envisager de ne rien faire, mais dans le dossier Clinton, je ne voyais que deux options, deux portes de sortie, qui impliquaient toutes deux d'agir au plus vite.

Sur l'une des portes, il y avait marqué « Parler ». En choisissant de parler, j'indiquerais au Congrès que les anciennes déclarations du FBI concernant l'enquête n'étaient plus exactes. Cette option serait vraiment néfaste, puisqu'elle mettrait le FBI, et moi avec, dans une position où nous pourrions avoir un impact sur l'élection. Une très mauvaise posture, voire nauséabonde. À éviter autant que possible.

Mais qu'y avait-il derrière l'autre porte ? De mon point de vue, « Dissimuler ». Au nom du FBI, une organisation dont la réussite dépend de la confiance du public, j'avais déclaré sous serment au Congrès et aux Américains lors d'audiences publiques que l'affaire était close. Maintenant, je savais que ce n'était plus le cas. Garder le silence, tout en faisant une demande de mandat pour passer en revue des centaines de courriels Clinton – dont les potentiels messages manquants du début de son mandat –, serait clairement un acte de dissimulation, ce qui reviendrait à dire que le directeur du FBI avait trompé et continuait de tromper le Congrès et le peuple américain.

Parler ou dissimuler : deux options exécrables. L'équipe *Midyear* en a longuement débattu. Nous avons discuté, puis nous nous sommes séparés pour réfléchir, et nous nous sommes réunis à nouveau. Assis autour de ma table de conférence, nous avons envisagé la situation sous tous les angles. Mon chef de cabinet, Jim Rybicki, s'est assis à sa place habituelle en face de moi au bout de la table ovale pour pouvoir observer en silence tous les participants et leur langage corporel. Son travail consistait à faire en sorte que j'entende tout le monde, sans retenue. Il jouissait d'une intelligence émotionnelle hors norme et, s'il percevait quelque chose d'irrégulier – quelqu'un qui hésite ou à qui on coupe la parole –, il parlait à la personne en privé et me tenait au courant pour que je puisse l'inclure dans une discussion ultérieure. L'avocat général du FBI, Jim Baker, jouait un rôle similaire. C'était un ami de longue date, sage, sur qui je pouvais compter pour me rapporter les opinions et les doutes qui n'auraient pas été clairement énoncés. Il venait souvent me voir en privé et se faisait l'avocat du diable, parce qu'il savait que nous avions besoin de tous les points de vue, de toutes les opinions, de tous les doutes.

Nous n'arrêtions pas de trouver des contre-arguments, mais même avec une douzaine de points de vue différents, nous revenions toujours au même point : la crédibilité des institutions judiciaires était en jeu. En supposant – comme tout le monde – que Hillary Clinton allait être élue Présidente des États-Unis dans moins de deux semaines, qu'adviendrait-il du FBI, du département de la Justice et de son propre mandat si on venait à découvrir après coup qu'elle faisait encore l'objet d'une enquête fédérale ? Et si nous découvrions, après l'élection, des informations prouvant des actions criminelles passibles de poursuites ? Peu importe ce que nous trouverions, la dissimulation serait catastrophique pour l'intégrité du FBI et du département de la Justice. Vu sous cet angle, le choix entre une option « néfaste » et une option « catastrophique » n'était pas difficile. Nous devions prévenir le Congrès que les choses avaient changé.

Alors que nous arrivions à cette conclusion, une des avocates a posé une question brûlante. C'était une personne brillante mais discrète, et je devais parfois l'inciter à prendre part à la discussion.

— Devriez-vous prendre en compte que ce que nous nous apprêtons à faire risque de favoriser l'élection de Donald Trump ?

J'ai gardé le silence quelques secondes. Tout le monde avait cette question en tête, même si personne n'avait osé la formuler à voix haute.

J'ai commencé par la remercier de l'avoir fait.

— C'est une excellente question, ai-je répondu, mais nous ne pouvons envisager une telle chose, car cela risquerait de provoquer la fin du FBI en tant qu'entité indépendante de la vie américaine. Si nous commençons à prendre des décisions en fonction du sort politique de chacun, nous sommes perdus.

En d'autres termes, si nous commencions à penser comme toutes les personnes biaisées de Washington – qu'est-ce qui est bon pour mon « camp » et quelles figures politiques risquent d'être blessées ou favorisées –, le FBI n'aurait plus, et ne mériterait plus, la confiance du peuple. Le réservoir serait vide.

J'ai demandé à l'équipe de contacter les hauts gradés du département de la Justice pour leur dire que je jugeais de mon devoir d'informer le Congrès que nous relancions l'enquête. J'en dirais le moins possible, mais il fallait que le FBI parle. J'ai dit que je serais ravi de discuter de la question avec la ministre de la Justice et son adjointe. Je ne sais pas trop pourquoi je leur ai ouvert la porte alors que je ne l'avais pas fait en juillet. Je crois que c'était en partie une réaction instinctive ; j'avais reçu des tas de critiques parce que je ne les avais pas prévenues à l'époque. Mais je pensais aussi qu'elles verraient le problème du même œil que moi et qu'elles me soutiendraient dans cette situation extrême. Après tout, la ministre avait publiquement confirmé en juillet que l'enquête sur les courriels avait été bien menée et qu'elle était close. À présent, ses propres procureurs étaient en quête d'un mandat de perquisition. Elle verrait sûrement que la dissimulation serait une solution malhonnête et catastrophique pour le département de la Justice. Cependant, par le biais de leur personnel, Lynch et Yates m'ont fait savoir qu'elles trouvaient l'idée mauvaise, qu'elles me conseillaient de ne pas le faire, mais que la décision me revenait et qu'elles n'avaient pas besoin d'en discuter avec moi. Elles ne m'ont pas donné l'ordre de ne pas le faire, ordre auquel j'aurais obéi.

Elles ne voulaient pas choisir une porte : Parler ou Dissimuler ?

Après cette réponse, j'ai brièvement envisagé l'idée de leur dire que j'avais décidé de ne pas en parler au Congrès, juste pour voir ce qu'elles feraient si je rejetais toute la responsabilité sur leurs épaules, mais ça aurait été lâche et stupide de ma part. Une fois de plus, c'était à moi de prendre les coups. J'ai demandé à l'équipe *Midyear* d'offrir au département la possibilité de relire le brouillon de ma lettre au Congrès et de suggérer des modifications, ce qu'elles ont accepté. Elles me conseillaient toujours de ne pas le faire, mais elles m'ont donné des suggestions utiles sur la façon de décrire ce qu'il se passait en quelques phrases seulement.

Le vendredi 28 octobre au matin, date que j'ai bizarrement retenue comme le trente-neuvième anniversaire de l'attaque du « Violeur de Ramsey », j'ai envoyé la lettre aux présidents et aux membres haut placés de chaque comité auxquels le FBI avait fait parvenir des informations à la veille de la « fermeture » du dossier Clinton. Comme au mois de juillet, j'ai aussi envoyé un courriel à tout le FBI pour leur expliquer la situation :

À tous :

Ce matin j'ai envoyé une lettre au Congrès en rapport avec l'enquête sur les courriels de la secrétaire d'État Clinton. Hier, l'équipe d'investigation m'a fait part de sa volonté de demander l'accès à des messages récemment découverts dans le cadre d'une autre affaire. Puisque ces courriels semblent avoir un rapport avec notre dossier, j'ai convenu qu'il fallait suivre la procédure pour les obtenir et les passer en revue.

Bien sûr, nous n'avons pas l'habitude de tenir le Congrès informé de nos travaux en cours, mais dans le cas présent je me sens obligé de le faire, étant donné que j'ai certifié plusieurs fois durant les derniers mois que notre enquête était close. Je crois aussi que ce serait duper le peuple américain que de ne pas les prévenir de la réouverture de l'enquête. En même temps, étant donné le fait que nous ne connaissons pas encore l'importance des messages récemment découverts, je ne veux pas donner d'impression trompeuse. En essayant de rétablir la balance via une courte missive en plein cœur de la campagne électorale, je cours le risque d'être mal compris, mais je voulais que vous l'appreniez de ma part.

*

Ma lettre au Congrès a été envoyée à la presse en dix minutes, soit neuf de plus que ce à quoi je m'attendais à Washington. C'est là que mon monde a repris feu.

Les défenseurs et les détracteurs du mois de juillet ont plus ou moins échangé les rôles. La crainte que ma lettre puisse faire gagner Trump avait rendu fou des tas de gens qui faisaient d'habitude preuve de mesure. Tout le monde devenait hystérique et affirmait que nous violions les règles et les méthodes du département de la Justice. Bien sûr, il n'existait aucune règle de la sorte et la situation était sans précédent en plein milieu d'une élection. J'imagine que des gens raisonnables auraient décidé de ne pas parler de la réouverture de l'enquête, mais je trouvais insultante l'idée que nous brisions une quelconque règle. « Dites-moi ce que vous auriez fait à ma place et pourquoi », ai-je répété en vain aux chroniqueurs et aux experts de la télévision. Je connaissais la réponse, bien entendu : la plupart d'entre eux auraient choisi la solution qui favorisait leur camp. Eh bien, le FBI ne peut avoir de camp. Il représente la Justice aveugle et doit « faire ce qu'il faut », en dehors de la politique.

Le dimanche 30 octobre au soir, j'ai reçu un courriel de la ministre de la Justice qui souhaitait s'entretenir avec moi en privé après notre briefing du lundi matin au QG du FBI.

— Bien sûr, ai-je répondu.

Vers la fin de la réunion, elle m'a demandé devant tout le monde si nous pouvions discuter, ce qui était un peu étrange puisque j'avais déjà accepté via courriel. Nos équipes ont bien vu sa requête, ce qui devait être le but de la manœuvre. Nous sommes allés dans un bureau privé réservé au ministre en exercice, tout près de la salle de réunion du matin. Son personnel et le mien attendaient dehors ; nous étions enfin seuls.

Au cours des derniers jours, les médias – et notamment les partisans de Hillary Clinton – avaient déclenché un tel tollé que j'étais incapable de deviner ce que Loretta Lynch s'apprêtait à me dire. Allait-elle me crier dessus ? Me menacer ? M'avertir ? Me transmettre un message du Président ?

Tous les membres du gouvernement Obama m'en voulaient sûrement et craignaient que j'aie ruiné les chances de victoire de Clinton. J'avais toutes les raisons de penser que Loretta faisait partie du lot.

Je suis entré le premier dans la pièce. Je me suis retourné et j'ai attendu qu'elle ferme la porte. Elle s'est tournée vers moi, a baissé la tête et s'est avancé les bras grands ouverts. Ce geste était étrange pour de multiples raisons, mais peut-être avant tout parce que je mesure environ quarante-cinq centimètres de plus que Loretta Lynch. Lorsque nos corps se sont rejoints, son visage est venu se planter dans mon plexus solaire et elle a passé ses bras autour de moi. Je me suis baissé et j'ai appuyé maladroitement mes avant-bras contre son dos.

— J'ai pensé que vous auriez besoin d'un peu de réconfort, a-t-elle dit en se libérant. Elle avait probablement raison. Même si je ne suis pas très câlin de nature, je me sentais physiquement abattu après ces derniers jours, et ça se voyait sûrement.

Elle s'est ensuite assise sur le canapé et m'a fait signe de venir m'installer près d'elle dans un fauteuil.

— Comment ça va ? m'a-t-elle demandé.

Je sentais une véritable inquiétude dans sa voix.

Je lui ai raconté le cauchemar de la situation. J'ai expliqué les choix que j'avais et comment j'avais opté pour « vraiment néfaste » plutôt que pour « catastrophique ». À ce moment-là, elle m'a de nouveau stupéfié.

— Ils préféreraient que ça soit divulgué le 4 novembre ? a-t-elle demandé ; elle faisait référence au vendredi précédant l'élection.

— Exactement, Loretta.

En prenant ma décision, je n'avais pas envisagé une fuite, mais elle avait raison. Une fois que le département de la Justice aurait approuvé le mandat, le monde découvrirait certainement que nous avions rouvert l'enquête de toute façon, et nous aurions eu l'air malhonnêtes. Cherchait-elle à me dire que j'avais fait ce qu'il fallait ? Était-elle en train de me remercier d'avoir pris ce coup violent ? Elle n'a pas répondu à ces questions.

Quelques instants plus tard, notre conversation a pris fin. Loretta s'est levée et s'est dirigée vers la porte, mais elle a marqué un temps d'arrêt. Elle a tourné lentement la tête vers moi et m'a dit avec un très leger sourire : « Essayez d'avoir l'air abattu. » Elle avait dit à quelqu'un qu'elle allait me passer un savon pour ce que j'avais fait. Quelle vie !

Je souffrais vraiment de ce cauchemar, à tel point que j'ai fini par devenir un peu insensible. Même certaines personnes qui m'appréciaient étaient déroutées par ce que j'avais fait. D'autres se montraient vraiment désagréables. Je comprenais. Ma femme, qui voulait voir Hillary Clinton élue première femme Présidente, était surtout inquiète que je me retrouve encore pris entre deux feux. Elle disait comprendre pourquoi j'avais agi ainsi, mais elle détestait le fait que je doive faire un pas en avant et recevoir les coups. « C'est comme si tu te jetais toujours devant l'institution pour prendre une balle à sa place. Je comprends, mais je préférerais que ce ne soit pas toujours à toi de le faire et que d'autres personnes le comprennent. »

Tout le monde était à fleur de peau, et le FBI semblait avoir posé un doigt sur la balance en faveur de Donald Trump. Il n'y avait aucune audience, aucune conférence de presse, aucune chance d'expliquer notre décision et d'ajouter quoi que ce soit à notre lettre. Comme nous ne savions pas exactement ce que nous avions entre les mains et ce que nous pourrions y trouver, toute déclaration publique serait limitée, prêterait à confusion et ne ferait que nuire au FBI. Pour cette raison, nous avions soigneusement choisi les mots de ma lettre :

> *Dans le cadre d'une autre enquête, le FBI a appris l'existence de courriels vraisemblablement pertinents dans le dossier. Je vous écris pour vous informer que l'équipe d'investigation m'en a informé hier, et je conviens que le FBI doit suivre la démarche appropriée pour permettre aux enquêteurs de lire ces courriels, déterminer s'ils contiennent des informations confidentielles et jauger de leur importance vis-à-vis de notre enquête.*
>
> *Même si le FBI ne peut encore affirmer si oui ou non ces documents ont une quelconque importance et si je ne peux prédire le temps qu'il nous faudra pour accomplir cette tâche additionnelle, je crois qu'il est important de tenir vos comités informés de nos efforts étant donné mes précédentes déclarations.*

*

Au début de la semaine suivante, pendant que l'équipe passait en revue l'ordinateur de Weiner, j'ai assisté à une réunion dans la Situation Room de la Maison-Blanche. En parcourant les couloirs du bâtiment, et même une fois installé dans la salle, je me sentais comme Bruce Willis dans *Sixième sens*, qui (attention, révélation !) ne sait pas encore qu'il est déjà mort. Assis autour de la table de réunion, j'avais l'impression de pouvoir percevoir mon souffle. Seuls le directeur du renseignement national Jim Clapper et le directeur de la CIA John Brennan semblaient se rendre compte de ma présence. Chacun est venu me voir dans le couloir tandis que j'attendais le début de la réunion, m'a posé la main sur l'épaule et dit de tenir bon. À part ces deux exceptions, personne dans la salle n'a croisé mon regard.

Jim Clapper était le dirigeant que j'admirais le plus au gouvernement. Son crâne chauve et sa voix grave et ronchonne, sa manie de marmonner, cachaient une personnalité qui présentait un équilibre presque parfait entre la tendresse et la fermeté, l'assurance et l'humilité. En tant que chef du FBI, organisation qui fait partie de la communauté du renseignement américain, je faisais des rapports au ministre de la Justice mais aussi au directeur Clapper. J'en étais venu à adorer nos réunions trimestrielles du soir – les « vêpres », comme il les appelait –, durant lesquelles nous nous asseyions dans une pièce sécurisée de son bureau et nous discutions de notre travail et de nos vies. Avec nos adjoints, nous buvions du vin pour ma part, une vodka martini avec deux olives pour lui, et j'apprenais des choses de la bouche de quelqu'un qui occupait un poste de direction presque depuis ma naissance. Pour sceller notre amitié, je lui ai offert une cravate rouge ornée de petits verres à martini que mon beau-frère m'avait donnée. Comme nous nous considérions comme des gens intègres, je lui ai avoué en la lui donnant que c'était un cadeau qu'on m'avait fait. Clapper la mettait à chaque fois que nous nous retrouvions pour les vêpres.

Alors que la dernière semaine avant l'élection approchait, je m'entretenais tous les jours avec l'équipe *Midyear*. Ils travaillaient constamment à lire des centaines de courriels Clinton inédits. Alors qu'on m'avait assuré que c'était impossible, les génies du département informatique du FBI ont trouvé un moyen de d'éliminer une partie des doublons afin que les agents et les analystes n'aient pas à vérifier des centaines de milliers de courriels. Un logiciel disponible dans le commerce n'aurait pas marché pour nous, mais un programme réalisé sur mesure a permis de réduire la liste à quelques milliers, que les agents lisaient nuit et jour. Malgré ce que l'équipe m'avait annoncé le 27 octobre, il y avait peut-être une chance de finir avant l'élection.

Le 5 novembre, le samedi précédant le scrutin, l'équipe m'a dit qu'ils auraient fini de tout passer en revue le lendemain et qu'ils seraient prêts à discuter de leurs conclusions. Nous nous sommes réunis le dimanche matin, deux jours avant l'élection. Il s'agissait bien de courriels inédits tirés du serveur BlackBerry, mais aucun ne datait de la période qui nous concernait. C'étaient des messages professionnels envoyés et reçus par la secrétaire d'État Clinton. Certains contenaient des informations confidentielles, mais nous les connaissions déjà. Aucun des nouveaux messages n'avait d'incidence sur le dossier. J'ai insisté pour m'assurer que ce n'était pas la fatigue qui parlait, mais ils étaient formels : nous sommes épuisés, mais nous sommes sûrs de notre réponse.

On a alors commencé à débattre de ce qu'il fallait faire ensuite. Dans l'ensemble, tout le monde pensait que, puisque j'avais écrit au Congrès le 28 octobre, j'étais obligé de leur écrire à nouveau. Tout le monde sauf une personne : le chef de la branche du FBI chargée de la Sécurité nationale a affirmé qu'il était trop tard pour reprendre la parole. Il n'a pas donné beaucoup d'arguments sinon la proximité de l'élection. Je crois qu'il réagissait à la douleur que notre première lettre avait causée. Après l'avoir écouté, nous en avons discuté pendant un moment et décidé que nous devions écrire au Congrès. Si notre règle face à cette situation particulière – parler ou dissimuler – était d'être aussi transparents que possible concernant les activités du FBI, agir différemment du 28 octobre n'aurait eu aucun sens. Comme précédemment, nous avons proposé aux pontes du département de la Justice de revoir mon brouillon, et ils nous ont transmis des suggestions.

Le dimanche 6 novembre, nous avons envoyé une courte lettre pour informer le Congrès que l'affaire Clinton était bel et bien terminée et que notre opinion n'avait pas changé. Nous n'avons pas envisagé d'autre déclaration publique risquant de semer encore plus la confusion à deux jours du scrutin si je parlais de nos trouvailles sur l'ordinateur d'Anthony Weiner devant des caméras. Pour des raisons que je n'aurais pu expliquer, le FBI a trouvé que ledit ordinateur contenait un grand nombre de nouveaux courriels professionnels de Clinton (alors qu'elle avait affirmé avoir tout remis au département d'État), mais aussi d'anciens messages sur des sujets confidentiels que nous avions déjà vus. L'équipe avait encore du travail d'investigation pour comprendre comment Huma Abedin et Anthony Weiner s'étaient retrouvés en possession des messages confidentiels. Il valait mieux faire écho à notre première note au Congrès avec une annonce tout aussi courte. Nous n'avions pas le temps d'envoyer un courriel à tous les membres du FBI ; ils en entendraient parler aux informations avant d'allumer leurs ordinateurs lundi matin. Le FBI avait choisi de ne pas dissimuler d'importantes informations au Congrès et aux Américains et travaillé incroyablement dur pour boucler l'affaire avant le jour de l'élection. J'ai remercié l'équipe *Midyear* en leur disant que je n'avais jamais travaillé avec un groupe de gens aussi excellents et qu'ils m'avaient beaucoup aidé à résoudre des problèmes de taille.

Cette nuit-là, Patrice, une de nos filles et moi sommes allés dans un restaurant tex-mex du coin. La nouvelle concernant la deuxième lettre visant à clore le dossier à nouveau circulait partout. Un client est passé devant ma table et a murmuré : « Allez Hillary ! ». J'étais trop fatigué pour y prêter attention. Je n'allais pas voter. Je ne voulais plus rien avoir affaire avec tout ça. J'étais navré que nous ayons été impliqués. Je voulais boire un verre, alors j'ai commandé une délicieuse Margarita avec du sel et des glaçons, et la nouvelle a fini aux infos : le *Washington Post* a rapporté qu'on m'avait aperçu en train de boire une Margarita « géante ».

*

J'ai passé beaucoup de temps à ressasser l'année 2016, et même si le recul ne m'offre pas toujours de vue parfaite, il permet d'avoir une perspective unique et précieuse.

Comme beaucoup, j'ai été surpris par la victoire de Donald Trump. En lisant les sondages dans les médias, j'avais imaginé que Hillary Clinton allait l'emporter. Je me suis demandé de nombreuses fois si j'avais été influencé par cette certitude. Je ne sais pas. Sûrement inconsciemment, mais il serait idiot de penser que ça n'avait eu aucun impact sur moi. Il est fort possible que, puisque je prenais des décisions dans un environnement où Hillary Clinton deviendrait sûrement la prochaine présidente, mes craintes d'en faire une candidate illégitime en dissimulant la réouverture de l'enquête aient eu plus de poids que si l'élection avait paru serrée ou si Donald Trump avait été en tête dans les sondages. Je ne sais pas.

J'ai vu et lu des rapports dans lesquels Hillary Clinton me tient responsable de sa surprenante défaite électorale, du moins en partie. Je sais qu'à un endroit dans son livre elle a écrit qu'elle s'était sentie « poignardée ». Elle avait travaillé dur pendant la majeure partie de sa vie professionnelle pour devenir la première présidente des États-Unis et naturellement cette défaite inattendue lui avait fait beaucoup de mal. J'ai lu qu'elle ressentait de la colère à mon égard, et j'en suis désolé. Je suis désolé de n'avoir pas pu mieux lui expliquer, à elle ainsi qu'à ses partisans, pourquoi j'avais pris de telles décisions. Je sais que de nombreux Démocrates ont été très surpris – voire outrés – par mes choix.

Après l'élection, j'ai assisté à un briefing confidentiel avec un groupe de sénateurs des deux camps. Vers la fin de la réunion, qui n'avait rien à voir avec les courriels Clinton, l'un des Démocrates – Al Franken, sénateur à l'époque – a laissé échapper tout haut ce que beaucoup devaient penser tout bas. Il a dit qu'il voulait « crever l'abcès », c'est-à-dire « ce que [j'avais] fait à Hillary Clinton ». J'ai demandé au président du Sénat Mitch McConnell, qui était également présent, si je pouvais répondre. Sur un ton proche de la satisfaction, McConnell a reculé dans son siège et m'a dit : « Bien sûr. Prenez tout le temps que vous voulez. »

J'ai alors dit aux sénateurs réunis autour de moi que j'aurais aimé qu'ils puissent retourner dans le passé avec moi et voir les choses de mon point de vue ; celui du FBI. « Revenez avec moi en arrière, le 28 octobre 2016 », ai-je dit. Même si je ne pouvais les convaincre que j'avais pris la bonne décision, j'espérais au moins que je saurais expliquer ce que j'avais pensé, les portes que j'avais vues et pourquoi j'avais choisi « Parler » plutôt que « Dissimuler ». Je n'ai pas tout géré parfaitement vis-à-vis de l'enquête, mais j'ai fait de mon mieux avec les faits qui se présentaient devant moi. Voilà ce que j'ai essayé de leur faire comprendre ce jour-là, et j'ai convaincu au moins une personne dans la pièce. Lorsque j'ai fini de parler, le sénateur Chuck Schumer s'est approché de moi. La larme à l'œil, il m'a pris la main et m'a tapoté plusieurs fois sur le torse. « Je vous connais, a-t-il dit. Je vous connais. Vous étiez dans une position impossible. »

J'espère vraiment que ce que nous avons fait – ce que j'ai fait – n'a pas été un facteur déterminant dans cette élection. Ma femme et mes filles ont voté pour Hillary Clinton et défilé à la marche des femmes 2017 à Washington le lendemain de l'investiture de Donald Trump. Comme je l'ai dit dans ma déposition, l'idée même que ma décision ait pu avoir un impact sur le résultat me donne légèrement la nausée. Non pas à cause de tous les défauts de Trump en tant que personne et chef d'État (il a tant de défauts qu'il n'a sûrement pas compris ce que j'ai dit quand j'ai affirmé que l'idée d'avoir pu exercer une influence sur l'élection me donnait « légèrement la nausée »). Ça me rend malade parce que j'ai dédié ma vie au service des institutions que j'aime précisément parce qu'elles ne jouent aucun rôle politique, parce qu'elles fonctionnent indépendamment des passions du système électoral. L'élection de 2016 n'était pas comme les autres. Un de mes enfants m'a montré un tweet qui reflétait bien ce sentiment à l'époque : « Ce Comey est un vrai vendu. Je n'arrive juste pas à comprendre à quel parti. »

Je n'aime pas qu'on m'accuse de la sorte, mais je suis bien obligé d'écouter les critiques parce que je peux très bien commettre des erreurs. Cependant, afin d'éviter d'être paralysé ou accablé par les reproches, j'ai une règle générale : si la critique provient d'une personne que je sais réfléchie, j'y prête très attention. Je m'attarde même sur celle de partisans convaincus, si leur logique et leur discours me laissent à penser que j'ai pu rater quelque chose.

Les autres dingues, et Dieu sait qu'il y en a beaucoup, je les ignore.

La réflexion qui m'atteint le plus, c'est quand on dit que je suis amoureux de ma propre rectitude, de ma propre vertu. Je me suis longtemps préoccupé de mon ego. Je suis fier d'essayer toujours de faire ce qu'il faut. Je suis fier d'essayer d'être honnête et transparent. Je crois vraiment que ma façon de faire est bien meilleure que celle des partisans menteurs qui peuplent la vie publique de nos jours. Mais cette fierté risque de m'aveugler et de me braquer face aux autres points de vue concernant ce qui est bien.

J'ai rejoué l'affaire Clinton dans ma tête des centaines de fois. En dehors des erreurs que j'avais faites en me présentant devant les caméras le 5 juillet, je suis convaincu que je n'agirais pas différemment si c'était à refaire, étant donné mon rôle et ce que je savais à l'époque. Je crois aussi que d'autres personnes raisonnables auraient opéré d'une autre manière.

Par exemple, si j'avais été un Démocrate ayant servi sous des gouvernements démocrates antérieurs, je ne suis pas sûr que prendre mes distances vis-à-vis de la ministre de la Justice pour mon discours du 5 juillet aurait été une option intelligente. Si j'avais un profil de Démocrate, on m'aurait dépeint comme biaisé, et je n'aurais pas pu m'écarter du département de la Justice de façon crédible pour représenter une institution autonome. Bien sûr, même un directeur du FBI démocrate qui n'aurait pas choisi de faire une annonce de son côté se serait lui aussi retrouvé confronté au dilemme « Parler ou Dissimuler » à la fin du mois d'octobre, car il ou elle aurait dû informer le Congrès, d'une manière ou d'une autre, de la fermeture du dossier en juillet.

Si je n'avais pas travaillé aussi longtemps au département de la Justice et si je ne l'avais pas dirigé sous le gouvernement Bush, je ne sais pas si j'aurais à ce point ressenti le besoin de le protéger autant que le FBI. Je ne sais pas non plus si j'aurais eu le cran de m'éloigner de la ministre si je n'avais pas vu le côté négatif du report – au sujet de la torture – lors de mes derniers jours en tant qu'adjoint du ministre de la Justice en 2005. Mon expérience d'orateur public m'a aussi permis d'envisager cette conférence de presse en direct. Un autre directeur, avec un passé différent, aurait peut-être laissé le département de la Justice se débrouiller.

Un autre directeur du FBI aurait peut-être appelé à la nomination d'un procureur spécial fin juin, après la visite de Bill Clinton dans l'avion de la ministre. Je pense encore que ça aurait été injuste envers Hillary Clinton, mais j'imagine bien un autre directeur le faire au lieu de protéger les institutions comme je l'ai fait.

Quelqu'un d'autre aurait pu décider d'attendre de voir ce que les enquêteurs auraient trouvé une fois le mandat obtenu pour fouiller l'ordinateur d'Anthony Weiner. Ça aurait été compliqué, parce que l'équipe *Midyear* affirmait qu'il n'y avait pas moyen de venir à bout des courriels avant l'élection, mais je pense qu'un autre que moi aurait pu faire le pari de ne rien dire et enquêter secrètement durant la semaine d'avant le scrutin ; cela rejoint la réflexion de Loretta Lynch après notre accolade. Si je n'avais rien dit, quel aurait été le pourcentage de chance de fuite cette semaine-là ? Très élevé. Même si l'équipe *Midyear* s'était montrée plutôt étanche pendant un an d'enquête, les gens de la section d'investigation criminelle du FBI à New York savaient qu'il se passait quelque chose au sujet de Hillary Clinton, et la demande de mandat était une étape importante. Le cercle de gens au courant était plus grand que jamais, et il incluait New York, où nous avions déjà eu des fuites en rapport avec les courriels Clinton quelques mois plus tôt. Dissimuler la nouvelle enquête et la voir divulguée juste avant l'élection aurait peut-être été pire, voire la pire chose envisageable. Cependant, une personne raisonnable aurait tout de même pu prendre cette décision.

Je me suis aussi reproché des centaines de fois de ne pas avoir incité mon équipe à réagir plus vite après avoir entendu parler des documents sur l'ordinateur portable de Weiner au début du mois d'octobre, mais je n'avais pas compris ce que cela impliquait avant le 27. J'étais passé à d'autres dossiers et d'autres problèmes, et je me suis dit que si c'était important, l'équipe m'en parlerait. Si l'on m'en avait informé plus tôt, je suis sûr que j'aurais eu la même réaction que le 27 octobre : nous devions obtenir ces courriels sur-le-champ. Cela dit, je ne sais pas si on aurait pu ou dû me donner ces détails plus tôt.

L'élection présidentielle de 2016 ne ressemblait à aucune autre du point de vue du FBI, et même en sachant ce que je sais aujourd'hui, je n'aurais pas agi différemment, mais j'imagine qu'à ma place, une personne de principes aurait pu faire d'autres choix. À mon sens, cela aurait causé encore plus de dommages aux institutions judiciaires de notre pays, mais je ne peux en être certain. Je prie pour qu'aucun futur directeur du FBI n'ait à le découvrir.

*

À la fin du mois de novembre, après l'élection, j'ai assisté à une réunion sur la Sécurité nationale dans le Bureau ovale en compagnie du Président et de plusieurs cadres du gouvernement. J'avais encore le sentiment d'être dans

Sixième sens, surtout parmi des gens qui avaient pensé continuer leur carrière à la Maison-Blanche sous un nouveau président démocrate. Le Président Obama n'était pas comme eux : il m'a accueilli comme d'habitude et s'est montré chaleureux et professionnel.

Grâce à ses capacités d'observation du langage corporel, il avait peut-être senti que je n'étais pas à mon aise, ou bien il jugeait important de me parler pour d'autres raisons. À la fin de la réunion, il m'a demandé de rester. Je me suis assis sur le canapé, dos à l'horloge. Il s'est installé dans son fauteuil habituel, dos à la cheminée. Le photographe de la Maison-Blanche Pete Souza s'était attardé pour capturer le moment, mais le Président l'a renvoyé. En quelques secondes, nous étions seuls.

Le Président Obama s'est alors penché en avant, les mains sur les genoux. Il a entamé un long préambule pour m'expliquer qu'il n'allait me parler d'aucun dossier ou enquête en particulier.

— Je voulais simplement vous dire quelque chose.

Je savais à quel point il voulait que Hillary Clinton remporte l'élection. Il avait inlassablement milité pour elle ; avec plus d'acharnement qu'aucun président ne l'avait fait pour son potentiel successeur, d'après certains. Je savais qu'il vivait mal cette défaite, comme tout le personnel de la Maison-Blanche, mais je le respectais et j'étais très ouvert à tout ce qu'il avait à me dire.

— Je vous ai choisi comme directeur du FBI pour votre intégrité et votre compétence, a-t-il dit, avant d'ajouter quelque chose qui m'a beaucoup marqué : Je veux que vous sachiez que rien – rien – de ce qui s'est passé durant l'année écoulée n'y change quoi que ce soit.

Il ne me disait pas qu'il était d'accord avec mes décisions. Il n'en parlait même pas. Il disait simplement qu'il comprenait d'où elles provenaient. Bon sang, comme j'avais besoin d'entendre ces mots !

Je me suis senti submergé par une vague d'émotion, presque au bord des larmes. Le président Obama n'était pas un homme très démonstratif dans ce genre de réunions, mais je lui ai tout de même répondu en des termes anormalement affectifs.

— Je suis très touché, monsieur le Président. J'ai détesté l'année passée. La dernière chose que nous voulons, c'est de nous retrouver impliqués dans une élection. J'essaie juste de faire ce qu'il faut.

— Je sais, je sais, a-t-il dit.

J'ai marqué une pause puis j'ai décidé d'ajouter quelque chose qu'une bonne partie du pays pensait, je crois.

— Monsieur le Président, ma femme me tuerait si je ne saisissais pas l'opportunité de vous remercier et de vous dire à quel point vous allez me manquer.

Même si je ne l'avais pas soutenu lors de sa campagne, j'avais acquis un grand respect pour lui en tant que dirigeant et en tant que personne, et ce n'est qu'à ce moment-là que j'ai ressenti tout le poids de son départ imminent et ce que cela impliquait.

Incapable de m'en empêcher, j'ai ajouté : « J'ai peur des quatre ans qui arrivent, mais d'une certaine façon, je me sens encore plus obligé de rester. »

Il n'a rien répondu à cela, rien laissé transparaître de ce qu'il pensait du futur président et de l'avenir du pays, même s'il aurait pu en dire long sur ces deux sujets. Au lieu de ça, il m'a donné une petite tape sur le bras, puis nous nous sommes levés et serré la main, et j'ai quitté le Bureau ovale. Bientôt, cette pièce serait occupée par un nouvel arrivant, bien différent.

12

TRUMP TOWER

« Et puisque rechercher la vérité est ce qui nous importe le plus [...], la possibilité, voire la simple perception, que cette quête puisse être entachée nous dérange ; cela nous a toujours dérangés et c'est bien normal. »

Robert M.Gates, directeur de la CIA

Une petite procession de 4×4 blindés – qui transportaient les directeurs du renseignement national, de la CIA, de la NSA et du FBI – cheminait en direction de la grande tour dorée et brillante en plein cœur de Manhattan. C'était le 6 janvier 2017, deux semaines avant l'investiture, et nous étions tous arrivés par avion le matin même. Le NYPD a laissé passer nos véhicules derrière la barricade jusqu'à la petite rue entre Madison Avenue et la Cinquième Avenue. Avançant en petit groupe, entourés de gardes du corps, nous sommes entrés par la porte latérale des résidences de la Trump Tower.

Les journalistes, contenus sur la Cinquième Avenue, n'ont pas pu nous voir arriver. Les manifestants parqués non loin de là non plus. Pourtant, nous formions un beau spectacle dans le hall bien calme des résidences de la tour. Notre groupe de dirigeants et de gardes du corps ne tenait pas dans un seul ascenseur. D'un des ascenseurs est sortie une femme qui allait promener son petit chien. L'animal et elle, tous deux vêtus de manteaux hors de prix en cette froide journée sur la Cinquième Avenue sont passés en plein milieu de notre escouade de costumes sombres et d'hommes armés. Les chefs du renseignement, portant des mallettes verrouillées contenant les secrets de la nation, ont bredouillé poliment : « Pardon. »

Après toutes les images en direct des postulants et des dignitaires qui allaient et venaient dans le hall doré comme dans une émission de téléréalité, les chefs des plus grandes agences de renseignement du pays se glissaient en douce dans le bâtiment pour rendre visite au futur président. Nous venions discrètement l'informer de ce que la Russie avait fait pour favoriser son élection.

C'était la troisième et dernière réunion des chefs de la communauté du renseignement pour parler des résultats confidentiels d'une évaluation concernant les actions russes durant l'élection présidentielle. Sous la direction du Président Obama, des analystes de la CIA, de la NSA et du FBI – coordonnés par des analystes de l'ODNI, bureau du directeur du renseignement national – ont passé des mois à rassembler des sources d'information pour dresser aux membres du gouvernement actuel, ainsi qu'au futur gouvernement Trump, un tableau complet de l'ingérence russe lors de la campagne. Une version diluée et non-confidentielle avait été préparée pour le public, mais le dossier demeurait substantiel. Il s'agissait de diffuser des informations hautement sensibles, y compris les sources et les méthodes (comment nous avions appris ce que nous savions) expliquant pourquoi nous avions tous de bonnes raisons de croire que la Russie était intervenue en profondeur dans l'élection américaine.

Les quatre agences avaient joint leurs forces pour cette évaluation, dont les résultats étaient à la fois stupéfiants et clairs : le Président russe Vladimir Poutine avait ordonné une tentative approfondie d'ingérence dans le scrutin de 2016. Cette tentative – notamment par le biais du piratage, des réseaux sociaux et des médias d'État russes – avait plusieurs buts : affaiblir la confiance du public envers le système électoral américain, dénigrer Hillary Clinton, nuire à son éligibilité et sa potentielle présidence, et aider Donald Trump à remporter l'élection.

Notre premier briefing sur le sujet avait eu lieu la veille, le 5 janvier 2017, en présence du président sortant. Devant le président Obama, le vice-président Biden et leurs principaux conseillers, Jim Clapper – directeur du renseignement national – a présenté le travail qui avait été fait, les conclusions obtenues et la base de ces conclusions. Le président et le vice-président ont tous deux posé de nombreuses questions.

C'était dans ces moments-là que j'avais de temps à autre un aperçu de la relation amicale, fraternelle et parfois exaspérante de Barack Obama et Joe Biden, deux personnalités bien différentes. Le schéma était souvent le même : le président Obama, à l'aide d'une série d'échanges, menait la conversation très clairement dans une direction A. Ensuite, à un moment donné, Biden intervenait : « Puis-je poser une question, monsieur le Président ? » Obama acceptait poliment, mais quelque chose dans son expression suggérait qu'il savait très bien que, pendant les cinq ou dix prochaines minutes, nous allions tous partir vers une direction Z. Après avoir écouté et attendu patiemment, le Président remettait la conversation sur les rails.

Cette fois-là, nous n'avons pas quitté les rails. Après une discussion en détail sur l'évaluation, le Président a demandé quel était le plan concernant les briefings à venir. Le directeur Clapper a expliqué que nous devions nous entretenir avec le Gang des Huit le lendemain matin – les hauts représentants des Républicains et des Démocrates au Congrès, que l'on tenait au courant des questions de renseignement – puis que nous irions immédiatement à New York pour en informer le futur Président et son équipe.

Clapper a expliqué à Obama qu'on devait présenter à Donald Trump un document singulier : un dossier additionnel – plus tard connu sous le nom de « dossier Steele » – qui contenait un certain nombre d'allégations sur sa personne. Le dossier avait été compilé par un individu considéré comme fiable, ancien agent du renseignement, mais il n'avait pas encore été vérifié. Le document renfermait des choses édifiantes, parmi lesquelles des allégations stipulant que le futur Président avait été impliqué dans des activités sexuelles étranges avec des prostituées en Russie pendant un voyage à Moscou en 2013, durant lequel lesdites prostituées auraient notamment uriné sur un lit dans la suite présidentielle du Ritz-Carlton, où le couple Obama avait séjourné durant l'une de ses visites. Ces activités auraient été filmées par les renseignements russes dans le but probable de faire chanter le candidat à la présidentielle. Le directeur Clapper a affirmé que nous pensions que les médias étaient sur le point de dévoiler ces documents et il a conclu que la communauté du renseignement devait alerter le futur président.

Obama n'a pas semblé réagir à ces informations – du moins pas devant nous. D'une voix posée, il a demandé : « Qu'est-ce que vous avez prévu pour ce briefing ? »

Après un rapide coup d'œil dans ma direction, Clapper a pris une profonde inspiration et répondu : « Nous avons décidé que le directeur Comey s'entretiendrait seul à seul avec le futur président pour le mettre au courant de ce document après la réunion sur l'évaluation de la communauté du renseignement. »

Le président n'a pas dit un mot. Au lieu de ça, il a tourné la tête à gauche et m'a regardé. Il a haussé les sourcils avec emphase puis il a détourné le regard. J'imagine qu'on peut lire ce qu'on veut sur une expression muette, mais à mon sens, son haussement de sourcils à la Groucho Marx était une marque subtile d'humour mais aussi d'inquiétude. C'était presque comme s'il me disait : « Bon courage. » J'ai commencé à sentir mon estomac se nouer.

Vers la fin de la réunion, mes yeux se sont posés sur l'assiette de pommes sur la table basse du Bureau ovale. Comme le président et sa femme étaient très à cheval sur les questions de santé – la première dame avait lancé une campagne dans les écoles pour remplacer la malbouffe par des fruits et légumes –, les pommes avaient eu leur place dans le Bureau ovale pendant des années. Je n'étais pas sûr qu'elles soient comestibles, mais j'ai un jour vu le chef du personnel Denis McDonough en prendre deux à la fois. Il n'avait pas l'air de manger des fruits en plastique. Ma plus jeune fille m'avait un jour demandé de lui rapporter une pomme présidentielle, et c'était sûrement la dernière fois que j'en trouverais une dans ce bureau. C'était le moment ou jamais. Chiper un fruit tandis que la réunion touchait à sa fin ? Un geste de mauvais goût. Mais les devoirs d'un père surpassent le mauvais goût. J'ai saisi une pomme. Personne ne m'en a empêché. Je l'ai prise en photo dans la voiture, je l'ai envoyée à ma fille et je lui ai rapporté ladite pomme le soir même. Elle m'a laissé goûter un morceau. Ce n'était pas du plastique.

*

Plus tard ce jour-là, j'ai reçu un appel de Jeh Johnson, le secrétaire à la Sécurité intérieure, avec qui j'étais ami depuis que nous avions travaillé ensemble en tant que procureurs fédéraux à Manhattan dans les années 1980. Il était présent à la réunion du matin dans le Bureau ovale. Je ne sais pas s'il m'appelait parce que le Président Obama le lui avait suggéré, ni si les deux hommes avaient abordé le sujet, mais il a formulé tout haut ce que je pensais du haussement de sourcils du président.

— Jim, je suis inquiet à l'idée que tu t'entretiennes en privé avec le futur président, a-t-il dit.

— Moi aussi, ai-je répondu.

— Tu as déjà rencontré Donald Trump ?

— Non.

— Jim, je t'en prie, sois prudent. Sois très prudent. Ça pourrait mal se passer.

Je l'ai remercié pour son attention et son appel. Voilà qui ne me rassurait pas du tout.

Cependant, je ne voyais aucune porte de sortie. Le FBI était au courant du dossier. Deux sénateurs m'avaient contacté séparément pour m'alerter de son existence et du fait que Washington l'avait déjà entre les mains ou en avait entendu parler. CNN avait informé le service de presse du FBI qu'ils allaient en parler pas plus tard que le lendemain. Que ce soit vrai ou pas, une méthode typique pour empêcher quelqu'un de faire chanter un fonctionnaire public consistait à prévenir ledit fonctionnaire de ce que l'ennemi disait ou faisait. Au FBI, on appelait ça un « briefing défensif ».

Comment pouvions-nous lui parler des manigances russes sans mentionner ce document ? Il était si salace et embarrassant que ça n'aurait eu aucun sens de le mentionner devant tout le monde, surtout devant un groupe de fonctionnaires nommés par Obama qui s'apprêtaient à quitter leur poste alors que Trump devenait président. Moi, j'allais rester à la tête du FBI, nous étions au courant de l'information, et il fallait bien que quelqu'un lui dise. C'était logique que la tâche me revienne. Le plan avait du sens, si tant est que ce mot puisse s'appliquer à une discussion sur des prostituées moscovites avec un nouveau Président. Malgré tout, je n'étais pas rassuré à cette idée.

Ma gêne ne venait pas de nulle part. J'ai appris il y a longtemps que les gens partent souvent du principe que les autres agissent et pensent comme eux-mêmes l'auraient fait dans une situation donnée. Ils projettent leur point de vue sur vous, même si vous voyez le monde très différemment. Il y avait une chance que Donald Trump, politicien et homme d'affaires aguerri, pense que je lui remuais l'histoire des prostituées sous le nez pour le coincer, pour avoir un moyen de pression. Il pourrait bien croire que j'essayais de me la jouer à la J. Edgar Hoover, car c'est ce que Hoover aurait fait à ma place. Un haussement de sourcils ne suffisait pas à décrire la réalité de la situation : j'allais passer un moment merdique.

Cette référence à Hoover m'a donné envie de garder à disposition un moyen de rassurer le nouveau Président. Je devais me tenir prêt à dire quelque chose pour détendre l'atmosphère, si possible. Après une discussion en profondeur avec mon équipe, j'ai décidé que je pouvais rassurer le futur Président en lui annonçant que le FBI ne menait pas d'enquête sur lui en ce moment. C'était la vérité. Nous n'avions aucun dossier de contre-espionnage ouvert le concernant. Nous nous fichions pas mal qu'il ait batifolé avec des prostituées à Moscou, du moment que les Russes n'essayaient pas de le faire chanter d'une façon ou d'une autre.

L'avocat général du FBI, Jim Baker, a affirmé avec insistance qu'une telle affirmation, bien que vraie, pouvait prêter à confusion : par ailleurs, le comportement du Président élu était, ou serait sûrement, dans le collimateur des enquêteurs qui cherchaient à déterminer si les Russes avaient eu un rapport avec sa campagne. Nous étions aussi inquiets de savoir si le FBI serait alors obligé d'informer le président Trump au cas où nous déciderions d'ouvrir un dossier sur lui. Je comprenais la logique derrière sa position, mais je voyais aussi le danger plus grand que représentait une éventuelle guerre contre le FBI menée par le nouveau Président, connu comme quelqu'un d'impulsif. J'étais déterminé à faire tout mon possible pour travailler correctement avec lui, alors j'ai rejeté le conseil sensé de Jim Baker et je me suis dirigé vers la Trump Tower avec en poche l'argument : « Nous n'enquêtons pas sur vous. » Une fois de plus, nous nous retrouvions dans une situation sans précédent.

Au début de l'année 2017, après toutes les controverses sur l'affaire Clinton, j'étais devenu une figure publique relativement connue. Même si je voulais me faire discret, ma haute taille m'en empêchait. Il était clair qu'un certain nombre de Républicains partageaient le point de vue de Hillary Clinton sur l'impact que j'avais eu sur la victoire de Trump. Si les partisans de Clinton ressentaient de la colère – voire de la haine – à mon égard, dans le monde de Trump, j'étais une sorte de célébrité, ce qui rendait très pesante mon entrée dans la Trump Tower. Je ne voulais pas être vu différemment des autres chefs du renseignement qui faisaient simplement leur travail.

Nous nous sommes réunis dans une petite salle de conférence appartenant à la Trump Organization, vaguement décorée, dans laquelle on avait ajouté pour l'occasion un énorme rideau doré pour masquer le mur vitré, sans quoi notre réunion serait visible du couloir. Le Président élu est arrivé à l'heure, suivi du futur vice-président et des autres futurs principaux conseillers de la Maison-Blanche.

C'était la première fois que je voyais Donald Trump en face. Il me paraissait plus petit que sur les estrades lors des débats face à Hillary Clinton. En l'observant, j'ai été frappé de voir à quel point il ressemblait à l'homme qu'on voyait à la télévision, ce qui m'a surpris parce que la plupart des gens sont différents en personne. Sa veste ouverte laissait apparaître sa cravate trop longue, comme d'habitude. Son visage semblait légèrement orange, avec des demi-cercles blancs sous les yeux (sûrement la marque de ses lunettes de bronzage) et son impressionnante tignasse blond clair, qui, inspectée de près, a bien l'air réelle. Je me souviens de m'être demandé combien de temps il mettait à se coiffer le matin. Lorsqu'il m'a tendu la main, j'ai tout de suite pensé à en vérifier la taille. Elle était plus petite que la mienne, mais pas anormalement plus petite.

Trump a fait entrer toute son équipe dans la petite salle de conférence. Le futur vice-président Mike Pence, le chef de cabinet Reince Priebus, le conseiller à la Sécurité nationale Mike Flynn et le directeur de la Communication Sean Spicer se sont assis autour de la table ovale, Pence à l'opposé de Trump. Ils étaient sérieux et silencieux. Lorsque nous nous sommes salués, le futur vice-président a gardé ma main dans la sienne quelques secondes et a prononcé mon prénom en le faisant durer : « Jiiiimm. » On aurait dit quelqu'un qui salue un vieil ami et qui le console en même temps. Je ne crois pas que nous nous étions déjà vus, même si je me souviens d'une conversation téléphonique quatorze ans plus tôt, en 2003, lorsque j'étais procureur fédéral à Manhattan et que nous enquêtions sur un type qui achetait des noms de domaines proches de célèbres sites pour enfants comme « disneyland.com » ou « bobthebuilder.com », mais avec des fautes d'orthographe, qui redirigeaient vers des sites pornographiques. Je m'étais dit : « Ça devrait être un crime. » Lorsque j'ai appris que la pratique était bel et bien devenue un crime fédéral à peine quelques mois plus tôt, j'ai demandé le numéro de la personne au Congrès en charge du Truth in Domain Names Act pour la remercier. Il s'est avéré qu'il s'agissait du représentant de l'Indiana, Mike Pence, qui m'a raconté au téléphone qu'il avait insisté pour faire passer cette loi parce qu'un de ses enfants s'était fait avoir par ce piège pervers.

Le directeur Clapper était assis le plus près du futur Président, avec le directeur de la CIA John Brennan, le directeur de la NSA Mike Rogers et moi-même à sa droite. Contre le mur derrière moi se trouvait le futur directeur de la CIA de Trump Mike Pompeo, le futur conseiller à la Sécurité intérieure Tom Bossert, et le conseiller à la Sécurité nationale adjoint K.T. McFarland. Le porte-parole de la CIA du Président élu – un employé désigné pour briefer régulièrement le futur Président au sujet du renseignement – était également présent pour prendre des notes.

Jusque-là, j'avais travaillé de très près avec deux Présidents et de nombreux autres dirigeants du gouvernement. J'étais curieux de voir comment Trump, véritable « poisson hors de l'eau », allait opérer dans un rôle qui lui était parfaitement inconnu. Diriger une grosse société privée familiale n'a rien à voir avec le fait de diriger une nation, ni même un grand groupe public. Vos électeurs ne vous rendent pas de comptes et vous devez vivre avec des tas de lois et de règles qui ne s'appliquent d'ordinaire pas aux P-DG.

Comme j'avais pu le constater chez d'autres leaders, il fallait avoir suffisamment de confiance en soi pour être humble – bien dans sa peau –, afin de diriger efficacement. Cette humilité facilite beaucoup de choses, mais rien n'était aussi important que la simple question : « Qu'est-ce qui m'échappe ? » Les bons dirigeants s'inquiètent toujours de leur capacité limitée à voir ce qui se passe. Pour passer outre ces barrières, ils font preuve de jugement, ce qui n'a rien à voir avec l'intelligence. L'intelligence, c'est la capacité de résoudre un problème, à déchiffrer une énigme, à comprendre des faits. Le jugement, c'est la capacité de graviter autour d'un problème ou d'un certain nombre de faits afin de les voir à travers les yeux des autres, en les observant sous des angles, des intentions et des contextes différents. C'est également la capacité de prendre un certain nombre de données et de se les représenter dans le temps et l'espace – dans une salle d'audience ou un tribunal –, quelques mois ou années plus tard, par exemple, ou bien dans la salle de rédaction d'un grand journal, ou encore dans la salle du conseil d'un concurrent. L'intelligence, c'est la capacité de rassembler et rapporter ce que disent les documents et les témoignages. Le jugement, c'est la capacité de comprendre ce que ces faits veulent dire et quel effet ils auront sur d'autres publics.

Lors de mon premier entretien avec Trump, j'ai observé comment il se plaçait sur la balance entre l'assurance et l'humilité et s'il montrait des signes de jugement. Je dois admettre que j'étais sceptique avant d'entrer. Au cours de la campagne, j'avais eu l'impression d'un homme peu sûr de lui, ce qui le rendait incapable de faire preuve d'humilité, et il ne me semblait pas assez confiant et humble pour se poser la question de ce qui pouvait lui échapper, base de tout bon jugement. Je n'en ai pas vu assez ce jour-là, à la Trump Tower, pour m'en assurer d'une façon ou d'une autre. Le Président élu faisait preuve de sérieux et de maîtrise de soi.

Le directeur Clapper a présenté l'évaluation de la communauté du renseignement, comme il l'avait fait devant le président Obama et le Gang des Huit. Son exposé a soulevé quelques questions, surtout de la part de Tom Bossert au dernier rang. Durant la discussion sur l'implication de la Russie au cours de l'élection, je me souviens que Trump a écouté sans prendre la parole, mais il n'a ensuite posé qu'une seule question, plus comme une affirmation, centrée sur lui et non sur la nation : « Mais vous avez trouvé que ça n'avait eu aucun impact sur le résultat, n'est-ce pas ? » Clapper a répondu que nous n'avions pas fait cette analyse, qui n'était pas de notre ressort. Nous pouvions en revanche affirmer que nous n'avions vu aucune irrégularité dans le décompte des voix.

Ce qui m'a frappé, c'est que Trump et son équipe n'ont rien demandé. Ils s'apprêtaient à diriger un pays qui avait subi les attaques d'un adversaire étranger, mais ils n'avaient aucune question sur la nature d'une future menace russe, ni sur comment les États-Unis pouvaient s'y préparer. Au lieu de ça, alors que nous étions encore tous les quatre sur nos sièges – nous, les directeurs du renseignement dont deux, nommés par Obama, arrivaient en fin de mandat –, ils se sont mis à parler d'une stratégie de communication concernant la Russie ; comment ils allaient pouvoir formuler ce que nous venions de leur dire. Comme si nous n'étions pas là, Priebus a commencé à décrire à quoi le communiqué de presse sur cette réunion pourrait ressembler. L'équipe Trump – menée par Priebus, avec les interventions de Pence, Spicer et Trump lui-même – a débattu de la façon dont il valait mieux présenter ces découvertes à leur avantage politique. Ils voulaient surtout insister sur le fait qu'elles n'avaient eu aucune incidence sur le scrutin, c'est-à-dire que les Russes n'avaient pas fait élire Trump. Clapper est intervenu pour leur rappeler ce qu'il avait dit environ soixante secondes plus tôt : la communauté du renseignement n'analysait pas le système politique, et nous n'avions pas donné notre point de vue là-dessus.

J'avais assisté à de nombreuses réunions de renseignement avec les deux précédents Présidents, et je n'avais jamais vu Obama et Bush discuter communication et stratégie politique devant les chefs des renseignements. Il y avait toujours eu une frontière. La communauté du renseignement s'occupe des faits, la Maison-Blanche s'occupe de la politique et de la communication de son côté. La rude leçon de la guerre en Irak – basée sur de mauvaises informations concernant des armes de destructions massives – était : « Ne pas mélanger les deux. » J'ai essayé de mettre ça sur le compte de l'inexpérience de Trump et son équipe – après tout, il n'avait jamais fait partie d'aucun gouvernement – mais, d'un seul coup, la frontière entre les renseignements et la politique s'est mise à s'estomper.

Assis là, une image étrange me venait en tête. Je n'arrêtais pas d'essayer de la repousser, parce qu'elle semblait excessive, trop dramatique, mais elle revenait sans cesse : je pensais aux clubs de la Mafia new-yorkaise, image tirée de l'époque où j'étais procureur fédéral à Manhattan dans les années 1990. Le *Ravenite*. Le *Palma Boys*. Le *Café Giardino*. Je n'arrivais pas à penser à autre chose. En y repensant, ce n'était pas aussi excessif que je le croyais.

Comme je l'ai dit précédemment, la Mafia italienne se faisait appeler la *Cosa Nostra* – « Notre Chose ». Elle traçait toujours une frontière entre « vos amis », les gens en dehors du cercle, et « nos amis », les membres officiels de la famille. Je me disais : « Bon sang, ils essayent de faire de chacun de nous un *amica nostra*, un de “nos amis”. Ils cherchent à nous inclure. Aussi fou que ça puisse paraître, j'ai soudain eu l'impression, l'espace d'un instant, que le Président à venir était en train d'essayer de nous intégrer à une même famille. Toute ma carrière durant, seuls les renseignements étaient « miens », et la politique et la communication des domaines restaient « à eux ». Trump voulait tout changer.

J'aurais dû dire quelque chose sur le moment. Après tout, je ne m'étais jamais montré spécialement timide quand il avait fallu m'affirmer comme leader devant les chefs d'autres organisations. Je ne suis pas sûr que ça aurait changé grand-chose, mais peut-être que j'aurais dû parler à la nouvelle équipe des règles à suivre, développées sur plusieurs générations, par intermittence, pour essayer de dissocier renseignement et politique, pour s'assurer que le président apprenne les faits dans les meilleures conditions, qu'ils lui plaisent ou non, et pour isoler la communauté du renseignement des accusations de partisannerie. Croire que les chefs du renseignement souhaitaient contribuer de leur plein gré à une conversation concernant les relations publiques d'un gouvernement particulier était naïf ; cette notion prouvait une mauvaise compréhension de notre rôle. Croire que des membres du gouvernement Obama sortant y prendraient part était carrément stupide.

Mais sur le moment, je me suis convaincu qu'il serait insensé de prendre la parole. Je ne connaissais pas ces gens et ils ne me connaissaient pas. Nous venions de leur dire : « Les Russes ont essayé de vous faire élire. » Devais-je alors leur donner une leçon sur la façon de se comporter avec nous ? Alors que je m'apprêtais à avoir une discussion sur les prostituées moscovites avec le futur Président ? Non, je ne crois pas. Alors je n'ai rien dit. Personne n'a rien dit, d'ailleurs. Aucun membre de l'équipe Trump n'a pas pensé à dire : « Hé, peut-être que nous en parlerons plus tard » ou « Peut-être devrions-nous passer à autre chose, monsieur le Président élu. »

Je crois que c'est Trump qui a fini par couper court à la discussion pour la reprendre plus tard. À ce moment-là, Reince Priebus a demandé si nous avions autre chose à ajouter.

« Nous y voilà », ai-je pensé.

Clapper a dit :

— Eh bien oui, nous disposons d'informations sensibles, mais jugeons préférable que le directeur Comey vous les communique en plus petit comité. Nous allons vous laisser en discuter en privé.

— Petit comment ? a demandé le futur président en me regardant.

— À vous de voir, Monsieur, ai-je répondu. Mais je pensais vous en parler en tête à tête.

Reince Priebus est intervenu :

— Le futur Président et moi, ça irait ?

— C'est possible, Monsieur, ai-je dit en me tournant vers le président. C'est vraiment à vous de voir. Je ne voulais simplement pas en parler devant tout le monde.

Je ne sais pas si Trump savait ce que je m'apprêtais à dire, ou s'il a changé d'avis sur un coup de tête. Quoi qu'il en soit, il a agité la main en direction de Priebus et m'a pointé du doigt.

— Rien que vous et moi. Merci à tous.

Les membres du groupe se sont serré la main et tout le monde s'est dirigé vers la sortie. Les mots de Jeh Johnson résonnaient dans ma tête. « Jim, je t'en prie, sois prudent. Sois très prudent. »

Nous avons attendu que tous aient quitté la pièce. Une fois seuls, le futur Président a pris la parole pour me complimenter. « Vous avez vécu une année difficile », a-t-il dit, ajoutant que j'avais géré l'enquête des courriels « honorablement » et que j'avais une « excellente réputation ». C'était gentil de sa part, et sa voix semblait empreinte de reconnaissance et d'attention sincères. J'ai acquiescé avec gratitude, un sourire crispé aux lèvres. Il a dit que les gens du FBI « [m'] aimaient vraiment » et a exprimé l'espoir de me voir garder mon poste.

J'ai répondu : « J'en ai bien l'intention, Monsieur. »

Même si ça aurait été un moyen intelligent et poli de me faire bien voir par le futur président, je ne l'ai pas remercié d'avoir dit ça, parce que j'occupais déjà ce poste pour un mandat de dix ans et que je n'avais pas envie d'avoir l'air de postuler à nouveau. Un seul directeur du FBI dans toute l'histoire de l'institution s'est fait virer avant la fin de son mandat : lorsque Bill Clinton, sans la moindre controverse, a écarté William Sessions en 1993 pour un grave manquement à l'éthique. De façon ironique, l'homme par qui Clinton l'a remplacé, Louis Freeh, a été une véritable épine dans le pied du gouvernement : il a fortement insisté pour que des enquêtes soient ouvertes sur tous les méfaits supposés de l'Administration.

Après le monologue d'ouverture de Trump, qui a duré une minute environ, je lui ai expliqué la nature des documents que j'allais lui révéler et pourquoi nous jugions important qu'il soit mis au courant. Ensuite, je lui ai résumé les allégations selon lesquelles il aurait été filmé par les Russes en plein ébat avec des prostituées dans un hôtel à Moscou en 2013. Je n'ai pas mentionné le fait qu'il aurait demandé aux prostituées de s'uriner mutuellement dessus sur le lit où le Président Obama et sa femme avaient un jour dormi, dans le but de le souiller. Je me suis dit qu'il n'était pas nécessaire de l'informer de ce détail. L'affaire en elle-même était suffisamment bizarre comme ça. Tout en parlant, j'ai ressenti une étrange sensation de dissociation, comme si je me regardais discuter avec le nouveau Président au sujet de péripatéticiennes russes. Avant que j'aie pu terminer, Trump m'a interrompu d'un ton méprisant. Il s'est empressé de démentir.

Je lui ai répondu que je n'insinuais pas que le FBI croyait en ces allégations. Nous pensions juste qu'il était important de lui dire qu'elles existaient et qu'elles circulaient.

J'ai ajouté qu'une des missions du FBI consistait à protéger le Président de toute forme de coercition et, que ces rumeurs soient vraies ou non, il devait savoir ce que les Russes disaient. J'ai insisté sur le fait que nous ne voulions lui cacher aucune information, notamment parce que la presse s'apprêtait à en parler.

Une fois de plus, il a démenti avec virulence en me demandant – de façon rhétorique, j'imagine – s'il avait l'air d'un homme qui a besoin de faire appel à des prostituées.

Ensuite, il s'est mis à parler des fois où des femmes l'avaient accusé d'agression sexuelle, un sujet que je n'avais pas abordé. Il a mentionné un certain nombre de femmes, et il semblait avoir mémorisé toutes leurs allégations. Alors qu'il se braquait de plus en plus et que la conversation tournait à la catastrophe, j'ai sorti mon joker de ma poche : « Vous n'êtes pas sous le coup d'une enquête, Monsieur. » Ça a eu l'air de le calmer.

Mission accomplie. La discussion a pris fin, on s'est serré la main et j'ai quitté la salle de conférence. L'entrevue privée avait duré environ cinq minutes, et je regagnais la sortie du bâtiment. Les autres directeurs étaient déjà partis.

En chemin vers le hall, j'ai croisé deux hommes vêtus d'épais manteaux. L'un d'entre eux me semblait familier, mais j'ai continué d'avancer. Une fois à mon niveau, il m'a appelé : « Directeur Comey ? » Je me suis arrêté et tourné vers lui. Jared Kushner s'est présenté, nous nous sommes serré la main et j'ai repris mon chemin.

Je suis sorti par la porte latérale et je suis monté dans la voiture blindée direction le bureau du FBI à Manhattan pour faire ce que j'adorais faire. J'ai parcouru tous les étages du bâtiment et j'ai remercié tous les employés pour leur travail. Après la conversation difficile que je venais d'avoir, ça faisait autant de bien qu'une bonne douche.

Le 10 janvier, quatre jours après mon rendez-vous avec Trump, le site Internet BuzzFeed a publié le dossier de trente-cinq pages dont j'avais parlé à Trump. L'article commençait ainsi :

> *Un dossier contenant des allégations explosives – quoique non vérifiées – affirmant que le gouvernement russe a « entretenu, soutenu et aidé » le Président élu Donald Trump pendant des années et obtenu des informations compromettantes à son sujet, qui circulaient parmi les hauts fonctionnaires, les agents du renseignement et les journalistes depuis des semaines. Le dossier, compilation de mémos écrits sur plusieurs mois, contient des allégations précises, non vérifiées et potentiellement non vérifiables, suggérant des contacts entre les conseillers de Trump et des agents russes, ainsi que des enregistrements d'acte. sexuels spécifiques détenus par les Russes. En réponse, le futur président a tweeté : « FAUSSES INFORMATIONS – UNE VÉRITABLE CHASSE AUX SORCIÈRES POLITIQUE. »*

Le lendemain, le 11 janvier, j'ai eu une autre conversation avec le futur Président. En trois ans de poste sous la présidence Obama, je ne lui ai jamais parlé au téléphone et ne lui ai parlé seul à seul que deux fois. Obama était toujours président, et voilà que j'avais déjà ma deuxième discussion privée en cinq jours avec Donald Trump. Je me tenais devant la fenêtre de mon bureau au QG du FBI. Le téléphone à l'oreille, je voyais les voitures en contrebas qui avançaient sur la sombre Pennsylvania Avenue. De l'autre côté de la rue, de nombreuses lumières étaient encore allumées dans les bureaux du département de la Justice. Je me souviens d'avoir levé les yeux vers la droite en direction du Washington Monument, fortement éclairé. Je le voyais s'élever bien haut au-dessus du nouvel hôtel Trump qui venait d'ouvrir sur Pennsylvania Avenue, à deux pas de la Maison-Blanche.

Le président élu m'appelait de New York. Il a entamé la conversation en me complimentant, ce qui semblait à présent relever plus de la stratégie que d'une véritable expression d'admiration. Il a ajouté : « J'espère vraiment que vous allez rester. » Une nouvelle fois, je lui ai assuré que j'allais garder mon poste au FBI.

Il est alors venu au motif de son appel. Il a dit qu'il était très inquiet concernant la « fuite » du « dossier » russe et de la façon dont les choses s'étaient produites. Ne sachant pas s'il cherchait à insinuer qu'une agence fédérale était responsable de cette fuite, je lui ai expliqué que le dossier n'était pas un document gouvernemental. Il avait été compilé par des parties privées puis remis à de nombreuses personnes, y compris des membres du Congrès et des journalistes. Le FBI n'avait pas commandé un tel document et n'avait en rien payé pour sa création. Le dossier n'était pas classé confidentiel, ce n'était pas un document officiel, et on ne pouvait donc pas parler de « fuite ».

Il a alors répondu qu'il avait bien réfléchi à ce dont nous avions discuté en privé à la Trump Tower. Il avait parlé à des gens qui avaient fait le déplacement à Moscou avec lui pour le concours de Miss Univers en 2013. Il se souvenait à présent de n'avoir même pas passé la nuit à Moscou. Il a affirmé qu'il était arrivé de New York, qu'il était passé à l'hôtel pour se changer et qu'il avait repris l'avion le soir même. Puis il m'a surpris en mentionnant l'allégation que j'avais choisi d'éviter lors de notre entretien.

« Ça ne peut pas être vrai pour une autre raison : je suis germophobe. Je n'aurais jamais laissé des gens s'uriner dessus près de moi. C'est impossible. »

J'ai laissé échapper un rire audible. J'ai décidé de ne pas lui dire que l'activité en question ne nécessitait pas de passer la nuit sur place ni même de se tenir près des participants. En fait, je ne pouvais en être sûr, mais je me doutais bien que la suite présidentielle du Ritz-Carlton était suffisamment grande pour qu'un germophobe puisse se tenir à bonne distance de la scène. J'y ai pensé, mais je n'ai rien dit.

Au lieu de ça, j'ai observé les monuments et je me suis demandé ce qui nous était arrivé, à notre pays et moi, pour qu'on en arrive à discuter de ça avec notre nouveau président. Après s'être défendu sur un sujet dont je n'avais pas grand-chose à faire, pour la seconde fois, le Président élu a raccroché. Je suis allé voir mon chef de cabinet, Jim Rybicki, pour lui dire que le monde était devenu fou et que je me retrouvais coincé en plein milieu.

Et la folie a continué.

13

TESTS DE LOYAUTÉ

> « L'amitié, les connexions, les liens familiaux, la confiance, la loyauté, l'obéissance : tout cela formait la colle qui maintenait notre unité. »
>
> Joseph Bonanno, parrain de la Mafia, dans son autobiographie *Man of Honor*

Donald J. Trump a été investi dans ses fonctions de quarante-cinquième Président des États-Unis le 20 janvier 2017, devant une foule de gens dont le nombre a tout de suite été contesté. Le nouveau Président était déterminé à montrer que le nombre conséquent de spectateurs venus le voir surpassait largement celui de ceux qui avaient assisté à l'investiture du Président Obama en 2009. Ce n'était pas le cas. Aucune preuve, photographique ou autre, ne le faisait changer d'avis – même s'il avait clairement tort aux yeux de tout le monde, à l'exception de son équipe de presse. Ce bref épisode s'est avéré très déconcertant pour ceux d'entre nous chargés de découvrir la vérité aussi bien dans le cadre d'une enquête criminelle qu'en cherchant à évaluer les plans et les intentions des adversaires de l'Amérique. Une bonne partie de la vie est ambiguë et sujette à l'interprétation, mais certaines choses sont objectivement vraies ou fausses. Il n'était clairement pas vrai que la foule ayant assisté à son investiture avait battu des records historiques comme il l'avait affirmé, ni même qu'elle avait dépassé celle d'Obama. Dire le contraire ne relevait pas de l'opinion, du point de vue, de la perspective, mais du mensonge.

Deux jours plus tard, le dimanche 22 janvier en fin d'après-midi, je me suis rendu à une réception à la Maison-Blanche organisée pour les chefs des différentes branches du maintien de l'ordre qui avaient assuré la sécurité lors des festivités inaugurales. Le SWAT et les unités de contre-terrorisme et de renseignement du FBI avaient été déployés ce jour-là, intégré au sein des équipes des services secrets, comme à chaque investiture. On m'a dit que le Président Trump voulait remercier les agences pour leur dur labeur. Je trouvais ça vraiment gentil de sa part, mais je n'aimais pas trop l'idée de m'y rendre en personne, pour plusieurs raisons.

D'abord, je ne crois pas que j'aurais rendu service au FBI si l'on me voyait sur des photos ou des vidéos à traîner avec le nouveau Président. Vu que de nombreuses personnes semblaient croire que j'avais favorisé son élection, il ne valait mieux pas renforcer l'idée que j'étais – et par extension que le FBI était – proche du Président Trump. Ensuite, les matchs des finales de conférences de la NFL passaient à la télé. La réception, prévue à cinq heures, allait me faire rater la fin des Packers contre les Falcons et le début de la rencontre entre les Steelers et les Patriots. Le nouveau président n'aimait pas le football américain ou quoi ?

Mon équipe a affirmé qu'il était important que j'y assiste. J'étais le directeur du FBI. Je ne voulais pas manquer de respect aux autres dirigeants de notre nouveau gouvernement en ne venant pas. Je me suis dit que mes inquiétudes étaient exagérées. Il s'agissait d'une réception de groupe, ce qui n'impliquerait aucune photo de presse individuelle de moi avec le Président. J'ai donc décidé d'enregistrer les matchs, d'éviter toute discussion sur les scores avant d'avoir pu les voir, et je suis allé à la Maison-Blanche.

Comme je l'avais espéré, la réception a commencé par une plaisante rencontre entre les différents dirigeants des agences fédérales, locales et d'État responsables du maintien de l'ordre. Nous y étions une trentaine, dont les chefs de la United States Capitol Police, la Washington Metropolitan Police et la United States Park Police. Ces gens étaient des partenaires de longue date du FBI et beaucoup se connaissaient déjà. Nous étions réunis dans la Blue Room de la Maison-Blanche. Sur les côtés de la pièce, le personnel avait installé des petites tables avec des amuse-gueules et des boissons sans alcool. J'ai sillonné la salle pour serrer des mains et remercier les gens pour leur travail avec le FBI.

Je souhaitais garder mes distances vis-à-vis de Trump, alors j'ai essayé de deviner par où le Président entrerait et je suis allé discuter à l'autre bout de la pièce, près des fenêtres qui donnaient sur la pelouse sud en direction du Washington Monument. Pour m'éloigner encore plus, il aurait fallu que je passe par la fenêtre, option qui me semblait de plus en plus alléchante.

En sécurité dans mon coin, je me suis approché de Joe Clancy, directeur des services secrets. Clancy, ancien chef de la division dédiée à la protection du Président, avait été tiré de sa retraite par le Président Obama pour prendre la tête de l'institution en pleine période de troubles. Sa femme était restée à Philadelphie, alors je lui ai demandé comment elle se portait. J'ai aussi pris des nouvelles de sa fille, que j'avais entendue chanter à la cérémonie des cent cinquante ans des services secrets. Je plaisantais souvent en disant que les services secrets étaient le grand frère du FBI, vieux d'un siècle seulement, et que leurs agents avaient formé nos premiers agents spéciaux.

Clancy est un homme formidable, chaleureux, les pieds sur terre. Tandis que nous discutions, les doubles portes se sont ouvertes et des membres du personnel de la Maison-Blanche sont entrés avec des projecteurs, qu'ils ont installés en direction du coin opposé à celui où je me trouvais. J'avais correctement deviné l'endroit où le Président ferait son entrée, mais j'ai commencé à m'inquiéter de la présence éventuelle de caméras et de journalistes, ce qui serait étrange pour un événement organisé pour remercier les représentants discrets de la loi. Quelques instants plus tard, le Président et le vice-président sont arrivés, puis on a fait entrer une horde de photographes et de caméras de télévision, qui sont venus encercler les deux hommes.

Le Président a pris la parole et balayé des yeux les chefs éparpillés dans la pièce. Heureusement, son regard ne s'est pas arrêté sur moi, mais sur Joe Clancy. Il l'a appelé et lui a fait signe d'approcher. Joe ne cherche jamais à être sous les projecteurs, mais il s'est avancé vers les lumières presque aveuglantes. Le président l'a pris dans ses bras, maladroitement, et lui a demandé de se tenir près d'eux, comme un mannequin.

Trump a continué de parler, toujours sans me regarder. Je n'arrivais pas à croire la chance que j'avais. Il ne m'avait pas vu ! Comment était-ce possible ? D'un coup, j'ai compris. Je me tenais devant un rideau bleu foncé, et je portais un costume presque assorti. Je devais être camouflé ! « C'est formidable, ai-je pensé. J'ai eu de la chance que la réception se tienne ici, parce que je n'ai pas de costumes assortis à la Green et la Red Room. » Je me suis alors rapproché encore plus du rideau, le dos collé à lui, en essayant à tout prix d'échapper à la vue de Trump. J'ai littéralement agrippé le tissu bleu dans l'espoir d'éviter une accolade télévisée gênante de la part du nouveau président des États-Unis.

La stratégie du rideau a fonctionné… jusqu'à un certain point.

Le président – qui parlait de sa voix habituelle, suivant le flux de sa conscience et ses associations d'idées – a balayé une nouvelle fois du regard la pièce, de gauche à droite, vers moi et mon rideau protecteur. Cette fois-ci, je n'ai pas eu autant de chance. Ses petits yeux cernés de blanc se sont posés sur moi.

« Jim ! » s'est exclamé Trump. Le président m'a invité à m'avancer. « Il est encore plus connu que moi. » Génial.

Ma femme Patrice me connaît depuis que j'ai dix-neuf ans. Assise devant la télévision, elle m'a vu traverser la Blue Room, qui me paraissait faire mille mètres de long. Elle m'a pointé du doigt et s'est dit : « Ça, c'est la tête que fait Jim quand il pense : “Et merde…” » En effet, elle avait raison. Ma voix intérieure me criait : « Mais comment as-tu pu croire que c'était une bonne idée ? Il est connu comme un maître de la télévision, non ? C'est un vrai désastre. Pas moyen que je le prenne dans mes bras. »

Le FBI et son directeur n'appartiennent à aucun camp politique. J'avais enduré le cauchemar de l'affaire Clinton uniquement dans le but de protéger l'intégrité du FBI et du département de la Justice, sauvegarder le réservoir de confiance et de crédibilité. Le fait que Trump ait l'air de me remercier publiquement le deuxième jour de son mandat constituait une menace envers le réservoir.

Arrivé au niveau du Président Trump, je lui ai tendu la main droite. Une poignée de main, c'est tout ce qu'il aurait. Il l'a saisie, puis il a tiré vers le bas : voilà, il essayait de me prendre dans ses bras à la télévision nationale. J'ai contracté toute la partie droite de mon corps, faisant appel à des années d'abdominaux et d'exercices aux haltères. Il n'aurait pas son câlin, à moins d'être plus fort que ce dont il avait l'air ; il ne l'était pas. J'ai esquivé le câlin, mais j'ai eu droit à pire. Le Président a approché sa bouche de mon oreille droite et m'a dit : « J'ai vraiment hâte de travailler avec vous. » Malheureusement, étant donné la position des caméras, le geste que bon nombre de personnes ont aperçu, y compris mes enfants, ressemblait à un baiser. Le monde entier a « vu » Donald Trump embrasser l'homme qui, aux yeux de certains, l'avait fait élire. La situation n'aurait pu être pire.

Le président a fait un geste pour m'inviter à venir me placer à côté de lui, du vice-président et de Joe Clancy. J'ai refusé d'un sourire, tout en reculant. Mon expression disait : « Je n'en suis pas digne », mais en mon for intérieur je pensais : « Je ne suis pas suicidaire. » Défait et abattu, je suis retourné à l'autre bout de la pièce.

Les journalistes sont partis et les chefs de la police et les directeurs ont fait la queue pour prendre une photo avec le président. Ils étaient bien silencieux. J'ai fait mine d'aller me mettre au bout de la file et j'en ai profité pour quitter la Green Room et descendre les escaliers. En chemin, j'ai entendu quelqu'un annoncer le score du match Packers-Falcons. Parfait.

Il est possible que j'aie surinterprété les manœuvres théâtrales habituelles de Trump, mais cet épisode m'a beaucoup angoissé. Sans surprise, le Président Trump se comportait très différemment de ses prédécesseurs – je n'arrivais pas à imaginer Barack Obama ou George W. Bush faire approcher quelqu'un comme un participant du *Juste Prix*. Ce qui était inquiétant, c'est qu'il semblait demander symboliquement aux chefs des institutions dédiées au maintien de l'ordre et des agences de sécurité nationales de venir lui faire le baisemain, de lui prouver leur loyauté et leur déférence. Ces dirigeants ne devaient surtout pas le faire, et ne pas avoir l'air de le faire. Trump ne le savait pas ou s'en fichait, même après que j'ai passé les semaines suivantes à essayer de faire comprendre ce principe à son équipe et lui – en vain.

*

Le vendredi 27 janvier 2017, au bout de vingt et un jours de relations avec Donald Trump, je suis retourné à la Maison-Blanche. Je déjeunais à mon bureau, comme à mon habitude, lorsque mon assistante Althea James m'a passé une femme qui m'a demandé de rester en ligne. Lorsqu'il a décroché, le Président Trump m'a demandé si je voulais « venir dîner » ce soir-là. Ce n'était pas normal, mais je n'avais pas l'impression d'avoir le choix. J'ai répondu : « Bien sûr, Monsieur. » Il m'a demandé si je préférais six heures ou six heures trente. « Comme vous préférez, monsieur. » Il a opté pour la demie. J'ai raccroché et j'ai appelé Patrice pour annuler notre dîner thaïlandais en tête à tête.

Cet après-midi-là, j'ai vu Jim Clapper, fraîchement retraité de son poste de directeur national du renseignement, au cours d'un événement organisé au FBI pour lui remettre le rare statut d'agent spécial honoraire. En attendant de monter sur l'estrade, je lui ai parlé de l'invitation à dîner en lui expliquant qu'elle me mettait mal à l'aise. Il m'a dit qu'il avait entendu que d'autres avaient été invités et que ça devrait être un dîner de groupe. Ça m'a un peu rassuré.

Le Président n'aurait pas dîné en tête à tête avec le directeur du FBI. Quelqu'un à la Maison-Blanche avait forcément dû lui dire que ça ne se faisait pas, ou du moins plus depuis Nixon et Hoover. Je me souviens du jour où le Président Obama m'avait invité à discuter longuement avant ma nomination, car, comme il me l'avait expliqué : « Une fois que vous serez directeur, nous ne pourrons plus parler comme ça », c'est-à-dire converser de grandes questions philosophiques. Le chef du FBI ne pouvait pas se retrouver à discuter en privé avec le Président des États-Unis ; surtout pas après une élection comme celle de 2016. Une telle situation compromettrait l'intégrité et l'indépendance que le FBI avait acquise à grand-peine. J'avais peur que ce soit précisément ce que Trump souhaitait.

Je suis arrivé à la Maison-Blanche par West Excutive Drive, la petite route qui sépare l'entrée souterraine du bâtiment exécutif Eisenhower. L'équipe de sécurité du FBI a arrêté le véhicule devant l'entrée par laquelle je passais pour me rendre à la Situation Room. Je suis entré et j'ai annoncé à l'agent des services secrets qui se trouvait là que je venais dîner avec le président. L'air confus, il m'a invité à prendre un siège. Peu de temps après, une jeune femme m'a conduit à travers l'aile Ouest, le long de la Roseraie, jusqu'au rez-de-chaussée de la résidence. Elle a emprunté un escalier que je n'avais jamais vu auparavant, qui donnait près de la Green Room à l'étage principal.

Tandis que j'attendais devant la porte, j'ai discuté avec deux stewards de la marine tout en guettant discrètement l'arrivée des autres convives. Les stewards étaient des Afro-Américains d'à peu près mon âge qui travaillaient à la

Maison-Blanche depuis une dizaine d'années. Ils mesuraient bien plus d'un mètre quatre-vingts, mais ils avaient pourtant tous deux servi dans des sous-marins au cours de leur carrière. Naturellement, nous en sommes venus à parler de la place qu'on a à bord, et l'un d'eux m'a raconté que les couchettes faisaient un mètre quatre-vingt-treize de long, soit tout juste sa taille. Nous sommes convenus en riant qu'il valait mieux que j'évite les sous-marins. Devant la porte de la Green Room, en pleine discussion, j'ai fini par apercevoir la table, clairement dressée pour deux. L'une des places était ornée d'un carton calligraphié sur lequel on pouvait lire : « Directeur Comey. » L'autre place devait être celle du Président. Je me sentais mal à l'aise, et pas uniquement à l'idée d'avoir une troisième conversation sur les prostituées russes.

Le Président est arrivé à dix-huit heures trente, et les compliments n'ont pas tardé à sortir de sa bouche. Voyant que j'étais déjà en train d'attendre dans le couloir, il a dit : « Ça me plaît. J'aime les gens ponctuels. Je crois qu'un dirigeant se doit d'être toujours à l'heure. »

Il portait comme d'habitude un costume bleu foncé, une chemise blanche et une cravate rouge trop longue. Il n'a pas adressé la parole aux stewards et m'a fait signe d'approcher de la table, installée pile sous le lustre au centre de la pièce rectangulaire et autour de laquelle nous étions placés à un mètre vingt l'un de l'autre.

Comme le nom l'indique, les murs de la Green Room étaient couverts de soieries vertes. J'ai lu par la suite que John Adams en avait fait sa chambre et Thomas Jefferson une salle à manger, mais, depuis, les présidents s'en étaient tous servis comme un salon. Ce soir-là, les meubles avaient été remplacés par une petite table à manger. Par-dessus l'épaule droite du Président, j'apercevais l'une des deux statues de part et d'autre de la cheminée qui soutenaient sur leurs têtes le manteau de marbre, ce qui avait l'air très douloureux.

Dans mon assiette, j'ai trouvé une grande carte couleur crème qui annonçait les quatre plats au menu en écriture cursive : salade, langoustines, poulet à la Parmesane accompagné de pâtes, et glace à la vanille. Le Président s'est mis à admirer son menu, qu'il a levé en l'air.

— Ils écrivent ces trucs-là un par un, à la main, a-t-il dit d'un ton émerveillé en faisant référence au personnel de la Maison-Blanche.

— Oui, c'est un vrai travail de calligraphe, ai-je répondu en hochant la tête.

Il m'a regardé d'un air perplexe.

— Ils les écrivent à la main, a-t-il répété.

Au début du repas, à peu près au moment où les stewards nous ont apporté les langoustines, Trump a demandé de but en blanc :

— Alors, qu'est-ce que vous voulez faire ?

— C'était une question étrange, et je ne l'ai pas comprise tout de suite, mais sans attendre ma réponse, il s'est lancé dans un monologue qui laissait peu de place au doute : est-ce que je voulais garder mon poste ?

Il m'a dit que de nombreuses personnes voulaient diriger le FBI, mais qu'il avait une haute opinion de moi, qu'il avait entendu de bonnes choses à mon sujet et qu'il savait que les gens du bureau partageaient son avis. Malgré ça, il a affirmé qu'il comprendrait si je décidais de « me retirer », étant donné tout ce que j'avais traversé, même s'il a fait remarquer que ce serait une mauvaise option pour moi parce que je paraîtrais fautif. Il a fini en disant qu'il savait qu'il pourrait « changer les choses au FBI » s'il le désirait, mais il voulait savoir ce que j'en pensais.

La situation était plutôt claire. L'invitation à dîner en privé et le fait qu'il prétendait ne m'avoir pas déjà demandé de garder mon poste plusieurs fois m'ont convaincu qu'il essayait d'instaurer une relation de parrainage. Quelqu'un avait dû lui dire – ou bien il venait de se rendre compte – qu'il m'avait « donné » le poste « gratuitement » et qu'il pouvait obtenir quelque chose en échange. Cela ne faisait que rendre la chose encore plus bizarre : le Président des États-Unis m'avait invité à dîner et avait décidé de mettre mon avenir professionnel au menu.

J'ai répondu qu'il pouvait bien entendu licencier le directeur du FBI quand il le voulait, mais que je voulais garder ce travail que j'aimais et que je pensais faire correctement. À l'origine, je n'avais pas envisagé de retourner travailler au gouvernement mais je trouvais le poste très gratifiant et je voulais finir mon mandat. Je sentais qu'il en attendait plus de moi, et j'ai ajouté qu'il pouvait compter sur moi pour être « fiable ». Pas au sens où les politiciens l'emploient parfois – un vote « fiable » pour un camp donné – mais il pouvait compter sur moi pour lui dire toujours la vérité.

Je lui ai dit que je ne faisais jamais rien de sournois et que je ne divulguais rien. Cependant, je ne prenais jamais parti politiquement et je ne comptais pas vraiment dans la vie politique traditionnelle, ce qui allait dans l'intérêt du Président. Le FBI et le département de la Justice se plongent dans les enquêtes les plus controversées du pays enquêtes qui impliquent souvent des membres importants de l'administration présidentielle, comme ça avait été le cas pour Karl Rove et « Scooter » Libby sous le gouvernement Bush. Le FBI arrive à travailler de façon crédible parce qu'il n'est pas – et n'a pas l'air d'être – un outil du Président. Sans cette réputation, le Président n'aurait plus aucun moyen d'enquêter sur son gouvernement, à moins de nommer un procureur spécial.

Ce discours n'a pas eu l'air de le rassurer. Quelques instants plus tard, le visage grave, il m'a dit :

— J'ai besoin de loyauté. J'attends de la loyauté.

Durant le silence qui a suivi, je n'ai ni bougé, ni parlé, ni changé d'expression. Le Président des États-Unis venait de demander au directeur du FBI de lui être loyal. C'était surréaliste. Que ceux qui se sentent enclins à prendre la défense de Trump essayent d'imaginer le Président Obama inviter le directeur du FBI à dîner en tête à tête en plein milieu d'une enquête sur des membres haut placés de son gouvernement, discuter de son avenir professionnel et affirmer qu'il attend de lui la loyauté. Des gens apparaîtraient immédiatement sur Fox News pour appeler à sa destitution. Bien sûr, je n'imagine pas un seul instant Obama capable d'un tel comportement, pas plus que George W. Bush d'ailleurs. À mes yeux, cette requête ressemblait à la cérémonie d'intronisation de « Sammy the Bull » à la Cosa Nostra ; avec Trump dans le rôle du parrain qui me demandait si j'avais les atouts nécessaires pour devenir un « homme accompli ». Je ne les avais pas et je ne les aurais jamais. J'étais déterminé à ne donner aucune trace de consentement au Président, alors j'ai gardé le silence. On s'est regardés pendant deux secondes, qui m'ont semblé durer une éternité. J'ai fixé les poches blanches qui soulignaient ses yeux bleus dénués d'expression. Je me souviens d'avoir pensé alors que le Président ne comprenait pas, mais alors pas du tout, le rôle du FBI dans la vie américaine, ou bien il se fichait de ce que les gens avaient mis plus de quarante ans à construire.

Dans ma jeunesse, et plus tôt dans ma carrière, je n'aurais pas su garder mon calme, j'aurais évité son regard vide et froid en hochant la tête ou en marmonnant un mot trahissant mon accord. Même à l'âge de cinquante ans, malgré toutes mes cicatrices professionnelles, durant ma quatrième année en tant que directeur du FBI, j'ai dû me forcer à ne pas bouger, assis à quelques centimètres du Président, en le fixant droit dans les yeux. Une voix intérieure me disait : « Ne fais rien. Ne bouge pas d'un poil. »

Trump a mis fin à ce moment de gêne en baissant les yeux vers son assiette et en changeant de sujet. Ma réponse glaciale n'avait pas semblé le décontenancer. Le dîner a repris son cours, de façon plutôt agréable.

Durant la suite de notre rencontre – je n'emploie pas le terme « conversation » parce qu'il ne s'applique pas lorsqu'une personne monopolise la parole –, j'ai essayé d'aider le Président Trump à comprendre l'importance de la séparation entre le FBI et la Maison-Blanche, mais c'était difficile d'en placer une. Pendant le reste du repas, ne s'arrêtant que de temps en temps pour manger, il n'a pas cessé de parler de la foule le jour de son investiture, de la couverture médiatique gratuite qu'il avait réussi à générer durant l'élection, et de la cruauté de la campagne. Il m'a donné son avis sur l'enquête des courriels Clinton en trois phases, chacune desquelles portait mon nom. Dans la première, « Comey Un », j'avais « sauvé » Hillary avec mon annonce du 5 juillet indiquant qu'il n'y avait pas lieu de retenir les charges, même s'il a ajouté que ma conclusion était fausse. Dans ce qu'il a appelé « Comey Deux », j'avais fait ce qu'il fallait en informant le Congrès que nous avions rouvert le dossier. Dans la phase « Comey Trois », qui concernait ma lettre définitive au Congrès pour refermer l'enquête une seconde fois, il a affirmé que j'avais sauvé

Hillary à nouveau, mais qu'elle avait « totalement mal joué son coup ». On aurait dit qu'il racontait l'intrigue de sa série préférée.

Il a parlé des privilèges de la Maison-Blanche, en disant quelque chose comme : « C'est un luxe. Et le luxe, ça me connaît. » Je me souviens d'avoir levé la tête une nouvelle fois vers la pauvre statue qui soutenait le manteau de la cheminée avec sa tête et pensé que ça avait du sens. Il s'est lancé dans une nouvelle rengaine – j'en avais vu beaucoup à la télévision – pour expliquer qu'il ne s'était pas moqué d'un journaliste handicapé. Il a affirmé n'avoir jamais maltraité une longue liste de femmes, réexaminant chaque cas en détail, comme il l'avait fait plus tôt durant notre conversation téléphonique. Il a insisté sur le fait qu'il n'avait aucunement peloté la femme assise à côté de lui dans l'avion, et l'idée qu'il ait pu agripper une actrice porno et lui proposer de l'argent pour qu'elle vienne dans sa chambre était grotesque. Sa manière de parler faisait penser à un concours de puzzles, avec un chronomètre. Par séquences rapides, il prenait une pièce, la posait, prenait une autre pièce qui n'avait rien à voir, la reposait également, revenait à la première, et ainsi de suite, mais c'était toujours lui qui manipulait les pièces. Rien dans son comportement ne ressemblait à la façon dont un dirigeant pouvait ou devait construire une relation avec un subordonné.

Nous avons tous du mal à comprendre une chose que Patrice m'a répétée pendant des années, au fil des postes : « Ce n'est pas de toi qu'il s'agit, chéri. » Elle avait souvent besoin de me rappeler que, peu importe ce que les gens ressentaient – la joie, la tristesse, la peur ou le désarroi –, ça n'avait probablement aucun rapport avec moi. Ils avaient reçu un cadeau, perdu un ami, récupéré des résultats médicaux ou ne comprenaient pas pourquoi la personne qu'ils aimaient ne les rappelait pas : il s'agissait de leur vie, leurs problèmes, leurs espoirs et leurs rêves, pas les miens. La nature humaine nous empêche – ou du moins, m'empêche – de comprendre naturellement cette information. Après tout, je ne peux ressentir le monde qu'à travers moi-même. Il est tentant de croire que tout ce que nous pensons, voyons et entendons nous concerne. Je crois qu'on le fait tous.

Mais un leader a constamment besoin de penser autrement, et ce pour deux raisons. D'abord, comprendre qu'on n'est pas si important que ça permet de se détendre un peu. Ensuite, savoir que les gens ne sont pas constamment focalisés sur eux-mêmes permet d'essayer de deviner ce à quoi ils pensent. Pour moi, la capacité d'imaginer les sentiments et les points de vue d'un autre « moi » constitue le cœur de l'intelligence émotionnelle. Certains semblent nés avec une intelligence émotionnelle plus grande, mais nous pouvons tous la développer avec un peu d'entraînement ; enfin, presque tous. J'avais le sentiment que personne n'avait jamais enseigné cela à Donald Trump.

Le président a posé très peu de questions permettant d'entamer une discussion. Au lieu de ça, il se contentait d'énoncer des affirmations, et je me suis demandé si, par mon silence, je ne venais pas de tomber d'accord avec « tout le monde » sur le fait qu'il avait eu droit à la plus grande foule de l'histoire des investitures, qu'il avait prononcé un superbe discours, qu'il n'avait jamais maltraité une femme, et ainsi de suite. Ce barrage de mots était presque conçu pour empêcher la mise en place d'un véritable dialogue.

Et puis il y avait les mensonges inutiles et déconcertants. À un moment donné, par exemple, le Président m'a dit que son chef de cabinet Reince Priebus ne savait pas que nous avions rendez-vous, ce qui me semblait improbable.

Un chef de cabinet devait savoir à tout moment si le Président dînait seul ou avec le directeur du FBI. Plus tard, au cours du même dîner, Trump a dit d'un ton désinvolte : « Reince sait que nous dînons ensemble. »

Spontanément, comme un nouveau virage dans la conversation, il a abordé ce qu'il appelait « l'histoire des douches dorées », en me répétant ce qu'il m'avait déjà dit précédemment, mais il a ajouté que ça l'embêtait qu'il y ait « ne serait-ce qu'un pour cent de chance » que sa femme, Melania, y croie. Cette phrase m'a un peu interloqué parce que je me suis demandé pourquoi sa femme croirait qu'il y ait la moindre chance, même minime, qu'il ait fréquenté des prostituées pratiquant des douches dorées à Moscou. Malgré tous mes défauts, il n'y a aucune chance – littéralement aucune – que Patrice accorde de l'importance à une allégation impliquant que j'étais allé voir des prostituées qui s'urinaient mutuellement dessus à Moscou. Elle rirait à cette idée. Dans quel genre de mariage – et avec quel mari – une épouse peut-elle conclure qu'il n'y a que quatre-vingt-dix-neuf pour cent de chance que son mari n'ait pas fait ça ?

Je suis presque sûr que le Président ne connaît pas le proverbe : « Le méchant prend la fuite sans qu'on le poursuive », parce qu'il a continué, en roue libre, à m'expliquer pourquoi ça ne pouvait pas être possible. Il a conclu en disant qu'il songeait à me demander d'enquêter pour prouver que c'était un mensonge. Je lui ai répondu que c'était à lui d'en décider. En même temps, je lui ai expliqué qu'une telle option laisserait à penser que nous enquêtions sur lui personnellement, et j'ai ajouté qu'il serait difficile de prouver qu'il ne s'était rien passé. Il a dit que j'avais peut-être raison, mais il m'a plusieurs fois demandé d'y réfléchir, et qu'il ferait de même.

Parmi les rares questions qu'il m'a posées, semblant sortir de nulle part, il m'a demandé de comparer les ministres de la Justice Eric Holder et Loretta Lynch. J'ai expliqué que Holder était bien plus proche du Président Obama, ce qui avait ses avantages et ses inconvénients. J'en ai profité pour lui répéter à quel point il était important que le FBI et le département de la Justice soient indépendants de la Maison-Blanche. J'ai décrit la chose comme un paradoxe : au cours de l'histoire, certains présidents avaient décidé de maintenir le département de la Justice près d'eux à cause des éventuels « problèmes » que l'institution pourrait causer, mais choisir de brouiller les frontières ne fait qu'aggraver ces problèmes car on risque de saper la confiance du peuple envers les institutions et leur mission. Je crois qu'il n'a pas compris ce que je cherchais à lui dire, ou que ça ne l'intéressait pas.

Un autre détail très instructif m'a frappé au sujet du Président Trump lors de ce dîner. Je ne me souviens pas de l'avoir entendu rire, à aucun moment. Ni durant les banalités qu'on s'échange avant les réunions. Ni pendant les discussions. Ni même lors d'un dîner décontracté comme celui-là. Quelques mois plus tard, l'idée me hantait encore. Je me suis demandé si d'autres personnes l'avaient remarqué, ou l'avaient vu rire ne serait-ce qu'une fois au cours des milliers d'heures d'enregistrements vidéo de lui. Il avait littéralement passé des décennies devant les caméras, entre sa carrière de magnat des affaires hautement mise en scène et ses années de star de la téléréalité. Par curiosité, j'ai cherché sur Internet et j'ai regardé des vidéos sur YouTube. Au cours de toutes mes recherches, je n'ai trouvé qu'une seule vidéo où l'on peut voir quelque chose qui s'apparente à un rire de la part de Donald Trump, et c'est un rire mesquin : en janvier 2016, lors d'un meeting dans le New Hampshire, il a demandé au public d'où venait le bruit de fond qu'il entendait et qui ressemblait aux aboiements d'un chien, et quelqu'un a répondu : « C'est Hillary. » Peut-être que je surinterprète, peut-être qu'en privé il fait hurler de rire sa femme, ses enfants ou ses conseillers préférés, peut-être que j'ai raté toutes les fois où il s'est esclaffé publiquement, mais je ne connais aucun autre élu qui ne rit pas régulièrement en public. Je crois que son apparente inaptitude à le faire est liée à un profond manque de confiance en lui, une incapacité à se montrer vulnérable ou à prendre le risque d'apprécier l'humour des autres, ce qui – après réflexion – est assez triste pour un meneur d'hommes, et un peu effrayant pour un Président.

Vers la fin de notre dîner, il m'a posé une autre question ; la première de la soirée qui puisse lui permettre d'apprendre quelque chose sur son invité. Il s'est demandé comment je m'étais retrouvé à la tête du FBI. Je lui ai répondu que j'avais été agréablement surpris que le Président Obama ait la même idée de la fonction que moi : il recherchait la compétence et l'indépendance, et il ne voulait pas que le FBI soit impliqué dans la politique, mais il voulait pouvoir dormir sur ses deux oreilles en sachant que le FBI était bien géré. J'ai raconté notre première discussion dans le Bureau ovale qui, à ce moment-là, m'a paru aux antipodes de ce dîner. Le Président Trump a répondu qu'il était content que je veuille rester parce qu'il avait entendu des tas de bonnes choses sur moi de la part de nombreuses personnes, y compris les gens qu'il avait désignés comme secrétaire à la Défense et ministre de la Justice.

Il est alors revenu sur la question du dévouement, en répétant : « J'ai besoin de loyauté. »

J'ai marqué une nouvelle pause. « Vous obtiendrez toujours de l'honnêteté de ma part », ai-je répondu.

Il a marqué une pause à son tour. « Voilà ce que je veux : une loyauté honnête ». Cela semblait lui convenir, comme une sorte d'« accord » dont nous sortions tous les deux gagnants.

J'ai marqué une pause. « C'est ce que vous obtiendrez de moi », ai-je dit, cherchant à tout prix à mettre fin à cette confrontation gênante. Je me disais que j'avais assez clairement fait comprendre ma position.

À ce moment-là, un autre détail m'a frappé : le « leader du monde libre », grand magnat des affaires autoproclamé, ne comprenait rien au leadership. Un dirigeant éthique n'aurait jamais exigé de la loyauté. Ce sont ceux qui dirigent par la peur – comme les patrons de la *Cosa Nostra* – qui exigent la loyauté. Les dirigeants éthiques se sentent concernés par ceux qu'ils dirigent, ils font preuve d'honnêteté, de décence, d'engagement envers eux et n'hésitent pas à se sacrifier. Leur confiance inspire l'humilité. Les dirigeants éthiques connaissent leurs propres talents mais craignent leurs propres handicaps – qui les empêchent de comprendre, raisonner et voir le monde comme il est et non comme ils le souhaitent. Ils disent la vérité et savent qu'ils doivent obtenir la vérité des autres pour prendre des décisions éclairées. Pour obtenir cette vérité, ils créent un environnement composé de grandes attentes et d'une profonde considération – on pourrait même parler d'« amour » –, qui façonne des liens durables et rend possibles des accomplissements extraordinaires. Un dirigeant éthique n'aurait jamais eu l'idée d'exiger de la loyauté.

Après le dessert – deux boules de glace chacun –, je suis rentré chez moi et j'ai rédigé un mémo sur le dîner, geste qui est rapidement devenu un réflexe après chacun de mes tête-à-tête avec le Président Trump. Je n'avais jamais rien fait de tel avec les anciens présidents, et je n'avais écrit aucune note sur mes rencontres en tant que directeur du FBI, mais j'ai jugé nécessaire de le faire avec lui pour plusieurs raisons. D'abord, nous abordions des sujets qui impliquaient personnellement le Président et la responsabilité du FBI, et ensuite j'avais affaire à une personne dont je remettais sérieusement en doute l'intégrité, après l'avoir observée durant la campagne et depuis. Je devais protéger le FBI et moi-même parce que je ne pouvais pas lui faire confiance concernant nos conversations. Comme d'habitude, j'ai imprimé deux copies du mémo. J'ai partagé la première avec les hauts dirigeants du bureau et je l'ai confiée à mon chef de cabinet pour qu'il l'archive. La seconde, je l'ai gardée à la maison, et ce pour deux raisons : d'abord, je considérais ces mémos comme une propriété personnelle, une sorte de journal, mais je craignais en outre que ces récits détaillés de mes rencontres avec le Président ne puissent un jour devenir importants, ce qui s'est malheureusement révélé exact.

14

Le nuage

> « Si l'honneur était rentable, tout le monde serait honorable. »
>
> Thomas More

Le 8 février 2017, le chef de cabinet Reince Priebus m'a proposé de venir le voir à la Maison-Blanche dans son bureau, une grande pièce équipée d'une table de conférence et d'une cheminée, qui offrait une jolie vue sur le bâtiment du bureau exécutif Eisenhower. Treize ans plus tôt, dans cette même pièce, j'avais entendu le vice-président Dick Cheney me dire que des milliers de gens mourraient si le département de la Justice ne changeait pas d'avis sur la surveillance électronique de la NSA. Plus tard, cette semaine-là, en 2004, je me suis retrouvé à nouveau dans ce bureau vers minuit, après la confrontation au chevet de John Ashcroft à l'hôpital.

J'y étais à présent suite à mon dîner avec le Président Trump, parce que Priebus voulait connaître – et que je tenais à expliquer – la véritable relation entre le FBI et la Maison-Blanche. Priebus n'avait jamais travaillé au gouvernement et semblait vraiment vouloir comprendre la situation.

J'avais déjà échangé avec deux autres chefs de cabinet à la Maison-Blanche dans ma carrière ; notamment avec Andy Card sous la présidence Bush, avec qui j'avais fait la course jusqu'à l'hôpital pour aller voir Ashcroft. En tant que directeur du FBI sous Obama, j'en étais venu à bien connaître son chef de cabinet, Denis McDonough, un homme réfléchi, convenable et pourtant très ferme. Tous les chefs du personnel disposent, comme tout le monde, de personnalités et de qualités différentes, mais ils ont pour point commun de bien connaître le manque de sommeil, puisqu'ils doivent essayer de gérer le bon fonctionnement de la Maison-Blanche et mettre de l'ordre dans ce qui ressemble, au mieux, à une entreprise chaotique. Bien sûr, aucun président de l'histoire n'arrivait à la cheville de Donald Trump, qui venait avec son lot de compétences, de défis, et une forme de chaos jamais vue jusque-là.

Je ne connaissais pas bien Priebus. Il semblait souvent à la fois désorienté et irrité en permanence, et l'on n'avait aucun mal à imaginer pourquoi. Gérer la Maison-Blanche de Donald Trump aurait été une tâche difficile, même pour un manager expérimenté, ce que Priebus n'était pas. Ancien président du Comité national républicain, et avant cela avocat dans le Wisconsin, il n'avait jamais travaillé pour le gouvernement fédéral. Comment quelqu'un comme lui – comment quiconque, d'ailleurs – pouvait s'occuper d'un homme comme Donald Trump ? Je n'en ai aucune idée, mais il avait l'air de faire de son mieux.

Notre plaisant rendez-vous a duré une vingtaine de minutes, durant lesquelles nous avons abordé différents sujets confidentiels, ainsi que les rapports entre le FBI, le département de la Justice et la Maison-Blanche. Au fil de la discussion, il m'a demandé si je voulais voir le Président. De façon ironique, cette requête sapait complètement le propos de notre entrevue. Je venais de lui expliquer à quel point il était important que la Maison-Blanche passe par le département de la Justice si elle souhaitait communiquer avec le FBI, sauf sur certains sujets relatifs à la Sécurité nationale – comme le cryptage – dans lesquels le FBI jouait un rôle clé. Notre discussion tournait autour du fait que le FBI devait garder ses distances. Priebus a affirmé qu'il comprenait, puis il a immédiatement cherché à me faire venir plus près.

Après nos dernières entrevues, je n'avais pas spécialement envie de revoir le président en tête à tête. J'ai répondu que non (merci, mais non merci), ajoutant qu'il devait être très occupé. Il m'a redemandé. J'ai refusé à nouveau.

Il a alors répondu : « Asseyez-vous. Je suis sûr qu'il serait ravi de vous voir. Je vais vérifier s'il est dans son bureau. » Il est sorti dans le couloir jusqu'au Bureau ovale puis il est revenu peu de temps après. Souriant, il a dit : « Il serait ravi de vous recevoir. »

Sans sourire, j'ai répondu : « Parfait. »

Quand nous sommes entrés dans son bureau, le Président discutait avec l'attaché de presse de la Maison-Blanche, Sean Spicer, qui est parti juste après notre arrivée. J'étais seul avec Priebus et Donald Trump.

Même si j'avais déjà vu le nouveau Président, c'était la première fois que je le voyais dans son nouveau bureau. Il n'avait pas l'air à son aise. Sa veste sur le dos, il était assis derrière le célèbre bureau, les deux bras à plat. Un énorme morceau de bois le séparait donc de ceux qui venaient lui parler.

Malgré tous mes rendez-vous dans cette pièce avec les Présidents Bush et Obama, je ne me souviens pas de les avoir vus une seule fois rester à leur bureau. Ils préféraient s'asseoir dans un fauteuil près de la cheminée et tenir leurs réunions de façon plus ouverte, plus décontractée. Pour moi, c'était sensé. Vu que les gens ont souvent du mal à se détendre et s'ouvrir face à un Président, ils auront plus de chances de le faire dans un salon, où l'on peut prétendre être des amis autour d'une table basse. Là, le Président peut essayer de faire partie d'un groupe et obtenir la vérité de la bouche des gens. Lorsqu'il est assis sur un trône, protégé par un énorme obstacle de bois, comme Trump le faisait souvent avec moi, l'aspect formel du Bureau ovale est décuplé et les chances d'entendre la vérité sont compromises.

J'ai aussi remarqué que le Président Trump avait installé de nouveaux rideaux dorés brillants. J'ai plus tard appris qu'il s'agissait des anciens rideaux de Bill Clinton, un choix surprenant étant donné l'opinion qu'il semblait avoir de l'ancien Président et de sa femme (la presse a rapporté que Trump avait fini par les changer par d'autres rideaux dorés).

Le Président m'a accueilli et je me suis assis sur une petite chaise en bois, les genoux contre le bureau. Priebus a essayé d'orienter la conversation sur le sujet du prétendu « dossier » russe dont nous avions déjà parlé de nombreuses fois. Je ne sais pas trop pourquoi il a fait ça, mais le Président ne semblait pas intéressé par cette question-là. Assis derrière le bureau qui avait autrefois servi aux Présidents Kennedy et Reagan, il s'est lancé dans l'un de ses monologues en rafales, laissant libre cours au flux de sa conscience. Cette fois, il parlait de l'entretien télévisé qu'il avait donné à Bill O'Reilly de Fox News quelques jours plus tôt. L'interview avait été diffusée juste avant le Superbowl. Je ne l'avais pas regardée, mais j'avais lu de nombreux commentaires après coup.

Lors de l'entretien, O'Reilly avait demandé au Président Trump s'il « respectait » son homologue russe Vladimir Poutine :

— Je le respecte, a-t-il répondu, mais je respecte des tas de gens. Ça ne veut pas dire que je vais bien m'entendre avec lui.

— Mais c'est un assassin, a rétorqué O'Reilly. Poutine est un assassin.

— Il y a beaucoup d'assassins. Nous en avons beaucoup aussi, chez nous. Qu'est-ce que vous croyez ? Que notre pays est si innocent que ça ?

La réponse de Trump, qui semblait mettre sur un pied d'égalité le régime brutal de Poutine et la démocratie américaine, a entraîné un déluge de critiques de toutes parts. Elle donnait curieusement du crédit à ceux qui trouvaient Trump trop proche du gouvernement russe. Je me suis souvent demandé pourquoi, alors qu'il avait eu de nombreuses fois l'opportunité de condamner les invasions du gouvernement Poutine et la répression – voire le meurtre – de ses citoyens, Trump refusait tout simplement d'énoncer des faits. Peut-être par anticonformisme, ou peut-être que son attitude ambiguë envers Vladimir Poutine s'expliquait par une autre raison plus complexe. Quoi qu'il en soit, je trouvais ça étrange. Il avait peut-être une bonne raison géopolitique de ne pas condamner publiquement les actes d'un gouvernement étranger au sujet de sa politique intérieure. Mais, quatre semaines plus tôt à la Trump Tower, le Président n'avait pas paru troublé lorsque les chefs de la communauté du renseignement lui avaient appris que la Russie avait tenté de porter atteinte à notre démocratie et de faire pencher la balance lors de l'élection. Même en privé, il ne réagissait pas face au comportement russe. Il ne se demandait pas ce que notre adversaire allait faire ensuite. On savait que Vladimir Poutine avait interféré avec le scrutin américain d'une façon qui ne connaissait aucun précédent, au moins en partie dans le but de voir Trump l'emporter. Les commentaires comme celui qu'il a formulé à O'Reilly ne faisaient que souligner les raisons pour lesquelles Poutine le voulait à la Maison-Blanche.

Avec cette bravade, O'Reilly avait taclé le Président sur ses affinités apparentes avec Poutine et, une fois de plus, Trump n'avait toujours pas voulu critiquer le gouvernement russe.

Trois jours plus tard, vraisemblablement piqué au vif par les critiques, le Président était encore furieux et cherchait à se justifier.

— Qu'est-ce que je vais faire ? a-t-il demandé à la cantonade. Dire que je ne respecte pas le chef d'une nation importante avec qui j'essaie d'avoir de bons rapports ?

Au début, ni Priebus ni moi n'avons répondu. Même si nous avions voulu, Trump ne nous laissait comme d'habitude pas le temps de parler. O'Reilly avait posé une question difficile, « et j'ai donné la bonne réponse », a-t-il dit en nous regardant, pour insister sur le fait qu'il n'y avait pas d'autre façon rationnelle d'envisager les choses. « Vraiment, c'était une excellente réponse. J'ai donné une excellente réponse. »

Tandis qu'il continuait de parler, je voyais qu'il essayait de se convaincre lui-même et qu'il croyait nous convaincre par la même occasion. Bien sûr, je ne trouvais pas la question d'O'Reilly difficile, ni la réponse de Trump excellente, mais il ne cherchait pas vraiment de retours.

En fait, j'avais déjà assez interagi avec lui pour comprendre à l'avance ce qu'il cherchait à faire. Ses réflexions du genre « tout le monde pense » et « c'est clairement la vérité » vous submergent, incontestées, comme lors de notre dîner, parce qu'il ne s'arrête jamais de parler. Résultat, Trump force tout le monde dans la pièce à consentir par son silence. Avec sa façon de parler à toute allure sans laisser personne prendre la parole, je voyais avec quelle facilité les gens présents risquaient de passer pour des complices de ses délires. Comme Martin Luther l'a dit un jour : « Vous n'êtes pas seulement responsables de ce que vous dites, mais aussi de ce que vous ne dites pas. »

Assis là, j'observais le Président en train de tisser avec ses mots un cocon de réalité alternative autour de nous tous. Dans sa tête, en ne remettant pas en cause le fait que la foule présente à son investiture était la plus grande de l'histoire, comme il l'avait dit lors de nos précédents entretiens, j'y avais consenti, et j'allais sûrement admettre que son entretien avec O'Reilly avait été génial, ses réponses brillantes, parce que je restais assis et je ne désapprouvais pas. Hors de question que je tombe à nouveau dans le piège, et cette fois, il m'a offert une ouverture. Il m'a regardé et a dit : « Vous trouvez que j'ai bien répondu, n'est-ce pas ? » avant de partir sur autre chose.

J'ai sauté sur l'occasion et fait quelque chose que je n'aurais sûrement pas fait si j'avais été plus jeune – surtout face à un Président des États-Unis. Quelque chose que je n'avais jamais vu personne faire devant Trump lors de nos rares interactions. Je ne me souviens pas si je l'ai coupé en pleine phrase ou si j'ai attendu une micropause dans son flot d'affirmations avec lesquelles nous étions censés tomber d'accord, mais j'ai dit :

« La première partie de votre réponse était bonne, monsieur le Président. » Il a inspiré et m'a regardé d'un air vide. « Mais pas la deuxième. Nous ne sommes pas des assassins de la même sorte que Poutine. »

En entendant cette remarque, Trump s'est arrêté de parler. Dans cette pièce bien éclairée, avec ses rideaux dorés, on aurait dit qu'une ombre s'était abattue sur son visage. Je voyais quelque chose changer dans son regard. De la dureté, de la noirceur. En un instant, ses yeux se sont plissés et sa mâchoire s'est tendue. Il ne devait pas avoir l'habitude qu'on le contredise ou qu'on le corrige. Il était censé avoir un contrôle total. Avec mon petit commentaire, je venais de verser une dose de critique et de réalisme sur sa comparaison honteuse entre les caïds du KGB de Poutine et les hommes et femmes de notre gouvernement. Son regard noir a disparu aussi vite qu'il était arrivé. C'était comme si je n'avais rien dit, comme si je n'étais jamais venu au monde. L'entretien était terminé.

Le Président m'a remercié d'être venu. Priebus, qui n'avait rien dit durant tout cet échange, m'a raccompagné hors de la pièce et je suis parti sans rien ajouter.

Je suis rentré au QG du FBI et j'ai dit aux membres du personnel que je venais probablement d'achever toute forme de relation personnelle avec le Président. J'avais résisté à sa demande de loyauté deux semaines plus tôt et je venais de percer le cocon pour critiquer l'homme derrière le bureau. Nous n'allions pas avoir de rapports amicaux, comme j'en avais eu avec les Présidents Bush et Obama. Ce n'était pas forcément une mauvaise chose. Les directeurs du FBI ne devaient pas s'approcher trop près des présidents au pouvoir et de leur gouvernement – ce qui, bien sûr, était la raison pour laquelle je me trouvais à la Maison-Blanche ce jour-là.

Cela dit, j'étais encore secoué par l'entretien. Je n'avais jamais rien vu de tel dans le Bureau ovale. Aspiré dans l'orbite de Trump, j'avais des flash-back qui me ramenaient du début de ma carrière, lorsque j'étais procureur et que je luttais contre la Mafia. Le consentement par le silence. Le parrain qui contrôle tout. Les serments d'allégeance. La mentalité du « eux contre nous ». Les mensonges à tous les étages au service d'un code de loyauté qui plaçait l'organisation au-dessus de la loi, de la morale et de la vérité.

*

Moins d'une semaine plus tard, j'étais de retour sur place, les genoux contre le bureau du Président.

Le 14 février, je me suis rendu dans le Bureau ovale pour un briefing sur le contre-terrorisme avec le Président Trump. Une fois encore, il était assis derrière le bureau et nous étions installés en demi-cercle sur six chaises face à lui. Je me trouvais aux côtés du vice-président Pence, du directeur adjoint de la CIA, du directeur du National Counterterrorism Center, du secrétaire à la Sécurité intérieure et de mon nouveau patron, le ministre de la Justice Jeff Sessions. Celui-ci était en poste depuis moins d'une semaine à ce moment-là. J'avais les mêmes premières impressions qu'avec Alberto Gonzales – il semblait parfaitement dépassé par sa mission –, mais Sessions manquait de la gentillesse dont Gonzales regorgeait.

Durant le briefing confidentiel, le Président semblait peu intéressé et très distrait. J'avais des choses importantes et inquiétantes à dire concernant la menace terroriste actuelle aux États-Unis, mais je n'obtenais aucune réaction. Il a fini par signaler que l'entretien était terminé : « Merci à tous, a-t-il dit à haute voix, avant d'ajouter en me pointant du doigt : Je veux simplement parler à Jim. Merci à tous. »

Nous y revoilà !

Je ne savais pas de quoi il voulait me parler, mais sa requête me paraissait si inappropriée que je pensais avoir besoin de rédiger un mémo dans un futur proche, ce pourquoi il fallait que je retienne tout ce qu'il allait me dire, au mot près.

Faute de choix, je suis resté sur ma chaise tandis que les autres quittaient le Bureau ovale. Le ministre de la Justice est resté près de moi un moment. En tant que chef du département de la Justice, mon patron a cru à juste titre qu'il se devait d'être présent lors de cette conversation. « Merci Jeff, a dit le Président sur un ton méprisant, mais je veux parler à Jim. »

Puis est venu le tour de Jared Kushner. Il était assis derrière moi avec les autres conseillers à la Maison-Blanche sur les canapés et les fauteuils près de la table basse. Il connaissait sûrement son beau-père mieux que quiconque dans la pièce et semblait vouloir rester aussi. En entamant une conversation tandis que les autres sortaient (il s'est mis à me parler de l'affaire des courriels Clinton et des difficultés que j'avais dû rencontrer), il avait dû se dire que Trump oublierait qu'il avait demandé à tout le monde de sortir, lui compris. Peine perdue !

— C'est bon, Jared. Merci, a dit Trump.

Son gendre semblait aussi réticent à se retirer que Sessions, mais il est sorti aussi.

Une fois seuls, lorsque la porte près de l'horloge s'est refermée, le Président a posé les yeux sur moi.

— Je veux parler de Mike Flynn, a-t-il dit.

Flynn, son conseiller à la Sécurité nationale, avait été contraint de rendre sa démission la veille. Je ne le connaissais pas bien, mais j'avais témoigné à ses côtés en 2014 lorsqu'il était directeur de la Defence Intelligence Agency. Je le trouvais sympathique.

Général de l'armée américaine à la retraite, Flynn avait eu plusieurs discussions avec l'ambassadeur de Russie aux États-Unis courant décembre 2016, car il souhaitait l'aide des Russes pour faire capoter la décision des Nations Unies – à laquelle le gouvernement Obama n'allait pas s'opposer – de condamner Israël pour l'expansion de ses colonies en territoire occupé, mais aussi parce qu'il voulait désamorcer la situation vis-à-vis des sanctions imposées par Obama suite à l'interférence russe dans l'élection de 2016. Les conversations au sujet des sanctions faisaient l'objet d'intenses débats publics puisque les médias en avaient parlé au début du mois de juillet et que le futur vice-président Mike Pence les avait démenties à la télévision. Pence a affirmé qu'il savait de quoi il parlait puisqu'il en avait discuté avec Flynn. Le 24 janvier, dans le cadre de notre enquête sur les tentatives d'ingérence russes, j'ai envoyé deux agents à la Maison-Blanche pour interroger Flynn sur ses conversations avec les Russes. Il leur a menti, niant qu'il avait abordé des sujets dont il avait pourtant parlé en détail avec l'ambassadeur de Russie.

Le Président a commencé par dire que le général Flynn n'avait rien fait de mal en discutant avec les Russes, mais qu'il avait été obligé de le laisser partir parce qu'il avait menti au vice-président. Il a ajouté qu'il avait d'autres inquiétudes au sujet de Flynn, mais il n'a rien spécifié.

Puis il s'est lancé dans une longue série de commentaires sur les fuites de documents confidentiels ; inquiétude que je partageais. Comme tous les présidents avant lui, il était frustré que les gens ayant accès à ces informations en parlent avec des journalistes. Je lui ai expliqué que ce problème avait également rongé ses prédécesseurs, et qu'on avait du mal à monter des dossiers parce qu'il fallait parfois enquêter sur des membres des médias (en exigeant par exemple des données téléphoniques). Je lui ai aussi dit que si nous arrivions à épingler un de ceux qui divulguaient des informations confidentielles, on enverrait un important message de dissuasion. Je n'avais pas suggéré de s'attaquer aux médias, mais le Président a répondu qu'autrefois on mettait les journalistes en prison et ils se mettaient à table. J'y ai vu une référence à l'affaire Scooter Libby, durant laquelle Judith Miller du *New York Times* avait passé près de trois mois derrière les barreaux en 2005 pour avoir refusé d'obéir à un mandat du tribunal concernant ses conversations avec Libby. Il m'a ensuite demandé d'aller parler au ministre de la Justice de méthodes plus agressives pour poursuivre les gens responsables des fuites. Je lui ai répondu que je transmettrais le message.

Au bout de quelques minutes, Reince Priebus a passé la tête par la porte près de l'horloge. Un groupe de personnes, dont le vice-président, attendait derrière lui. Le Président lui a fait signe de fermer la porte et dit qu'il avait bientôt fini.

Il est ensuite revenu sur le sujet de Mike Flynn, en disant : « C'est un type bien, qui a beaucoup souffert. » Il a répété que le général Flynn n'avait rien fait de mal en discutant avec les Russes, mais qu'il avait menti au vice-président.

Puis il a dit :

— J'espère que vous laisserez tomber tout ça, que vous lâcherez Flynn. C'est quelqu'un de bien. J'espère que vous lâcherez l'affaire.

Sur le moment, j'ai compris que le Président me demandait d'abandonner l'enquête sur Flynn concernant ses mensonges au sujet de ses conversations avec l'ambassadeur de Russie en décembre. Je n'avais pas saisi qu'il parlait de toute l'affaire sur la Russie et ses possibles liens avec sa campagne. Quoi qu'il en soit, c'était très inquiétant, étant donné le rôle d'investigation indépendant du FBI. Imaginez la réaction des gens si Hillary Clinton, à sa place, avait demandé à parler au directeur du FBI en tête à tête pour lui demander d'abandonner l'enquête sur son conseiller à la Sécurité nationale.

Je n'ai pas interrompu le Président pour lui signaler que sa requête était inappropriée, mais j'aurais peut-être dû. S'il ne savait pas que sa demande était déplacée, pourquoi avait-il viré tout le monde de la pièce, y compris mon patron et le vice-président, pour me parler en privé ?

Au lieu de ça, j'ai admis que Flynn était « un type bien », ou qu'il en avait l'air du peu que je savais de lui. Je n'ai pas dit que j'allais « lâcher l'affaire ».

Le Président n'a montré aucune réaction face à ma réponse et il est revenu un moment sur le problème des fuites. La conversation a pris fin, je me suis levé et j'ai passé la porte près de l'horloge. Je suis passé au milieu de ceux qui attendaient là, dont Priebus, le vice-président et le nouveau secrétaire à la Santé et aux Services sociaux, Tom Price. Personne ne m'a adressé la parole.

Dans la voiture, j'ai envoyé un courriel à mon équipe pour leur raconter que le briefing sur l'antiterrorisme qu'ils avaient passé du temps à préparer s'était bien passé, mais que « j'étais obligé de rédiger un nouveau mémo ». Ce que je voulais dire, c'est que je devais une nouvelle fois documenter ma rencontre avec le Président. J'ai préparé un mémo non confidentiel de la conversation au sujet de Flynn et j'en ai parlé aux hauts dirigeants du FBI, y compris le directeur adjoint McCabe, mon chef de cabinet Jim Rybicki, et l'avocat général du bureau Jim Baker. En à peine plus d'un mois, j'avais déjà écrit plusieurs notes sur mes entrevues avec Donald Trump. Je savais que j'aurais besoin de me souvenir de ces conversations, à la fois à cause de leur teneur et parce que j'avais affaire à un Président qui risquait de mentir à leur sujet. Pour protéger le FBI et moi-même, il me fallait garder des traces.

Les autres chefs du FBI pensaient également que je ne devais surtout pas parler de la requête du Président à l'équipe d'investigation chargée de l'affaire Flynn – et plus généralement des soupçons de coordination entre les Russes et la campagne de Trump durant l'élection 2016. Nous avons tous conclu qu'il n'y avait aucun moyen de corroborer ma version des faits, puisque nous avions eu une discussion en tête à tête. Il ne valait mieux pas en parler au ministre Sessions, qui refuserait sûrement de s'impliquer dans l'enquête au sujet de la Russie (ce qu'il a fait deux semaines plus tard). Le poste de numéro 2 du ministère était alors occupé par un procureur fédéral par intérim. Nous nous sommes résolus à décider quoi faire de la requête du Président – et ses implications – au fil de notre enquête.

Après mon entrevue avec le Président le 14 février, j'ai demandé à Jim Rybicki de m'organiser un rendez-vous avec le ministre de la Justice après notre réunion habituelle du mercredi, le matin suivant. À la fin du briefing, tout le monde a quitté la pièce, sauf le ministre, nos chefs de cabinet et moi. Sessions était assis en face de moi dans la salle de conférence sécurisée du département de la Justice, à la même place et probablement dans le même fauteuil que Loretta Lynch lorsqu'elle m'avait demandé d'employer le mot « question » au sujet de l'enquête Clinton.

Une fois seuls, j'ai rempli la promesse que j'avais faite au Président : j'ai passé le message concernant ses inquiétudes au sujet des fuites et son désir de nous voir prendre des mesures agressives. Croyant avec optimisme que le ministre de la Justice avait une quelconque influence sur le président Trump, j'en ai profité pour lui demander d'empêcher toute future communication privée entre le président et moi.

— Ça ne peut plus se reproduire, ai-je dit. Vous êtes mon patron. Il ne peut pas vous demander de sortir pour me parler seul à seul. Vous devez vous intercaler entre le Président et moi.

Il ne m'a pas demandé s'il s'était passé quelque chose de troublant, et je n'en ai pas parlé, pour les raisons expliquées plus haut. Au lieu de ça, Sessions a fait un geste qui me deviendrait familier : il a baissé les yeux sur son bureau puis il a lancé des regards furtifs à droite à gauche. De mémoire, il n'a rien dit Au bout d'un moment, il a posé les mains sur la table et s'est levé pour me remercier d'être venu. J'ai lu à sa posture et son expression qu'il ne serait pas en mesure de m'aider. Rybicki et moi sommes partis. J'étais tellement étonné par son silence que j'ai demandé à mon chef de cabinet d'appeler le sien pour m'assurer qu'il ait bien compris mes inquiétudes et l'importance de créer une barrière entre le Président et moi. Son chef de cabinet a répondu qu'ils s'en chargeaient.

Mais ils ne l'ont pas fait. Peut-être qu'ils ne le pouvaient pas.

*

J'allais batailler encore trois mois avec le Président Trump. Le 1er mars, je m'apprêtais à monter à bord d'un hélicoptère pour me rendre à un sommet sur les opiacés à Richmond lorsque mon assistante, Althea James, m'a appelé pour me dire que le Président voulait me parler. Je n'avais aucune idée de la raison de son appel, mais je me suis dit que ce devait être important, alors j'ai attendu dans la Suburban du FBI sur l'héliport. Mon vieil ami Chuck Rosenberg, chef de la Drug Enforcement Administration, m'attendait à bord de l'hélicoptère.

Au bout de quelques minutes, mon téléphone a sonné et l'opératrice de la Maison-Blanche m'a passé le Président. Celui-ci m'a dit qu'il appelait « juste pour voir comment j'allais ». J'ai répondu que je me portais bien mais que j'avais beaucoup de choses à faire. Pour faire la conversation, je lui ai dit que le ministre de la Justice était parti sur les chapeaux de roues avec son discours sur les crimes violents. Il a répondu : « C'est son truc. » Cette discussion gênante, qui a duré moins d'une minute, me semblait être encore une tentative pour me rapprocher de lui, s'assurer que j'étais un *amica nostra*. Sinon, pourquoi le Président des États-Unis, qui devait avoir un million de choses à faire, appellerait le directeur du FBI pour lui demander comment il allait ? Je suis sorti de la voiture et j'ai rejoint le directeur du DEA, en expliquant que mon retard était dû à un appel du Président qui voulait savoir si ça gazait.

Le 30 mars, Trump m'a appelé au siège du FBI pour me dire que l'enquête russe était « un nuage » qui gênait sa capacité à prendre des décisions au nom de la nation. Il a affirmé qu'il n'avait aucun rapport avec la Russie, qu'il n'avait jamais eu affaire à des prostituées moscovites et qu'il était toujours parti du principe qu'on le filmait quand il était là-bas. Pour la quatrième fois, il a répété que « l'histoire des douches dorées » était bidon et m'a redemandé : « Non mais vous m'imaginez avec des prostituées ? » Dans le but évident d'obtenir ma sympathie, il a ajouté qu'il avait une femme magnifique et que cette affaire avait été très pénible pour elle.

Il m'a demandé ce que nous pouvions faire pour « dissiper le nuage ». J'ai répondu que nous enquêtions aussi vite que possible et que, quitte à ne rien trouver, il valait mieux bien faire notre travail. Il en a convenu, mais il a insisté une nouvelle fois sur les problèmes que cela lui causait.

Ensuite, il m'a demandé pourquoi il y avait eu une audience au Congrès au sujet de la Russie la semaine précédente – au cours de laquelle j'avais confirmé, comme me l'avait demandé le département de la Justice, l'enquête du FBI sur une possible coordination entre les Russes et l'équipe de campagne de Trump. Je lui ai expliqué que les deux parties du Congrès exigeaient plus d'informations et que le président du comité judiciaire du Sénat, le sénateur de l'Iowa Charles Grassley, avait même mis en suspens l'acceptation du nouveau numéro 2 du ministère de la Justice jusqu'à ce qu'on lui donne des détails sur l'enquête. J'ai ajouté que nous avions informé les dirigeants du Congrès de l'identité des personnes sur lesquelles nous enquêtions et nous leur avions confirmé que nous ne travaillions pas directement sur le président Trump, ce à quoi il n'a pas cessé de me répéter : « Il faut l'annoncer aux gens. » Je ne l'avais pas prévenu – surtout parce que je savais qu'il ne voudrait pas l'entendre – du fait que le FBI et le département de la Justice s'étaient montrés réticents à faire des déclarations publiques confirmant l'absence d'une enquête sur lui, et ce pour plusieurs raisons, notamment parce que nous serions obligés de revenir sur ces déclarations si les choses venaient à changer.

Le Président a alors signifié que si certains de ses associés « satellites » avaient fait quelque chose de grave, il serait bon de le découvrir. Il a répété qu'il n'avait rien fait de mal et qu'il espérait que je trouverais un moyen d'annoncer au public que nous n'enquêtions pas sur lui.

Puis, tout d'un coup, il a orienté la conversation sur le directeur adjoint du FBI Andrew McCabe. Il a dit qu'il ne m'avait pas parlé de « l'histoire McCabe » parce que j'avais affirmé que c'était un homme honorable, mais que le gouverneur démocrate de Virginie, Terry McAuliffe, était proche des Clinton et lui avait versé de l'argent pour sa campagne (je crois qu'il voulait parler de la femme de McCabe). Je savais à quoi il faisait allusion. Jill, l'épouse de McCabe, médecin dans le nord de la Virginie, s'était présentée à la législature d'État et avait perdu l'élection en 2015, alors que son mari dirigeait le bureau extérieur du FBI à Washington. Elle avait été choisie pour se présenter par le gouverneur McAuliffe, et sa campagne avait en grande partie été financée par de l'argent issu de comités d'action politique dirigés par le gouverneur. Trump avait accusé à maintes reprises le FBI de prendre des gants avec Hillary durant la campagne parce que la femme d'Andy avait des liens avec le gouverneur de Virginie, vieil ami des Clinton. Lorsqu'il était candidat, Trump avait également affirmé – à tort – que Clinton elle-même avait versé de l'argent à Jill McCabe.

Dans tous les cas, cette assertion n'avait aucun sens, pour plusieurs raisons – notamment parce que le FBI n'était pas une secte secrète d'adorateurs de Clinton. Les agents spéciaux se situent plutôt à droite sur l'échiquier politique, et McCabe s'était longtemps considéré comme un Républicain. Le FBI avait passé des années à enquêter sur diverses affaires concernant les Clinton, y compris durant la présidence de Bill Clinton. Le directeur du FBI de l'époque, Louis Freeh, ancien agent spécial, avait notamment rendu son badge d'accès à la Maison-Blanche parce qu'il considérait que le Président devait faire l'objet d'une enquête criminelle. Depuis le début de son mandat,

Trump m'avait demandé deux fois si « McCabe avait un problème avec [lui] », parce qu'il avait été dur avec sa femme. Je lui ai répondu qu'Andy était un vrai professionnel et qu'il laissait ce genre de choses de côté.

Je ne comprenais pas pourquoi le Président me parlait de ça au téléphone ; c'était peut-être un moyen d'essayer d'échanger des faveurs, ou une menace contre mon adjoint. Je lui ai réaffirmé que McCabe était un homme honorable, désintéressé de la politique.

Le Président Trump a conclu en soulignant que le « nuage » lui bloquait la vue et l'empêchait de prendre des décisions pour le pays, et il a répété qu'il espérait que je puisse trouver un moyen d'annoncer qu'il n'était pas sous le coup d'une enquête. Je lui ai dit que nous verrions ce que nous pourrions faire, et que nous ferions notre travail d'investigation aussi vite et bien que possible.

Immédiatement après cette conversation, j'ai appelé le numéro 2 du ministère de la Justice par intérim Dana Boente (parce que Sessions s'était récusé sur tous les sujets concernant la Russie et il n'y avait pas encore de numéro 2 officiel) pour lui signaler le désir du Président de dissiper le nuage que représentait l'enquête russe. Je lui ai dit que j'attendais ses conseils, mais je n'ai reçu aucune réponse avant que Trump me rappelle deux semaines plus tard.

*

Le matin du 11 avril, le Président m'a appelé pour me demander si j'avais fait quelque chose pour annoncer au public que nous n'enquêtions pas sur lui. Contrairement à son habitude, il ne m'a lancé aucun compliment et ne m'a pas demandé comment j'allais. Il semblait en colère contre moi.

Je lui ai répondu que j'avais transmis sa requête à Dana Boente, mais que je n'avais pas de retour. Il a rétorqué que le « nuage » l'empêchait de faire correctement son travail et qu'il demanderait peut-être à son équipe de contacter Boente directement. Je lui ai répondu que c'était la meilleure solution. Les avocats de la Maison-Blanche devaient contacter les dirigeants du département de la Justice pour formuler cette requête ; d'ordinaire, c'était la marche à suivre.

Il a dit qu'il le ferait, mais il a ajouté :

— Parce que j'ai été très loyal envers vous, très très loyal. Il y avait un truc entre nous, vous savez.

Je n'ai pas répondu ni demandé ce qu'il entendait par « un truc », mais il semblait invoquer un serment d'allégeance. Il avait du mal à trouver quelque chose de plus précis puisqu'il devait se souvenir que je n'avais justement jamais prêté ce serment. Lors de ce « truc » entre nous, ce dîner privé dans la Green Room, je ne lui avais promis que de « l'honnêteté ». Quoi qu'il en soit, j'ai répondu que ses conseillers juridiques devaient passer par le numéro 2 du ministère de la Justice. Il a confirmé qu'il le ferait, puis il a raccroché.

C'est la dernière fois que j'ai parlé au Président Trump. Nous avons fait part de cet appel à Dana Boente, qui n'avait visiblement rien fait depuis le 30 mars, puisqu'il a répondu :

— Oh Dieu, j'espérais que cette histoire disparaîtrait d'elle-même.

Elle n'allait pas disparaître.

*

Comme on pouvait s'y attendre, tout ça s'est terminé dans une tempête de comportements inappropriés. Le

9 mai 2017, j'étais à Los Angeles pour assister à un événement sur la diversité du recrutement d'agents. Nous avions déjà organisé de telles rencontres à Washington et Houston, où nous avions invité de jeunes et talentueux avocats, ingénieurs et diplômés d'écoles de commerce de couleur pour leur expliquer pourquoi ils devraient accepter d'abandonner leurs carrières lucratives et devenir agents spéciaux au FBI. J'adorais ces événements – destinés à recruter plus de membres issus des minorités –, et les deux que nous avions organisés précédemment s'étaient très bien passés. La diversité au sein du FBI était la clé de notre succès sur le long terme. Comme je l'ai déjà mentionné, notre plus gros obstacle était que bon nombre de jeunes gens, surtout des hommes et des femmes noirs et latinos à forts potentiels, voyaient le FBI comme un symbole du « Système ». Qui voudrait travailler pour « Le Système » ? J'appréciais ces rencontres parce qu'elles nous offraient l'opportunité de montrer à ces hommes et femmes talentueux à quoi ressemblait vraiment le FBI.

Ces jeunes gens désiraient ardemment changer les choses, et nous pouvions leur expliquer en quoi des vies de service et de sacrifice pouvaient leur permettre de le faire. Les gens qui ont goûté à la vie d'agent spécial ne quittent presque jamais le FBI. Ma mission consistait à les inviter à choisir cette vie. Nous avions eu beaucoup de demandes suite aux rencontres de Washington et Houston. Je venais à Los Angeles pour parler devant plus de cinq cents nouveaux agents potentiels. Je savais qu'un certain nombre de nos futurs agents se trouveraient dans cette salle et j'avais hâte de tisser des liens avec eux.

Même si l'événement n'avait lieu que le soir, je suis arrivé tôt pour rendre visite au bureau du FBI de Los Angeles. Je faisais mon possible pour aller voir tous les bureaux du pays, étage par étage, box par box, pour rencontrer tous les employés et leur serrer la main. Ça en valait la peine, parce que je sentais qu'une bonne partie d'entre eux étaient touchés que le directeur vienne leur parler en personne. Dans une organisation aussi grosse que le FBI, avec des bureaux aux quatre coins de la nation et du monde, cela permettait de leur rappeler que vous appréciiez leur dur labeur, que vous teniez à eux, et pas uniquement dans un cadre professionnel. À chaque fois que je voyageais, je passais des heures à visiter les locaux pour rencontrer les formidables employés qui y travaillaient.

À Los Angeles, j'en ai rencontré des dizaines, assis à leurs bureaux. La direction avait eu la présence d'esprit de réunir ceux qui n'en avaient pas – le personnel d'entretien et ceux qui travaillaient dans la salle des communications. Ils étaient tous assis dans le centre de commandement. J'ai commencé à leur parler vers deux heures de l'après-midi sur place (cinq heures à Washington). Je leur ai expliqué que nous avions réécrit la profession de foi du FBI en 2015 pour la raccourcir et mieux exprimer l'importance de notre responsabilité. Notre nouvelle mission consistait à « protéger le peuple américain et faire respecter la Constitution des États-Unis ». J'ai dit que j'avais souhaité la raccourcir pour que tout le monde la connaisse, se l'approprie et la partage avec ses voisins, surtout les jeunes. Je voulais que tout le monde se rende compte…

Je me suis interrompu.

Sur les télévisions le long du mur du fond, je lisais clairement la phrase COMEY DÉMISSIONNE en grosses lettres. Les écrans se trouvaient derrière mon public, mais ils ont vu que j'étais distrait et se sont retournés. J'ai ri et je leur ai dit :

— Elle est bien bonne. Quelqu'un a dû passer beaucoup de temps à préparer cette blague.

J'ai repris le fil de mon discours.

— Il n'y a pas d'employés secondaires au FBI. Je voudrais…

Le message sur les écrans a changé. Sur trois chaînes différentes, je lisais à présent les mêmes mots : COMEY LICENCIÉ. Je ne riais plus. Un bourdonnement résonnait dans la pièce. J'ai dit à l'assistance :

— Écoutez, je vais aller voir ce qui se passe ; mais que ce soit vrai ou non, la teneur de mon message ne change pas, alors laissez-moi finir et vous serrer la main à tous. Chacun d'entre vous est personnellement responsable de la protection du peuple américain et du respect de la Constitution des États-Unis. Nous avons tous des rôles différents, mais une seule et même mission. Je vous remercie tous de l'accomplir aussi bien.

Je suis passé parmi eux, je leur ai serré la main et je suis sorti du bureau pour essayer de comprendre ce qu'il se passait.

Le directeur du FBI voyage toujours avec une équipe de communication afin que le département de la Justice et la Maison-Blanche puissent le joindre en quelques secondes, à toute heure du jour et de la nuit. Mais personne n'avait appelé. Ni le ministre de la Justice, ni son adjoint. Personne. J'avais vu le ministre la veille. Quelques jours plus tôt, je m'étais entretenu en tête à tête avec son numéro 2, à sa demande, pour lui donner des conseils sur son poste – que j'avais occupé de 2003 à 2005. Fin octobre, peu avant l'élection, il était procureur fédéral à Baltimore et m'avait invité à parler devant tous ses employés du leadership et des raisons qui m'avaient poussé à prendre de telles décisions au mois de juillet concernant l'affaire Clinton. À l'époque, il avait dit que j'étais une source d'inspiration en tant que dirigeant. Ce jour-là, non seulement il ne m'avait pas appelé, mais il avait écrit un mémo pour justifier mon licenciement, qualifiant ma conduite durant l'année 2016 d'horrible et inacceptable. Au vu de nos récents contacts, cela ne rimait à rien.

Je n'avais pas d'autres informations que celles qui circulaient dans les médias. Après avoir creusé, nous avons appris qu'un employé de la Maison-Blanche se trouvait sur Pennsylvania Avenue à Washington pour essayer de me remettre une lettre du Président. J'ai reçu un coup de téléphone de ma femme, qui m'a dit que les enfants et elle avaient appris la nouvelle. J'ai répondu que je ne savais pas si c'était vrai et que j'essayais de comprendre ce qu'il se passait. Pat Fitzgerald m'a appelé et je lui ai dit la même chose.

J'ai reçu un appel émouvant du général John Kelly, à l'époque secrétaire à la Sécurité intérieure. Il m'a dit qu'il était dégoûté par mon licenciement et qu'il comptait démissionner en signe de protestation, car il ne voulait pas travailler pour des gens aussi indignes qui traitaient les personnes comme moi d'une telle manière. Je l'ai supplié de ne pas le faire en affirmant que la nation avait besoin de gens de principes comme lui en orbite autour du Président, et en particulier ce Président-là.

Mon extraordinaire assistante, Althea James, a obtenu que la lettre de l'envoyé de la Maison-Blanche soit livrée à la porte de nos bureaux sur Pennsylvania Avenue. Elle l'a scannée et me l'a envoyée par courriel. Il s'agissait bien d'une lettre de licenciement, effective immédiatement, écrite par le Président qui m'avait encensé et demandé de rester à plusieurs reprises, basée sur une recommandation du numéro 2 du ministère de la Justice, qui avait loué mes capacités de dirigeant, recommandation validée par le ministre lui-même, qui s'était récusé de tout ce qui touchait à la Russie et qui, d'après Trump lors de notre dîner, me trouvait formidable. Les raisons de ce licenciement n'étaient bien sûr qu'un tissu de mensonges, mais la lettre était bien réelle. J'avais la nausée et je me sentais un peu hébété.

Je suis sorti du bureau, devant lequel une foule d'employés du FBI à Los Angeles s'était rassemblée. Bon nombre d'entre eux étaient en larmes. Je leur ai parlé brièvement, pour leur rappeler que les valeurs de notre institution étaient plus fortes que chacun d'entre nous. Les quitter me brisait le cœur, mais il fallait qu'ils sachent que c'étaient leurs qualités humaines – l'honnêteté, la compétence et l'indépendance – qui rendaient la chose difficile. Je n'avais pas envie de les quitter, eux. Je me suis rendu dans le bureau de la directrice locale, Deirdre Fike. Je l'avais choisie pour ce poste et je me fiais à son jugement. D'instinct, nous avions tous les deux pensé que je devais tout de même assister à la réunion sur la diversité, en tant que simple citoyen. Ça me tenait beaucoup à cœur, et je pouvais toujours inciter ces jeunes hommes et femmes talentueux à choisir cette vie-là, même si je n'en faisais plus partie. Finalement, nous avons convenu que je risquais d'attirer les médias qui viendraient troubler l'événement. J'allais causer plus de mal que de bien. J'ai décidé de rentrer chez moi.

Ce qui m'amenait à la question suivante : comment allais-je rentrer chez moi ? J'ai laissé la décision entre les mains de celui qui venait de devenir directeur du FBI par intérim quelques minutes plus tôt, mon adjoint, Andrew McCabe. La nouvelle l'avait autant surpris que moi. Il se retrouvait aux commandes. Son équipe et lui devaient trouver une solution légitime et appropriée. Sous le choc, j'ai envisagé l'idée de louer une décapotable et parcourir seul les 4 300 kilomètres jusqu'à la maison, mais je me suis souvenu que je n'étais ni célibataire ni fou. Le directeur par intérim a décidé que, étant donné la responsabilité du FBI envers ma sécurité, je ferais mieux de reprendre l'avion par lequel j'étais venu, avec le personnel de bord et les gardes du corps qui devaient de toute façon rentrer à Washington. Nous sommes montés à bord du véhicule en direction de l'aéroport.

Des hélicoptères de journalistes nous ont suivis des locaux du FBI jusqu'à l'aéroport. Au milieu de la lente circulation de Los Angeles, j'ai regardé à ma droite. Dans la voiture à côté de nous, un homme conduisait tout en regardant des images aériennes de nous sur son téléphone portable. Il s'est tourné, m'a souri par la vitre et tendu son pouce vers le haut en signe d'approbation. Je ne sais pas comment il tenait le volant.

Comme à notre habitude, nous nous sommes engagés sur le tarmac, escortés par la police, et on s'est arrêtés devant la passerelle de l'avion du FBI. J'allais toujours remercier les officiers qui nous escortaient, mais j'étais si hébété et distrait que j'ai failli oublier. Mon assistant spécial, Josh Campbell, a comme souvent remarqué ce que, moi, je n'avais pas vu. Il m'a poussé du coude et m'a rappelé d'aller les remercier. Je leur ai serré la main à chacun et je suis monté dans l'avion. Je n'ai pas osé regarder les pilotes ni mon équipe de sécurité, de peur de fondre en larmes. Ils ne disaient rien. Les hélicoptères ont retransmis notre décollage. Les images passaient sur toutes les chaînes.

Le Président Trump, qui regarde apparemment beaucoup la télévision à la Maison-Blanche, m'a vu en train de remercier les policiers avant de partir. Ça l'a rendu furieux.

Tôt le lendemain matin, il a appelé McCabe et lui a demandé d'enquêter sur les raisons pour lesquelles on m'avait autorisé à prendre l'avion du FBI pour rentrer de Californie.

McCabe a répondu qu'il pouvait toujours mener une enquête, mais que ce ne serait pas nécessaire. C'était lui qui me l'avait autorisé, a-t-il ajouté. L'avion et le personnel de sécurité devaient rentrer de toute façon, et le FBI avait l'obligation de me ramener sain et sauf.

Le Président a explosé. Il a exigé qu'on ne me laisse plus jamais poser le pied sur une propriété du FBI. Mon ancienne équipe a rassemblé mes affaires personnelles comme si j'étais mort et me les a livrées à la maison. Je n'avais pas le droit de revoir les gens du FBI, de qui j'avais été très proche, et je ne pouvais donc pas leur offrir de quoi tourner la page.

Trump avait beaucoup hurlé durant la campagne au sujet de McCabe et sa femme autrefois candidate. Depuis, il fait encore une fixette sur le sujet.

Toujours furieux contre McCabe, Trump lui a demandé :

— Votre femme a perdu son élection en Virginie, n'est-ce pas ?

— En effet, a répondu Andy.

Le Président des États-Unis a alors dit au directeur du FBI par intérim :

— Demandez-lui ce que ça fait d'être un perdant, avant de raccrocher.

*

Pendant le vol retour, je suis resté assis dans mon coin, j'ai essayé de rassembler mes pensées et j'ai commis un acte qui aurait brisé les règles si j'avais encore fait partie du

FBI. J'ai attrapé ma valise et j'en ai sorti une bouteille de pinot noir que je rapportais de Californie. J'ai bu du vin rouge dans une tasse à café en carton en regardant par le hublot les lumières de ce pays que j'aime tant. À l'approche de Washington, j'ai demandé aux pilotes si je pouvais m'asseoir dans le cockpit avec eux et vivre l'atterrissage à l'aéroport Ronald-Reagan d'une façon inédite pour moi, malgré mes centaines de vols à bord d'avions du FBI. Je me suis installé sur le strapontin juste derrière eux, casque sur les oreilles, et, pour ma dernière fois en tant que passager, j'ai regardé les deux pilotes/agents spéciaux de talent poser l'appareil. Ils m'avaient emmené partout dans le pays et dans le monde, et ce jour-là nous nous sommes serré la main un peu plus fort que d'habitude, les larmes aux yeux.

Tandis que je rentrais de Californie ce soir-là, en buvant du vin rouge, je me suis retrouvé seul à penser à l'avenir. Je ne comptais pas faire grand-chose à part prendre le temps de décider ce que je voulais faire du reste de ma vie. Durant les jours qui ont suivi, de leur propre chef, certains de mes amis ont raconté aux journalistes que je leur avais parlé de ma bataille pour établir des limites entre le FBI et la Maison-Blanche de Trump, ainsi que de mes efforts pour ne pas prêter allégeance à ce dernier lors de notre dîner, mais certaines de mes histoires les plus sombres concernant mes rapports avec le Président n'étaient pas encore dans les médias.

Ça peut sembler étrange, mais durant mes cinq mois en poste sous Donald Trump, je lui ai toujours souhaité de réussir en tant que Président. Ce n'est pas un parti pris politique. Si Hillary Clinton avait été élue, j'aurais aussi souhaité qu'elle réussisse à la Maison-Blanche. Je crois que c'est ça, aimer son pays. Nous avons besoin que nos présidents s'en sortent. Mes entrevues avec le Président Trump m'ont rendu triste, pas furieux. Je ne le connais pas bien, pas plus que son passé, mais je crois qu'il n'a pas assez étudié les qualités de dirigeants fermes et bons chez des gens comme Harry Howell, et qu'il n'a pas travaillé sous la direction de quelqu'un d'assez confiant en lui pour se montrer humble, comme Helen Fahey, pour sentir la différence. Je suis sûr qu'il a connu la souffrance et le deuil, mais je n'ai jamais vu aucune trace indiquant que ça avait forgé son caractère comme Patrice et moi lorsque nous avons perdu notre fils Collin, ou comme les millions d'autres personnes qui ont perdu des proches et canalisé leur peine à travers l'empathie et l'affection. J'ai appris des tas de leçons en me comportant comme une petite brute et en mentant sur ma carrière de basketteur : j'ai vu à quel point les « mensonges faciles » peuvent devenir une habitude. À mes yeux, Trump ne souffre pas de ses mensonges, et il ne recule jamais pour éviter de faire souffrir quelqu'un d'autre, ce qui est à la fois triste et terrifiant. Sans la gentillesse pour contrebalancer la fermeté, sans un équilibre entre confiance et humilité, sans empathie et sans respect pour la vérité, il y a peu de chances que le Président Trump arrive à attirer et garder autour de lui le genre de personnes dont tous les présidents ont besoin pour prendre des décisions éclairées. Ça me rend triste pour lui, mais ça m'inquiète surtout pour notre pays.

Le vendredi 12 mai, le Président Trump a tweeté un avertissement à mon intention, ainsi qu'à ses trente-neuf millions d'abonnés : « James Comey ferait bien de prier qu'il n'existe pas d'"enregistrements" de nos conversations avant d'aller les raconter à la presse ». J'ai trouvé ça étrange. Essayait-il de me menacer ? Je n'avais aucune intention de parler à la presse et de leur communiquer des informations confidentielles. Tout ce que je souhaitais, c'était sortir

Donald Trump de ma tête, alors je ne me suis pas trop attardé sur la question. Au lieu de ça, je suis resté chez moi à dormir, faire du sport et éviter la foule de journalistes réunie devant mon allée.

Le mardi 16 mai, Patrice et moi avions prévu de nous faufiler discrètement pour quitter la ville quelques jours. Ce jour-là, je me suis réveillé subitement vers deux heures du matin, assailli par une pensée : le tweet du Président changeait mon point de vue sur notre rencontre du 14 février 2017, durant laquelle il avait exprimé l'« espoir » que je laisse tomber l'enquête sur son ancien conseiller à la Sécurité nationale, Mike Flynn. Même si je disposais d'un mémo non confidentiel sur notre conversation, le FBI et moi ne pouvions rien en faire parce que ce serait ma parole contre celle du Président. Nous n'avions pas abandonné cette piste, mais nous avions choisi de la mettre en pause et de la tenir éloignée de l'équipe d'investigation pour éviter que le Président ne les influence. Nous pourrions toujours revenir dessus une fois que le département de la Justice aurait décidé comment il superviserait les enquêtes concernant le gouvernement Trump et la Russie, maintenant que le ministre de la Justice s'était récusé. Mais ce tweet sur les enregistrements changeait la donne, ai-je pensé, allongé dans le noir. S'il y avait des enregistrements de mes conversations avec le Président Trump, ils permettraient de prouver que le Président m'avait bien demandé de laisser tomber l'enquête sur Flynn. Ce ne serait plus simplement sa parole contre la mienne. S'il y avait un enregistrement, on entendrait le Président des États-Unis dans le Bureau ovale me dire : « J'espère que vous lâcherez l'affaire. »

Allongé dans mon lit, j'ai médité sur cette révélation tardive. Je ne pouvais rien en faire, sinon espérer que les dirigeants du FBI verraient ce que j'avais lu dans le tweet de Trump et qu'ils pousseraient le département de la Justice à obtenir ces enregistrements. Peut-être que le FBI demanderait même à la Justice de nommer un procureur indépendant pour enquêter là-dessus. Peut-être que je pouvais compter sur le bon fonctionnement du système. Mais j'avais déjà fait confiance au système des années plus tôt sur la question de la torture. À l'époque, j'avais fait confiance au ministre de la Justice pour faire remonter les préoccupations de notre département sur la politique de la Maison-Blanche concernant la torture lors d'un meeting dont on m'avait exclu, mais il ne s'était rien passé. Non, je n'allais pas refaire cette erreur. Cette fois, je pouvais et j'allais faire quelque chose parce que, de façon ironique, j'étais de nouveau un simple citoyen, grâce à Donald Trump.

Je pouvais compter sur le FBI pour faire ce qu'il fallait, mais pas sur le département de la Justice tel qu'il était dirigé à ce moment-là. Il me fallait quelque chose pour les forcer à réagir. Maintenant que j'étais un citoyen lambda, je pouvais agir. J'ai décidé de raconter aux médias que le Président m'avait demandé d'abandonner le dossier Flynn le 14 février. Cela obligerait peut-être le département de la Justice à désigner un procureur spécial qui pourrait obtenir les enregistrements dont Trump parlait dans son tweet. De plus, même si j'étais banni des locaux du FBI, je disposais d'une copie de mes mémos non confidentiels à la maison.

Le mardi matin, peu après l'aube, j'ai contacté mon bon ami Dan Richman, ancien procureur et désormais professeur à la Columbia Law School. Dan m'avait donné des conseils juridiques depuis mon licenciement. Je lui ai dit que j'allais lui envoyer un mémo non classé et que je voulais qu'il transmette son contenu – mais pas le mémo en lui-même – à un journaliste. Si je le faisais moi-même, je risquais de déclencher une frénésie médiatique – devant ma porte, qui plus est –, et j'aurais le mauvais rôle si je refusais tout nouveau commentaire. Bien sûr, je dirais la vérité si on me demandait si j'avais un rôle à jouer dans ces révélations. C'est d'ailleurs ce que j'ai fait. J'étais obligé. Soyons clairs, il ne s'agissait pas d'une « fuite » de documents confidentiels, peu importe combien de fois les politiciens, les commentateurs politiques et le Président l'ont répété. Un simple citoyen a parfaitement le droit de partager avec la presse des informations non confidentielles concernant un dîner avec le Président, et inclure ces informations dans un livre. Je crois au pouvoir de la presse, et je sais que Thomas Jefferson avait raison quand il écrivait : « Notre liberté dépend de celle de la presse, qui ne saurait être restreinte sans être perdue. »

Je ne sais pas si la tempête médiatique suivant mes révélations sur l'entretien du 14 février a poussé le département de la Justice à nommer un conseiller spécial. Le FBI avait peut-être déjà fait pression pour qu'ils le fassent après avoir vu le tweet de Donald Trump sur les enregistrements. Je sais juste que, peu de temps après, le département de la Justice a conféré à Robert Mueller l'autorité nécessaire pour enquêter sur une éventuelle collusion entre le gouvernement russe et l'équipe de campagne de Trump, et tous les sujets connexes.

Au moment où j'écris ces mots, je ne sais pas non plus si le procureur spécial va découvrir de nouveaux actes répréhensibles de la part du Président ou d'autres personnes. L'une des questions cruciales que l'équipe de Bob Mueller doit être en train de se poser consiste à savoir si, en me demandant d'arrêter l'enquête sur son conseiller à la Sécurité nationale et en me limogeant, le Président

Trump avait essayé de faire obstruction à la Justice, ce qui est un crime fédéral. C'est fort possible. Certaines preuves semblent aller dans ce sens, et peut-être que l'équipe de Mueller en trouvera d'autres. J'ai travaillé sur de nombreuses affaires impliquant des entraves à la Justice, mais dans ce cas-là, je ne suis pas le procureur. Je suis un témoin. J'ai un point de vue sur le comportement que j'ai pu observer et qui, même s'il violait les normes de base des dirigeants éthiques, pourrait ne pas être illégal. Pour savoir s'il y a bien entrave, il faut par exemple prouver les intentions du Président Trump. Y a-t-il suffisamment de preuves qu'il ait agi ainsi afin de perturber une enquête criminelle, à des fins de corruption ? Comme je ne dispose pas de toutes les preuves, je ne peux répondre à cette question avec certitude. En écrivant ces mots, je sais que le procureur spécial Mueller et son équipe travaillent d'arrache-pied et que le peuple américain peut leur faire confiance pour faire éclater la vérité quelle qu'elle soit, à moins que leur enquête ne soit entravée d'une façon ou d'une autre.

*

Le 8 juin 2017, j'ai témoigné publiquement devant le Senate Select Committee on Intelligence, qui voulait m'entendre raconter mes interactions avec le Président Trump. Pour une raison quelconque, le Président n'avait fait que rendre les gens plus curieux quant à mon point de vue. J'avais décidé d'écrire un rapport sur mes relations avec lui et de le soumettre à l'avance au comité, afin de ne pas avoir besoin de parler longuement au début de mon témoignage, et de donner une chance aux sénateurs d'assimiler ce que j'avais écrit et de poser des questions dessus.

À travers mon introduction, je souhaitais une chose : dire au revoir aux gens du FBI, ce que le Président n'avait pas eu la grâce et la bonté de me laisser faire. Elle me permettrait aussi de nier, en mon nom et le leur, tous les mensonges que le gouvernement avait proférés sur le désordre régnant au FBI. Je savais qu'ils regarderaient et je pouvais leur parler directement.

J'ai répété ce que je voulais dire devant Patrice et l'une de nos filles. Elles étaient choquées de voir que je comptais m'exprimer sans notes, mais je leur ai dit qu'il fallait que ça vienne du cœur et que si j'apportais des feuilles, je finirai par ne jamais lever les yeux. Aussi angoissant que ça puisse être de parler sans notes devant des millions de personnes, c'était le meilleur moyen pour toucher vraiment les gens du FBI. Patrice avait également peur que, dans ma nervosité, je ne me mette à sourire comme un idiot ou me renfrogner comme si quelqu'un était mort. Je devais trouver le parfait équilibre entre les deux.

J'ai commencé à remettre en question ma décision de ne pas avoir de notes juste avant d'entrer dans la salle d'audience du Sénat. Et si je bloquais ? Et si je mélangeais tous mes mots ? D'habitude, je ne suis pas nerveux en public, mais cette affaire était dingue. Cependant, il était trop tard. J'ai suivi les dirigeants du comité le long du couloir privé derrière l'estrade, j'ai tourné à gauche et je suis tombé sur une scène surréaliste. J'avais déjà vu des tas de caméras et entendu les déclics des appareils photo, mais jamais à ce point.

Tandis que je prenais place à la table des témoins dans l'œil du cyclone, je n'arrêtais pas d'entendre la voix de Patrice dans ma tête : « Pense aux gens du FBI, et ton regard va s'allumer. » C'est ce que j'ai fait. J'ai un peu bredouillé, et j'ai failli perdre le contrôle de mes émotions à la fin lorsque j'ai parlé des membres du FBI, mais j'ai parlé avec le cœur :

« *Lorsqu'on m'a nommé directeur du FBI en 2013, j'ai compris que je travaillais selon le bon plaisir du Président. Même si j'avais été nommé pour un mandat de dix ans, instauré par le Congrès pour souligner l'importance de l'indépendance du FBI vis-à-vis de la politique, j'ai compris que je pouvais me faire limoger par le Président, avec ou sans raison.*

Le 9 mai, lorsque j'ai appris mon licenciement, je suis rentré chez moi en simple citoyen. Mais les raisons de ce licenciement, qui ne cessaient de changer, me troublaient et m'inquiétaient de plus en plus. Elles me troublaient parce que le Président et moi avions eu de multiples conversations au sujet de mon poste, avant et après son investiture, et il avait répété à plusieurs reprises que je faisais du bon travail et qu'il espérait que je reste. Je lui avais moi-même assuré à plusieurs reprises que j'avais bien l'intention de finir les six ans de mandat qu'il me restait.

Il m'a dit plusieurs fois qu'il avait parlé de moi avec de nombreuses personnes, y compris notre actuel ministre de la Justice, et qu'il avait appris que je faisais du bon travail et que j'étais très apprécié par les employés du FBI.

Voilà pourquoi j'ai été surpris d'apprendre à la télévision que le Président m'avait renvoyé à cause de l'enquête sur la Russie, et de découvrir, toujours via les médias, qu'il avait raconté à d'autres personnes que mon licenciement avait beaucoup soulagé la pression autour de l'enquête.

J'ai également été surpris par l'explication initiale donnée au public, à savoir qu'on m'avait limogé à cause des décisions que j'avais prises durant l'année de l'élection présidentielle. Ça n'avait aucun sens à mes yeux, pour tout un tas de raisons, notamment toute l'eau qui avait coulé sous les ponts depuis que lesdites décisions ardues avaient dû être prises. Ça ne me semblait pas logique.

Même si la loi n'exige aucune raison pour virer un directeur du FBI, le gouvernement a choisi de me diffamer – et pire, de diffamer le FBI – en affirmant que l'institution connaissait le chaos, qu'elle était mal dirigée et que les employés avaient perdu foi en leurs chefs.

Tout cela n'était que mensonges purs et simples, et je suis navré que le personnel du FBI et tous les Américains aient eu à les entendre. J'ai travaillé chaque jour au FBI pour aider à améliorer cette grande institution. J'emploie le mot « aider » parce que je n'ai jamais agi seul. Personne n'est indispensable au FBI. La force de cette organisation repose sur ses profondes valeurs et ses compétences. Le FBI se portera bien sans moi. Ses employés mèneront à bien leur mission sans relâche, et cette mission consiste à protéger le peuple américain et faire respecter la Constitution des États-Unis.

Faire partie de cette équipe va beaucoup me manquer, mais l'institution va perdurer bien après moi, comme après n'importe quel autre directeur.

Avant de conclure, je souhaite adresser un message à mes anciens collègues du FBI, mais d'abord, je veux que les Américains sachent la vérité : le FBI est honnête. Le FBI est fort. Et le FBI est et restera toujours indépendant.

Maintenant, un mot pour mes anciens collègues, si je puis me permettre. Je suis navré de n'avoir pas eu l'opportunité de vous dire au revoir convenablement. Servir à vos côtés et faire partie de la famille du FBI a été le plus grand honneur de ma vie, et cela me manquera jusqu'à la fin de mes jours. Merci de monter la garde. Merci de faire autant de bien pour ce pays. Continuez à faire le bien aussi longtemps que vous le pouvez.

À présent, messieurs les sénateurs, je suis prêt à répondre à vos questions. »

Épilogue

Au moment où j'écris ces lignes, mon pays vit une époque de grande angoisse. Je comprends cette angoisse, mais je crois tout de même que l'Amérique va s'en sortir. Je préfère voir l'opportunité plutôt que le danger.

La présidence de Donald Trump représente une menace pour une bonne partie de ce qui est bon dans ce pays. Nous portons tous la responsabilité des choix profondément biaisés présentés aux électeurs durant l'élection de 2016, et notre nation en paye le prix fort : ce Président est malhonnête et n'accorde aucune importance à la vérité ni aux valeurs institutionnelles. Dans l'ensemble, sa façon de gouverner est mercantile, motivée par son ego et ne tourne qu'autour de la notion de loyauté personnelle. Heureusement pour nous, certains dirigeants éthiques ont choisi de rester à de hauts postes au gouvernement, mais ils ne peuvent pas empêcher tous les dommages causés par l'incendie de forêt qu'est la présidence Trump. Leur tâche consiste à le contenir.

Je vois de nombreux commentateurs soi-disant « conservateurs », y compris des chefs spirituels, insister sur les initiatives politiques favorables et les nominations des juges pour justifier le fait qu'ils acceptent ces dommages, tout en minimisant l'impact du Président sur les règles et l'éthique de base. Je trouve ça à la fois hypocrite et moralement intolérable. L'hypocrisie est évidente si l'on inverse simplement les noms et qu'on imagine que la présidente Hillary Clinton se soit comportée de la même manière à la Maison-Blanche. Je l'ai déjà dit, mais il est bon de le rappeler. Fermez les yeux et imaginez ces mêmes voix si la Présidente Hillary Clinton avait dit au directeur du FBI : « J'espère que vous lâcherez l'affaire », au sujet d'une enquête concernant un conseiller supérieur, ou si elle avait proféré des mensonges désinvoltes et facilement réfutables presque tous les jours en demandant qu'on les croie. Cette mauvaise foi est si palpable qu'elle en deviendrait presque cyniquement drôle. Je dis ça parce que j'ai travaillé au maintien de l'ordre pendant la majeure partie de ma vie et que j'ai servi sous des présidents des deux partis. Ce qui se passe n'est pas normal. Il ne s'agit pas que de fausses informations. Ce n'est pas acceptable.

Quels que soient vos choix politiques, il est dangereux de minimiser les dommages portés aux règles et aux traditions qui ont guidé les présidents et le public pendant des années avant vous – voire, dans de nombreux cas, depuis que la République a été fondée. Il est également dangereux de ne pas agir, ou pire, de garder le silence lorsque l'on sait qu'il ne faut pas, alors même qu'un Président cherche effrontément à saper la confiance du peuple envers les institutions du maintien de l'ordre créées pour contrôler nos dirigeants. Toute organisation a ses failles, mais les procureurs de carrière et les agents du département de la Justice et du FBI sont là pour une bonne raison : s'élever au-dessus du sectarisme et faire ce qui est bon pour la nation, peu importe leurs opinions politiques individuelles. Sans ce contrôle sur nos dirigeants, sans ces institutions qui se dressent vigoureusement contre les abus de pouvoir, notre pays ne peut rester une démocratie qui fonctionne correctement. Je sais qu'il y a des femmes et des hommes de bonne foi au Congrès des États-Unis des deux côtés de l'échiquier qui comprennent ce que je veux dire. Mais trop peu d'entre eux osent prendre la parole. Ils doivent se demander envers quoi ou envers qui il leur faut faire preuve d'une loyauté à toute épreuve : les intérêts biaisés ou les piliers de la démocratie ? Leur silence est complice – c'est un choix – et ils doivent bien le savoir au fond d'eux.

Les politiques vont et viennent. Même les juges de la Cour suprême vont et viennent. Mais c'est notre attachement à un ensemble de valeurs communes, qui a commencé avec George Washington, qui constitue le noyau de notre nation ; notre attachement à la retenue, l'intégrité, la mesure, la transparence et la vérité. Si ces choses nous sont enlevées, seul un idiot pourrait se consoler par des réductions d'impôts ou de nouvelles politiques migratoires.

Cependant, je choisis de rester optimiste. Certes, le nouveau Président va causer beaucoup de dégâts à court terme. D'importantes normes et traditions seront endommagées par les flammes. Mais les feux de forêts, aussi douloureux soient-ils, apportent de la croissance, une croissance impossible avant l'incendie, lorsque les vieux arbres empêchaient toutes les nouvelles plantes de pousser. Au milieu de cet incendie, je vois déjà de nouvelles formes de vie : des jeunes gens engagés comme jamais, et des médias, des tribunaux, des universitaires, des associations à but non lucratif et bien d'autres parties de la société civile, qui trouvent des raisons d'éclore.

Ce feu nous offre également l'opportunité de rééquilibrer les pouvoirs entre les trois branches de notre gouvernement, plus près du modèle pensé par les pères fondateurs. Il y a des raisons de croire que cet incendie va affaiblir la présidence et renforcer le Congrès et les tribunaux, tout comme l'incendie du Watergate l'avait fait, ce qui est une très bonne chose.

Des gens réfléchis voient l'immonde sectarisme qui a commencé à pousser tout autour de nous. Loin de créer une nouvelle norme où le mensonge serait acceptable, la présidence Trump a suscité un intérêt pour l'éthique et la vérité. Les parents parlent à leurs enfants de la vérité, du respect des autres, du rejet des préjugés et de la haine. Les écoles et les institutions religieuses parlent de l'importance des valeurs chez les dirigeants.

Le prochain Président, peu importe son parti, insistera sûrement sur les valeurs – la vérité, l'intégrité, le respect et la tolérance – comme aucun dirigeant américain n'a eu à le faire depuis plus de quarante ans. L'incendie va permettre à quelque chose de bon de pousser.

J'ai écrit ce livre parce que j'espère qu'il sera utile aux gens qui vivent au milieu des flammes et qui se demandent ce qui va se passer ensuite. J'espère aussi qu'il sera utile bien après que l'incendie aura été éteint, en inspirant les lecteurs à choisir la véritable loyauté, à trouver la vérité parmi les mensonges et à suivre des façons éthiques de diriger.

Note de l'auteur

Qui suis-je pour dire aux autres quelles sont les qualités d'un dirigeant éthique ? Quiconque prétend écrire un livre sur un tel sujet peut paraître présomptueux, voire moralisateur. Surtout si cet auteur a été limogé, de façon mémorable et retentissante.

Je comprends qu'on puisse, de prime abord, penser que tout ouvrage inspiré par les leçons de vie de son auteur risque de tourner à l'exercice de vanité ; c'est pourquoi j'ai longtemps repoussé l'idée d'écrire moi-même un livre. Mais j'ai changé d'avis pour une raison fondamentale : notre pays traverse une époque dangereuse, dans un environnement politique où les faits les plus élémentaires sont contestés, la vérité fondamentale remise en question, le mensonge normalisé, et où les comportements inappropriés sont ignorés, pardonnés ou récompensés. Cela n'arrive pas qu'à Washington, et pas qu'aux États-Unis. C'est une tendance inquiétante qui touche les institutions sur tout le continent américain, et partout dans le monde – les conseils des grandes entreprises, les salles de rédaction, les campus universitaires, l'industrie du spectacle et le sport professionnel ou olympique. Certains de ces escrocs, menteurs et manipulateurs ont dû rendre des comptes. D'autres se cachent encore derrière des excuses, des justifications et l'entêtement de leur entourage à détourner le regard ou à valider leurs comportements inacceptables.

Ainsi, s'il y a jamais eu un moment où il serait utile de se pencher sur l'éthique du pouvoir, c'est bien aujourd'hui. Bien que je ne sois pas un expert en la matière, j'ai étudié, lu et réfléchi sur ce principe depuis l'université, et j'ai bataillé pour le mettre en application pendant des décennies. Comme aucun modèle parfait n'est disponible, il incombe à ceux d'entre nous qui y accordent de l'importance de susciter le débat et de mettre nos dirigeants et nous-mêmes au défi de faire mieux.

Les dirigeants éthiques ne fuient pas la critique, et surtout pas l'autocritique. Ils n'évitent pas les questions gênantes. Ils les accueillent volontiers. Tout le monde a des défauts, moi le premier : vous avez découvert dans ce livre que je suis entêté, orgueilleux, trop sûr de moi et poussé par mon ego. J'ai combattu ces tendances toute ma vie. Souvent, je regarde en arrière et je me dis que j'aurais dû agir différemment. Parfois, j'ai carrément honte de certaines choses. La plupart d'entre nous ont déjà vécu cela. L'important, c'est d'apprendre de nos erreurs et de s'améliorer autant que possible.

Je n'aime pas particulièrement les critiques, mais je sais que je peux avoir tort même quand je suis sûr d'avoir raison. Écouter ceux qui ne sont pas d'accord avec moi ou qui veulent me critiquer est essentiel pour ne pas céder aux charmes de la certitude. J'ai appris que le doute est sagesse. Et plus je vieillis, moins j'ai de certitudes. Ceux qui pensent qu'ils ne se trompent jamais, qui ne remettent jamais en question leurs jugements ou leurs points de vue, sont un danger pour les structures et pour les gens qu'ils dirigent. Dans certains cas, ils sont dangereux pour leur pays, voire pour le monde entier.

J'ai découvert que les bons dirigeants voient au-delà du court terme, au-delà de l'urgence, et prennent toutes leurs décisions avec des valeurs durables à l'esprit. Ces valeurs peuvent leur être inspirées par une tradition religieuse, une morale universelle ou des connaissances historiques. Quoi qu'il en soit, ces valeurs – parmi lesquelles on pourrait nommer la vérité, l'intégrité, le respect d'autrui – servent de points de référence pour guider leurs décisions, surtout les plus dures, lorsqu'il n'y a pas vraiment de bonne solution. Ces valeurs sont plus importantes que ce qui apparaît comme le bon sens dominant ou les réflexions d'une élite. Elles l'emportent sur les attentes des supérieurs ou les passions des subalternes. Elles valent plus que les profits et les bilans financiers d'une entreprise. Les dirigeants éthiques choisissent la loyauté envers ces valeurs fondamentales au détriment de leurs bénéfices personnels.

L'éthique du pouvoir, c'est aussi comprendre la vérité de l'humain et de sa quête de sens. C'est construire des environnements professionnels où les standards sont élevés et la peur au plus bas. C'est encourager une culture où les gens se sentent suffisamment à l'aise pour dire la vérité aux autres tout en puisant l'excellence en eux-mêmes et en ceux qui les entourent.

Sans cet engagement fondamental envers la vérité – surtout de la part de nos institutions publiques et de ceux qui les dirigent –, nous sommes perdus. Sur le plan juridique, si les gens ne disent pas la vérité, notre système judiciaire ne peut fonctionner, et la société basée sur l'État de droit s'effondre. En matière de leadership, si les dirigeants ne disent pas la vérité, ou n'écoutent pas les vérités des autres, ils ne peuvent prendre de bonnes décisions, ils ne peuvent s'améliorer ni inspirer confiance.

La bonne nouvelle, c'est que l'intégrité et l'exigence de vérité sont de puissants vecteurs pour modeler des cultures d'honnêteté, d'ouverture et de transparence. Les dirigeants honnêtes peuvent façonner la société avec leurs mots et, surtout, leurs actes, parce qu'ils sont toujours sous les feux des projecteurs. Malheureusement, l'inverse est aussi vrai. Les dirigeants malhonnêtes exercent le même pouvoir en faisant preuve de malhonnêteté, de corruption, de trahison. Ce qui sépare le dirigeant éthique de celui qui se contente d'occuper son poste, c'est un engagement en faveur de l'intégrité et une loyauté à toute épreuve envers la vérité. La distinction est importante.

J'ai passé beaucoup de temps à réfléchir au titre de ce livre. Curieusement, il m'est venu lors d'une rencontre troublante à la Maison-Blanche, durant laquelle le nouveau Président des États-Unis a exigé ma loyauté : une loyauté à toute épreuve, passant outre mes devoirs de directeur du FBI envers le peuple américain. Mais la référence au principe de loyauté prend un sens différent et plus profond car c'est l'aboutissement de quatre décennies passées au service de la loi, en tant que procureur fédéral ou avocat d'affaires, ayant travaillé de près avec trois présidents américains différents. Dans toutes ces fonctions, j'ai appris de ceux qui m'entouraient et j'ai essayé de transmettre à ceux avec qui je travaillais ce qu'est une loyauté à toute épreuve dans chaque dimension de nos vies – une loyauté qui n'est soumise à personne, à aucun parti, aucun groupe. La loyauté doit servir des valeurs fortes et surtout la vérité. J'espère que ce livre permettra de pousser chacun à réfléchir aux valeurs qui le nourrissent et à chercher des dirigeants qui les incarnent.

Remerciements

Grâce à un groupe de gens qui ont pris la peine de me dire la vérité, je crois que ce livre sera utile.

Ma famille bien-aimée, qui a rendu ce livre meilleur, et moi avec.

Keith Urbahn et Matt Latimer de l'agence Javelin, qui m'ont guidé à travers le processus et m'ont tant appris, notamment comment écrire un livre.

Flatiron Books et mon éditrice, Amy Einhorn, qui m'a poussé, de façon géniale, au fil de plusieurs brouillons.

Enfin, je suis reconnaissant envers tous ceux qui m'ont enseigné des choses, qui ont travaillé à mes côtés et qui ont ri avec moi pendant toutes ces années. Vous vous reconnaîtrez. Merci pour la joie et pour le voyage, qui n'est pas encore terminé.

Table

Cet ouvrage a été mis en pages par

<pixellence>

CET OUVRAGE
A ÉTÉ ACHEVÉ D'IMPRIMER
SUR ROTO-PAGE
PAR L'IMPRIMERIE FLOCH
À MAYENNE EN AVRIL 2018

N° d'édition : L.01ELHN000431.A002. N° d'impression : 92625
Dépôt légal : avril 2018
Imprimé en France